Mit Kräutern und Gewürzen kochen

Edda Meyer-Berkhout

Kochbuchverlag Heimeran

Sämtliche Fotos zu den vierfarbigen
Abbildungen: Christian Teubner, Füssen

Archiv 536 ISBN 3 8063 1091 2
Satz und Druck: Thieme bv, Nijmegen

Inhalt

Die Historie von Gewürzen und Kräutern 6
Allerlei Tips für Garten und Küche 9
Gewürze und Kräuter von A bis Z 26
Vorspeisen und Snacks 74
Suppen für alle Gelegenheiten 88
Schnellgerichte aus Eiern, Quark und Käse 99
Allerlei aus Fluß und Meer 109
Würzige Fleisch-, Geflügel- und Wildgerichte 119
Aparte Salat- und Gemüsevorschläge 140
Beliebte Beilagen 149
Kalte und warme Soßen 157
Köstliche Süßspeisen 167
Von Kuchen, Plätzchen und Brot 177
Getränketips für Sommer und Winter 192
Geschenketips und Wintervorräte 196
Rezepte-Register 203

Die Rezepte sind in der Regel für 4 Personen gerechnet

EL heißt Eßlöffel, TL heißt Teelöffel, und zwar sollen die Löffel gestrichen voll sein besonders bei Mehl, Zucker und Salz. Msp heißt Messerspitze, Pr ist soviel wie Prise, also gerade soviel, wie Sie mit zwei Fingern greifen.

Ankochen und Anbraten immer bei starker Hitze, dann bei ganz geringer Hitze fortkochen, mehr als kochen kann es nicht. Zum Fertigbraten mittlere Temperatur wählen!
Bei den Backofentemperaturen wurden an erster Stelle die Normwerte für Elektroherde, an zweiter Stelle die für Gasherde genannt.

Die Historie von Gewürzen und Kräutern

Currycremesuppe, Pfeffersteaks mit Safranreis, Tomatensalat und als Nachspeise Birne »Belle Hélène«: ein für uns nicht ungewöhnliches Menü. Ganz selbstverständlich greifen wir ins Gewürzregal und entnehmen ihm die Gläser und Tiegel mit Curry, Pfefferkörnern, Zimt und Vanille, wir pressen Zitronen aus, hacken Petersilie, Estragon, Basilikum, Oregano und Zwiebeln fein. Wer denkt dabei an die jahrtausendalte Geschichte, die unsere Gewürze haben, und vergegenwärtigt sich, daß frühere Generationen ihretwegen blutige Kriege führten. Kaum einer ist sich bewußt, daß manches ererbte Vermögen durch den Gewürzhandel begründet wurde. Denn fast überall, wo die Gewürze gehandelt wurden, entwickelten sich Städte, in denen wohlhabende Bürger von diesem Handel lebten. Die Gewürzstraßen führten vom fernen Osten über Alexandria nach Norden, die Salzstraßen verliefen oft aus dem Norden nach Osten hin. Unser heutiges Straßennetz spiegelt zum Teil noch diese alten Wege wider.

Bei den Kräutern, den grünen Blatteilen von Pflanzen also, dominierte zunächst das medizinische Interesse. Denn fast alle unsere Küchenkräuter sind zugleich Heilkräuter. Die meisten von ihnen wurden in Klostergärten kultiviert und als Mittel gegen Krankheiten verwendet. Sie spielten auch beim Konservieren in der Küche eine größere Rolle, also beim Einsalzen, Säuern oder Trocknen von Lebensmitteln. Zum Teil wurden sie den Speisen, insbesondere Fleisch- oder Fischgerichten, zugefügt, um den Geschmack von Verderbnis zu übertünchen.

Schauen wir uns nun einmal die historische Entwicklung von Gewürzen und Kräutern etwas genauer an.

Archäologen glauben, daß Angelika, Mohn, Kümmel, Safran, Thymian, Koriander, Senf und Fenchel sowie Dill die ältesten Gewürze im europäischen Mittelmeerraum sind. In altägyptischen Gräbern wurden schon Minze und Knoblauch gefunden, die fast 4000 Jahre alt waren. In der altminoischen Kultur von Kreta verwendete man Kresse, Minze, Salbei, Sellerie und Koriander. Den Chinesen war bereits 2700 v. Chr. der Gebrauch von Sternanis, Muskat, Nelken, Zimt und Ingwer vertraut. Im alten Mexiko wußte man die Würzkraft von Chillies und Paprikas zu schätzen.

Jeder Kulturkreis hatte damals unabhängig vom anderen seine eigene Kräuter- und Gewürztradition, was auch durch die verschiedenen Klimazonen bedingt war. Gemeinsam war allen, daß die Kräuter und Gewürze nicht allein zur Verfeinerung von Speisen, sondern auch als Heilmittel und zu kultischen Zwekken gebraucht wurden. Außerdem galten sie oft als Zaubermittel und wurden, genau wie heute, für kosmetische Präparate und zur Aromatisierung von Getränken verwendet. Römische Kaiser badeten in heißen Safranbädern, die Damen bevorzugten Rosmarinzusätze. Nero stellte seine Trauer um die verstorbene Gemahlin Popäa durch Anzünden großer Zimtfeuer zur Schau.

Die Verbesserung der Handelswege führte naturgemäß zu einem immer stärker werdenden Austausch der Gewürze unter den verschiedenen Nationen, und diese Entwicklung ist bis heute noch nicht abgeschlossen. Oregano gehörte beispielsweise noch in den fünfziger Jahren zu einem der bei uns fast unbekannten Kräuter. Urlaubsreisen nach Italien und die wachsende Beliebtheit italienischer Speisen im deutschsprachigen Raum haben das geändert. Ähnliches ist von Curry zu berichten. Neuerdings scheinen Safran und Sesamsamen an Popularität zu gewinnen. Wer einmal über indische oder fernöstliche Märkte gebummelt ist, weiß, daß noch manche unbekannte Genüsse auf uns warten.

Wie Gold und Edelsteine waren Gewürze in früheren Jahrhunderten Kapitalanlagen und Tauschobjekte. Andererseits wurden Gewürze als Tribute oder Lösegelder gefordert. Rom mußte im Jahr 408 n.Chr. an den Gotenkönig Alarich unter anderem auch 3000 Pfund Pfeffer zahlen, und auch Söldner bekamen damals ihren Lohn teilweise in Naturalien, unter anderem in Salz und Pfeffer.

Was anfänglich getauscht wurde, wurde wenig später gegen Münzen gehandelt. Die Araber verstanden es lange Zeit geschickt, die Herkunft der Gewürze geheim zu halten. Durch abenteuerliche Märchenerzählungen hielten sie ihre Konkurrenten im Unklaren. Große Vögel, so behaupteten sie beispielsweise, würden auf unwegsamen Felsen große Nester aus Zimtrinde bauen. Erst wenn man die Vögel so sehr mit Lammfleisch füttere, daß durch das schwere Gewicht die Nester zusammenbrächen und in tiefe Abgründe stürzten, könne man an die Zimtstangen herankommen. Neben Münzen nahmen die Araber Salz, Bernstein, Eisen und Tierfelle in Zahlung. Das erklärt auch, warum in alten Salzlagern zuweilen fernöstliche, altarabische und ägyptische Gegenstände gefunden wurden.

Alexandrien, Tyros, Sidon, Karthago, nach den punischen Kriegen auch Genua und Venedig, wurden reich durch den Gewürzhandel. Denn überall dort, wo Pfeffer, Muskat, Zimt und Vanille ihre Besitzer wechselten, stiegen die Preise. Natürlich gönnte einer dem anderen den Reichtum nicht, wie z. B. Genua und Venedig, die vom 10. bis 15. Jahrhundert die Metropolen des Gewürzhandels waren. Ihre Macht wurde durch die Portugiesen gebrochen, nachdem Vasco da Gama den sehr viel kürzeren Seeweg nach Indien entdeckt hatte. Zwar konnte es immer noch passieren, daß ein Schiff im Sturm unterging oder von Seeräubern geentert wurde, doch waren die Gefahren ungleich geringer als bei den Karawanen, die monate-, ja jahrelang durch heiße, öde Gebiete wanderten. Die Entdeckung Amerikas und Indiens geschah ja keineswegs aus reinem Wissensdurst, sondern vielmehr wollte man das Land finden, wo der Pfeffer wächst, und dadurch wohlhabend und glücklich werden. Gewinnsucht, Egoismus, vielleicht vermischt mit Abenteuerlust, waren die Gründe dafür, daß reiche Handelsfamilien stolze Schiffe für langjährige Entdekkungsfahrten ausstaffierten. Die Nachricht von der südlichen Umschiffung Afrikas hatte damals ähnliche Wirkung, wie heutzutage Bankrotterklärungen großer Industrieunternehmen für die Börsen haben würden. Zwar frohlockten die Portugiesen und freuten sich auf zukünftigen Reichtum; in Persien, Arabien, Nordafrika und vielen europäischen Handelsstädten, beispielsweise auch in Nürnberg, wußten aber die Kaufleute schon wenige Tage später, daß ihre gehorteten Gewürzvorräte nur noch einen Bruchteil des früheren Wertes haben würden.

Fast hundert Jahre behaupteten die Portugiesen ihre Vorherrschaft auf dem Gewürzmarkt, um sie dann nach schweren Kämpfen an die Holländer abgeben zu müssen. 1594 wurde die berühmte »Holländisch-Ostindische Compagnie« gegründet, die ein hartes Regiment auf den Gewürzinseln führte. Anbau und Ernte wurden streng reguliert, bei Überproduktion wurde der Verkauf mit dem Tode bestraft. Man ging so weit, Lagerhäuser mit Muskat oder Zimt in der Handelsmetropole Amsterdam anzuzünden. Tagelang roch die ganze Stadt nach Pfefferkuchen, man watete durch die warme, ausfließende Muskatbutter.

Heute kann jeder von uns jedes Gewürz beim Kaufmann um die Ecke oder im Supermarkt kaufen. Auf Gewürzpreise zu spekulieren, ist einer kleinen Gruppe von Gewürzmüllern oder -händlern überlassen. Die Chance, daß die Preise um mehrere hundert Prozent von einem Jahr zum nächsten steigen, wie das vor einigen Jahren beispielsweise bei Kümmel der Fall war, ist höchst selten.

Was aber die Kräuter anbelangt, dieses würzige Sammelsurium aromatischer Blättchen, so bleibt es einem jeden von uns überlassen, durch den Kauf von einem knappen Dutzend Samentütchen und einigen Stecklingen sich auf Jahre hinaus selbst vom Lebensmittelhändler unabhängig zu machen und sein grünes Allerlei im Garten oder auf der Fensterbank selbst zu züchten.

Allerlei Tips für den Garten und die Küche

Einkaufen und Aufbewahren von Gewürzen

Gewürzkauf ist Vertrauenssache. Wir als Laien sind in den meisten Fällen überfordert, wenn wir die Qualität einzelner Gewürze beurteilen sollen. Wer von uns sieht einem verschlossenen Beutel von außen an, ob er frisch gemahlenen oder alten Pfeffer enthält, ob der Paprika kräftig rot oder das Zimtpulver aus Ceylonzimt oder Kaneel gemahlen wurde? Es ist auf Grund unserer gegenwärtigen Lebensmittelgesetzgebung kaum mehr möglich, Gewürze durch preiswerte Beimischungen zu fälschen. Solche Betrugsmanöver waren in früheren Jahrhunderten zwar üblich, doch setzt keine der renommierten Gewürzfirmen heute für eine solch fragwürdige Sache ihren guten Ruf aufs Spiel. Ich rate Ihnen darum, in erster Linie die Produkte einer der großen Gewürzmühlen zu erwerben, weil dabei durch die Marke eine Gütegarantie gegeben ist.

Aus diesem Grund kaufe ich grundsätzlich meinen Gewürzbedarf nur in solchen Geschäften ein, bei denen ich die Garantie für einen entsprechend großen Umsatz habe. Einige Gewürzmühlen sind schon dazu übergegangen, das Abfülldatum auf die Beutel zu stempeln, damit die Kundin entsprechend orientiert wird. Malerische Gewürzstände auf Märkten

oder in fernen Ländern erfreuen zwar meine Augen, können mich jedoch nur in seltensten Fällen zum Kauf reizen. Die der Sonne und dem Straßenstaub ausgesetzte Ware entspricht nicht mehr den Gütemerkmalen, die wir heute an unsere Lebensmittel zu stellen gewohnt sind.
Je weniger die Gewürze zerkleinert werden, desto besser behalten sie ihr Aroma. Wacholderbeeren, Pfeffer-, Senf- und Pimentkörner oder dicke Muskatnüsse, auch Vanillestangen in fest verschlossenen Glasröhrchen, halten ihre Würzkraft über mehrere Jahre, wenn wir sie sachgemäß aufbewahren. Gemahlene, möglicherweise sogar gemischte Gewürze wie Zimtpulver, Paprika, Curry, Senfpulver, Pfeffer und ähnliche geben schon nach kurzer Zeit einen Teil ihrer ätherischen Öle an die Umgebung ab, damit verlieren sie gleichzeitig das, was sie für uns liebenswert macht. Die versierte Köchin und der renommierte Koch zerkleinern darum oft erst im allerletzten Moment die für die Speisen benötigten Gewürze. Früher gab es dafür Mörser. In manchem Haushalt ist heute noch eines dieser praktischen Geräte zu finden und kommt wieder zu Ehren. Für Pfeffer sind dekorative Mühlen populär, für Muskat gibt es praktische Reiben, die teilweise zugleich mit einem Käfig für die Muskatnuß versehen sind. Vom sachlichen Standpunkt aus betrachtet ist das allerdings nicht die ideale Verpakkung.
Leider wird oft die Wahl der Gewürzbehälter mehr durch Form und Aussehen als durch die Zweckmässigkeit bestimmt. Glasgefäße sind zwar aromadicht, in den meisten Fällen jedoch, wenn aus klarem, ungefärbtem Material, lichtdurchlässig. Es gibt viele Gewürze, die an der Sonne ausbleichen, ein typisches Beispiel ist Paprika. Geben Sie zur Probe einmal eine kleine Menge leuchtend roten Paprika in ein Marmeladenglas, stellen Sie es für eine Weile auf die sonnige Küchenfensterbank, dann vergleichen Sie den Inhalt mit der ursprünglichen Ware. Dieser Versuch wird Sie gewiß davon überzeugen, daß Glasgefäße nicht die gewünschten Eigenschaften zum Aufbewahren von Gewürzen haben. Porzellanbehälter oder kleine Keramikgefäße sind zwar oft sehr hübsch anzusehen, in den allermeisten Fällen jedoch viel zu groß. Der anteilig geringe Inhalt verliert an Aroma und unsere Küchen sind zu klein, um die nötige Anzahl an Gewürzbehältern übersichtlich aufzuheben. Plastikbehälter sind relativ preiswert, sie haben oft praktische Deckel, die eine genaue Dosierung ermöglichen, doch sind sie nicht so aromafest wie kleine Aluminiumbehälter, denen ich nach eingehender Prüfung den Vorzug gebe. Gewürze in Papierbeuteln oder kleinen Plastiktütchen aufzuheben, ist geradezu ein Verbrechen.
Welche Behälterart Sie auch wählen, so rate ich Ihnen in jedem Fall, gleich das Gewürzregal groß genug zu nehmen. Mögen Ihnen zu Beginn ein halbes oder ganzes Dutzend Gewürze auch als unübersehbare Menge erscheinen, Sie werden bald damit so vertraut werden und soviel Vergnügen darin finden, Ihre Speisen abwechslungsreich mit Gewürzen zu variieren, daß bald die doppelte oder dreifache Anzahl an Behältern nötig sein wird. Mit der Zeit werden Sie ganz selbstverständlich mit fünfzig oder gar sechzig verschiedenen Gewürzbehältern umgehen lernen, zumal es von einigen Sorten, wie Paprika oder Pfeffer, eine Reihe verschiedener Arten oder Zerkleinerungsgrade gibt. Plazieren Sie Ihr Gewürzregal auf alle Fälle griffbereit in Herdnähe, langes Herumrennen nach den passenden Zutaten hemmt den Verbrauch. Ich finde zwar Gewürzregale in der Küche sehr dekorativ, doch macht das regelmässige Putzen viel Arbeit. Darum habe ich mein Gewürzregal in die Schranktür des Vorratsschrankes gehängt, wodurch das Übel erheblich gemildert wurde.
Stellen Sie die Gewürzbehälter auch nicht wahllos bunt durcheinander ins Regal. Langes Suchen kostet Zeit! Darum am besten in

der Reihenfolge des Alphabets einrangieren, wobei es Ansichtssache ist, ob Sie Trockenkräuter und Gewürze jeweils für sich oder bunt durcheinander hineinstellen. Wer es ganz genau nimmt, klebt beim Einkauf unter die Behälter ein Schildchen mit dem Einkaufsdatum, sodaß überalterte Ware beizeiten durch neue Gewürze ersetzt werden kann.

Neben den getrockneten Gewürzen, die den Löwenanteil an unserem Sortiment haben, gibt es einige wenige, die frisch angeboten werden. Neuerdings werden in guten Gemüse-, Delikateßgeschäften und Kaufhäusern aus dem fernen Osten importierte, braunschalige Ingwerknollen angeboten. Ihr Aroma ist getrockneten oder gar feingemahlenen Ingwerknollen natürlich erheblich überlegen, gleichgültig ob wir Geflügel, Fisch oder Süßspeisen oder Gebäck damit würzen. Leider ist die Ware recht teuer, da ärgern wir uns über eingeschrumpelte oder verdorbene Ware natürlich sehr. Für die Dauer von 2–3 Monaten können wir die ungeschälten übrigen Knollen in einen Blumentopf mit angefeuchtetem Sand stecken und diesen beispielsweise im Vorratskeller an kühler Stelle aufheben. Aber bitte nicht dort vergessen! Praktischer ist es, die Knollen in extra-starke Alufolie zu wickeln und sie ins Gefriergerät zu legen. Wenn Sie zuvor die braune Aussenschicht entfernen, können Sie später sogar die gefrorenen Knollen reiben. Genau so verfahre ich übrigens auch mit Meerrettichstangen, die im Herbst immer besonders preisgünstig auf Märkten angeboten werden. Der im letzten Augenblick frisch geriebene Meerrettich ist zwar wesentlich schärfer als in Gläsern konservierter, enthält aber auch mehr Würze.

Wenn Sie zufällig ungespritzte Zitronen oder Orangen kaufen oder aus dem Urlaub mitbringen können, lohnt es sich, einen kleinen Vorrat feingeriebener Schalen anzulegen. Bitte die gefärbte Schicht nur ganz dünn abreiben, dafür eine feine Reibe verwenden. Wenn Sie zuvor über die Reibe einen Bogen Pergamentpapier legen, bleibt kaum etwas in der Reibe hängen und die Reinigung des Geräts ist auch nicht mehr so mühsam. (Die pelzigen weißen Schalen enthalten kein Aroma.) Die so gewonnenen Schalen gebe ich, jeweils getrennt für sich, in ein kleines Marmeladen- oder Mayonnaiseglas, fülle alles mit feinem Zucker auf und rühre den Inhalt einmal um. Natürlich müssen die Gläser fest verschlossen werden. Später freuen wir uns dann, dass wir die Würze so schnell zur Hand haben.

Vanilleschoten schlitze ich entweder der Länge nach auf und schabe das feine Vanillemark, die Samenkörner also, mit dem Rücken eines Messers heraus oder ich halbiere die Schoten zunächst quer, drücke dann von den Spitzen zur Schnittfläche hin das kostbare Innere heraus. Samen und Schoten werden ebenfalls mit Zucker gemischt, in ein kleines verschließbares Glas gefüllt und können später als echter Vanillezucker verwendet werden. Die Schoten werden nach einiger Zeit in heißer Milch ausgekocht. Diese Vanillemilch ist für Milchpunsch, Vanillesoße oder -creme eine vorzügliche Ausgangsbasis.

Angelikastengel, Zitronat, auch Orangeat und Ingwer werden industriell in Zucker kandiert und in Plastikbehältern oder Beuteln angeboten. Falls die Verpackung gut verschlossen ist, brauchen Sie kein Austrocknen zu fürchten, sonst rate ich Ihnen, die Ware ebenfalls in Schraubgläser umzufüllen.

Neben diesen getrockneten, frischen oder gezuckerten Gewürzen werden Kapern, Sardellen, Oliven, Tomatenmark und grüner Pfeffer teils in Gläsern, teils in Konservendosen gehandelt. Für den Kleinhaushalt ist die Menge oft zu groß, schon nach wenigen Tagen beginnen die Zutaten zu schimmeln oder sie verlieren zumindest ihr frisches Aussehen.

Tomatenmark, Kapern oder Oliven gebe ich in ein verschließbares Glas passender Größe und gieße etwa einen Eßlöffel Öl darauf. Das Fett schließt die Luft ab. Die Gefäße fest verschliessen und am besten in den Kühlschrank stellen. Oliven können übrigens trotz einer weißlichen Schicht auf der Oberfläche verzehrt werden. Sardellen müssen unbedingt aus Metallgefäßen in einen Glasbehälter umgefüllt werden. Dann brauchen Sie nur eine dicke Salzschicht darauf zu geben. Die Ware hält sich gekühlt monatelang. Natürlich muß sie vor dem Verzehr entsprechend gewässert werden.

Frische grüne Pfefferkörner werden je nach Importeur- bzw. Kundenwunsch durch Einlegen in Whisky, Salzlake oder Essig haltbar gemacht. Sind Glas oder Dose erst einmal geöffnet, beginnt der Verderb. Das Gewürz schmeckt aber so intensiv, daß kaum ein Haushalt alles auf einmal verbrauchen kann. Also prüfen Sie den Geschmack, ergründen Sie das Konservierungsmittel. In Salzlake eingelegte grüne Pfefferkörner bekommen zusätzlich einen Teelöffel normales Salz, die in Essig eingelegten einen kräftigen Schuß hochprozentigen Essig, die in Whisky eingelegten am besten einen Schuß Wodka, der ja bekanntlich einen sehr hohen Alkoholgehalt aufweist. Dann die Ware mit dem Sud in ein Glas geben, einen Esslöffel Öl als Luftabschluß daraufgießen, das Glas fest verschliessen. Kühl aufbewahrt können Sie etwa drei bis vier Wochen an Ihren Vorräten Freude haben.

Kräuter selbst züchten und ernten

Nicht nur Gartenbesitzerinnen können frische Kräuter züchten. Natürlich ist ein großer Garten, in dem wir zwischen sonnigen und schattigen, trockenen und feuchten Standorten wählen können, in dem wir möglicherweise sogar die Bodenverhältnisse auf die optimalen Wachstumsbedingungen anpassen können, der Idealfall. Aber selbst auf dem kleinen Balkon, über den heute beinahe jede Wohnung verfügt, oder der Küchenfensterbank, lässt sich eine stattliche Anzahl würziger grüner Pflanzen kultivieren.

Wer Wert auf ein aromatisches Kräutersortiment legt, sollte mit Dünger in der Regel äusserst geizig sein. Große Dunggaben, insbesonders wenn sie stickstoffhaltig sind, rufen naturgemäß ein schnelles Wachstum der Pflanzen, vor allen Dingen der grünen Blätter, hervor. Die schnellgewachsenen Blätter enthalten mehr Wasser, aber wesentlich weniger ätherische Öle als solche, die auf mageren Böden unter kargen Bedingungen sich langsam entwickelten. Die einzige Ausnahme ist Petersilie, die in humusreichen Böden am besten gedeiht und zwischenzeitlich durchaus einen Düngerguß vertragen kann. Allerdings dürfen die Pflanzen nicht in Trockenperioden gedüngt werden, vor der nächsten Ernte muß auf jeden Fall ein kräftiger Regenguß das Grün benetzen.

Obschon es theoretisch möglich ist, die meisten Kräuter aus Samen zu züchten, gibt es eine Menge Pflanzen, für die sich dieser Umstand nicht lohnt. Selbst für einen großen Haushalt ist beispielsweise eine einzige Liebstöckelpflanze schon mehr als reichlich. Schauen Sie am besten zunächst in schon lange bestehenden Gärten von Nachbarn und Freunden, ob Sie dort nicht durch Stockteilung gewonnene Ableger bekommen können. Gute Gartenbaubetriebe oder Versandgärtnereien bieten neuerdings ebenfalls ein erstaunlich großes Sortiment von jungen Pflanzen an, die am besten im Frühjahr oder, soweit mehrjährig, auch Herbst gepflanzt werden.

In anderen Fällen erfolgt die Aussaat im Frühjahr zwischen März und Mai, entweder direkt ins Freie auf das vorbereitete Saatbeet oder bei empfindlichen Pflanzen auch zunächst in Töpfen, die laufend angefeuchtet und mit einer Glasplatte oder Plastikfolie vor Verdunstungsverlusten geschützt werden. Besonders kräftig werden die Pflanzen, wenn sie vor dem Aussetzen ins Freie zunächst noch einmal pikiert werden.

Daß Samen beim Aussäen ins Freie oder in Töpfe häufig nicht aufkommen, liegt sehr oft nicht am Saatgut selbst, sondern an mangelnder Bewässerung. Samen müssen während der Keimdauer grundsätzlich kontinuierlich feucht gehalten werden. Sonnenlicht oder Wind können die zarten Keime schon innerhalb von Stunden zum Verdorren bringen. Der erfahrene Gärtner spannt darum über dem frischen Saatbeet eine milchige Plastikplane. Dabei muß aber für die gleichmäßige Belüftung ein Abstand von 5–8 cm zwischen Saatbeet und Plastikplane eingehalten werden. Fast überflüssig zu erwähnen, daß natürlich auch diese Samen immer wieder mit der Gießkanne überbraust werden müssen.

Neuerdings werden empfindlich keimende Samen auch in Pillenform, also mit einer Schutzschicht umhüllt oder luftdicht in Aluminiumfolie versiegelt mit Keimgewähr angeboten. Das ist zwar teurer, aber immer noch besser, als nach Wochen auf ein leeres Saatbeet zu schauen.

Denken Sie auch daran, dass jede Pflanze einen ihr gemäßen Entwicklungsraum benötigt. Zuviele Pflanzen, die zu dicht aufeinander stehen, müssen um ihren Lebensraum so kämpfen, dass sie sich nie kräftig genug entwickeln. Das einzige Kraut, das dieses dichte Säen verträgt, ist die Gartenkresse, hier würden größere Abstände nur die Ernte erschweren. Kresse wird in der Regel mit der Schere oder einem blitzscharfen Messer geschnitten.

Über die richtige Wahl des Kräuterbeetes gibt es verschiedene Ansichten. Die einen sagen, dass der erste Grundsatz lauten müsse »So dicht wie möglich in der Nähe der Küche«, damit die Hausfrau während des Kochens schnell das Nötige hereinholen kann und selbst bei Regenwetter nicht pudelnaß dabei wird. Wenn mit dem Ernten nämlich sehr viele Umstände verbunden sind, kann es vorkommen, daß das Kräutersortiment zwar bereitwillig im Garten sprießt, trotzdem in der Küche aber mindere Trokkenware gebraucht wird. Andere wählen den Standort mehr nach optimalen Wachstumsbedingungen. Petersilie, Dill, Kerbel, Liebstöckel und Meerrettich bevorzugen beispielsweise einen feuchten Platz. Rosmarin, Thymian und Estragon hingegen lieben die trokkene Wärme. Mehrjährige Stauden können durch ihr hübsches Blattgrün und die zarten Blüten sogar als Schmuckpflanzen innerhalb des Steingartens geduldet werden, somit zwei Funktionen erfüllen. Petersilie und Schnittlauch sind in alten Bauerngärten oft als Beeteinfassung im Gemüsegarten zu finden.

Einen der originellsten Kräutergärten entdeckte ich in Dänemark. Ein großes, kreisrundes Beet, dessen Mitte durch eine dekorative Sonnenuhr aus Bronze auf einem Steinpodest geschmückt wurde, war wie eine Torte in Segmente geteilt. Hübsch im Uhrzeigersinn der Größe nach gestaffelt wuchsen in jedem »Tortenstück« andere Kräuter. Dabei wurde das Bedürfnis nach starker Sonnenbestrahlung und Schattenlage jeweils berücksichtigt.

Beim Anlegen eines separaten Kräuterbeetes sollten Sie immer zunächst einen Plan aufstellen. Borretsch, Beifuß, Liebstöckel, Meerrettich und Zitronenmelisse sollten als hohe, mehrjährige Pflanzen am besten hinten wuchern. Sie müssen jeder Pflanze einen Radius von mindestens 50 cm, besser bis zu 80 cm, zubilligen. Dill, der ebenfalls hoch schießt, der aber nur einjährig ist, wird zweckmässig hinten in die Randzone gesät. Meist sät er sich im Herbst selbst aus, so daß eine Neusaat im folgenden Jahr nicht nötig sein wird. Bohnenkraut, Estragon, Salbei, Rosmarin, Pimpinelle und Ysop sind halbhoch und werden zweckmässigerweise im nötigen Abstand davor gesät oder gepflanzt. Da Rosmarin ausserordentlich kälteempfindlich ist und nur im milden Klima unter Strohabdeckung gut überwintern kann, rate ich Ihnen, den Stock nicht aus dem Topf zu nehmen, sondern ihn einfach mit dem Topf ins Erdreich zu versenken. Dann haben Sie keine Schwierigkeiten, die Pflanze im Herbst vor den Frösten herauszunehmen und auf der Küchenfensterbank zu überwintern.

Thymian und Majoran sind sehr

niedrig, bei nicht zu kalter Witterung sind sie winterhart. Das gilt auch für Schnittlauch, in einigen Fällen sogar für Petersilie, die aber trotzdem jedes Jahr einmal neu ausgesät werden muß. Die Lebensdauer von Kerbel ist ohnehin kurz. Basilikum, das ja auch zu den niedrigen Gewürzkräutern gehört, bedarf immer unserer besonderen Fürsorge, es benötigt ja auch viel Wärme. Aus diesem Grunde soll der Pflanze immer ein besonders gut zugänglicher, sonniger Platz in der vorderen Zone zugestanden werden.

Sellerie und Zwiebelgewächse werden Sie ohnehin immer im Gemüsegarten züchten, da der Bedarf daran meist recht groß ist.

Wer Kräuter auf seinem Balkon züchten will, muß sich in erster Linie um große Behälter kümmern, die genügend Erde und Feuchtigkeit halten können. In kleinen Tontöpfen trocknen die Wurzeln oft zu schnell aus, zumal die Pflanzen auf dem Balkon ja ganz anderen Witterungseinflüssen durch Wind und Sonne ausgesetzt sind, als üblicherweise die Topfpflanzen auf der Fensterbank. Große Blumenkästen mit einem Innenformat von 30×30 cm, besonders wenn sie aus Eternit oder ähnlichen Materialien gefertigt wurden, oder große runde Schalen, ausrangierte Fäßchen aus Eichenholz, denen ein Boden herausgeschlagen wurde, sind ganz vorzügliche Behälter. Natürlich müssen wir zunächst durch eine dicke Kiesschicht für den Wasserablauf sorgen.

Sehr dankbar für die Zucht auf dem Balkon sind Petersilie, Schnittlauch, Basilikum, Bohnenkraut, Gartenkresse, Kerbel, Majoran und Thymian, aber selbst Dill und Zitronenmelisse gedeihen dort. Es ist ja gar nicht schlimm, wenn die Pflanzen nicht ganz die Höhe erreichen, wie wir sie sonst gewohnt sind.

Im Grunde können Sie auch alle eben genannten Pflanzen in der Küche auf dem Fensterbrett ziehen, vorausgesetzt, dort ist genügend Platz. In erster Linie seien Schnittlauch, Petersilie, Gartenkresse und Basilikum geraten, das sind Kräuter, die wir häufig benötigen und die durch Trocknung erheblich an Qualität einbüßen.

Anis selbst zu kultivieren, lohnt sich wegen des geringen Bedarfes kaum. Er wird Anfang April dünn ausgesät und muß während der dreiwöchigen Keimzeit immer leicht feucht gehalten werden. Die Dolden kurz vor der endgültigen Samenreife abschneiden und umgekehrt an luftiger warmer Stelle trocknen lassen. Dann »dreschen«.

Basilikum am besten als Jungpflanze im Topf vom Gärtner kaufen. Sonst im März unter Glas im Topf aussäen, dann zwei- bis dreimal pikieren. Keinesfalls vor den Eisheiligen ins Freie bringen. Winterbedarf zum Trocknen vor der Blüte ernten, da dann die Blätter das stärkste Aroma haben. Für den Frischbedarf im Winter von einer Pflanze im Sommer vor der Blüte die Triebspitzen abschneiden, so daß sich aus den Seitenachsen rechtzeitig frische Triebe entwikkeln. Vor dem ersten Frost in einen Topf passender Größe verpflanzen und rechtzeitig auf die nicht zu warme Küchenfensterbank stellen.

Beifuß unbedingt als kleinen Ableger pflanzen. Da die Blätter und Blütenknospen sehr viel Bitterstoffe enthalten, ist der Bedarf sehr gering. Sie werden im Haushalt fast nur für fette Braten gebraucht. Blütenrispen und junge Blätter vor der Blüte abschneiden und trocknen.

Bohnenkraut ist sehr wärmebedürftig und kann den ganzen Sommer in Abständen von rund vier Wochen auf leichten Böden ausgesät werden. Wichtig ist, dass der Samen nur ganz dünn mit feiner Erde bedeckt wird, da er sonst nur schwer keimt. Meist säen sich einige Pflanzen an der gleichen Stelle fürs folgende Jahr wieder aus. Rechtzeitig die Pflanzen ausdünnen, damit sie sich gut entwickeln können. Möglichst vor der Blüte ernten, aber selbst blühende Stengel können für den Winterbedarf zum Trocknen oder Gefrieren geschnitten werden.

Borretsch wird zwischen April und Juli an Ort und Stelle ausgesät, er ist hinsichtlich des Bodens anspruchslos, liebt aber Feuchtigkeit. Junge Blätter und Triebspitzen pflücken. Einfrieren oder Trocknen lohnt sich nicht.

Brunnenkresse gedeiht nur in fliessenden Gewässern. Am besten Jungpflanzen kaufen und in eine dünne Erdschicht einsetzen. Sonst zunächst in gut feuchten Kistchen im Juni aussäen, ein- oder zweimal pikieren. Beim Auspflanzen die Fließrichtung des Wassers berücksichtigen, die Erdschicht sollte mindestens 5 cm hoch sein. Langsam das Frischwasser zuleiten. Später die Triebspitzen 6–10 cm lang abschneiden, bis zum Verzehr in Wasser aufheben.

Dill kann ab April im Abstand von 4 Wochen immer wieder ausgesät werden. Alter Kompostboden erzeugt gute Ernten. Dill darf im Gegensatz zu allen anderen Kräutern auf keinen Fall verpflanzt werden. Die jungen Triebe müssen fleissig gewässert werden. Wer Wert auf viel Dillgrün legt, pflückt zunächst die Triebspitzen, damit sich die Pflanzen durch Seitentriebe verzweigen. Wer beispielsweise für Hummer oder Krebse Wert auf die Dilldolden legt, sollte dagegen zunächst die Seitenblättchen schneiden, damit die Hauptkraft der Pflanze in die Blüte geht. Blüten oder gerade reifende Körner möglichst am frühen Morgen schneiden, dann ist das Aroma am besten und es besteht nicht die Gefahr, daß evtl. schon reife Körner herausfallen.

Eberraute zu züchten, lohnt sich nur für Experten, versuchen Sie einen kleinen Ableger von Freunden zu bekommen. Eberraute ist in Österreich noch recht populär und liebt trocknes Klima und kalkige Böden.

Estragon selbst zu züchten, lohnt unbedingt, da wir ihn selten frisch bekommen. Der deutsche Estragon ist aromatischer als der russische, der blüht und auch aus Samen vermehrt werden kann. Aus der Gärtnerei oder von Bekannten einen Ableger holen und möglichst im Frühjahr in tief bearbeiteten Boden setzen. Während des Sommers immer wieder gießen. Die Triebspitzen pflücken. Besser gefrieren oder in Essig einlegen als trocknen.

Fenchel ist eine sehr dekorative, hohe Pflanze, die auch im Staudenbeet hübsch aussieht. Im Frühjahr an Ort und Stelle aussäen. Das Grün im Herbst etwa handbreit über dem Boden abschneiden. Im folgenden Jahr reifen dann die Dolden mit Samen heran. Selbstverständlich können die feinen grünen Blättchen auch schon während des ersten Jahres zum Würzen geschnitten werden.

Gartenkresse gedeiht auf fast allen Gartenböden in der Sonne oder im Halbschatten. Ziemlich dicht ab Frühjahr aussäen, immer gut feucht halten. Mit der Schere oder einem scharfen Messer die weißen Stengel dicht über dem Boden abschneiden. Bis zu Beginn der Hitzeperiode und im Herbst kann Gartenkresse immer wieder gesät werden. Selbst auf angefeuchteten Zellstoffschichten sind gute Erträge als Zimmerkultur zu erzielen.

Kerbel liebt lockere, leichte Böden und Halbschatten. Ab Ende März im Abstand von drei bis vier Wochen immer wieder aussäen. Das lichtgrüne Kraut wächst bei guter Bewässerung schnell, schießt aber bei der Blüte dann auch rasch in die Höhe. Die Pflanzen ausdünnen.

Kümmel selbst zu züchten, ist meistens unrentabel, wer es unbedingt will, sät im Frühjahr auf feuchtem, kalkhaltigem Boden aus und erntet im nächsten Jahr.

Liebstöckel wird durch Stockteilung vermehrt, er liebt feuchte, schwere Böden. Die Pflanze ist sehr robust. Rechtzeitig die Blütentriebe herausschneiden, da diese unnötige Kraft beanspruchen. Zum Würzen die Blätter pflücken.

Lorbeer gedeiht nur als Kübelpflanze, die Töpfe müssen im Winter auf jeden Fall in den kühlen Keller oder den Wintergarten gestellt werden. Junge Blätter ernten und vor der Verwendung trocknen lassen.

Majoran liebt leichte, sonnige Böden und kann wahlweise im März ins Frühbeet oder in den Topf oder im Mai ins Freiland ausgesät, später dann vereinzelt werden. Praktischer ist es natürlich, einige Jungpflanzen vom Gärtner zu kaufen und diese nach den Eisheiligen gleich an den richtigen Platz zu pflanzen. Nach Möglichkeit vor der Blüte ernten. Wenn Sie die Stengel nicht zu tief abschneiden, treiben sie seitlich wieder aus und überstehen unter Umständen sogar einen milden Winter. Majoran kann sehr gut getrocknet werden.

Meerrettich sollte nur auf sehr tief bearbeiteten, fetten Böden gepflanzt werden. Die ca. 30 cm langen Seitentriebe, Fechser genannt, werden im Frühjahr in leicht schräger Stellung eingepflanzt. Ende Juni wird die umgebende Erde freigelegt, dann werden die Seitenwurzeln entfernt und das Erdreich wieder auf die Hauptwurzeln gedeckt. Nur auf diese Weise entwikkeln sich dicke, leicht zu reinigende Wurzeln. Die Stangen können gut in der Erde überwintern und erst im folgenden Jahr geerntet werden. Was bei der Ernte im Herbst zuviel ist, für den Winter in feuchten Sand einschlagen oder gefrieren.

Minze, gleichgültig ob grüne-, krause- oder Pfefferminze, wird durch Seitentriebe vermehrt. Die sehr robusten Pflanzen gedeihen am besten im warmen, feuchten Klima. Der Standort darf dabei durchaus halbschattig sein. Vor der Blüte die Haupttriebe für Tees schneiden und trocknen.

Petersilie ist das Lieblings- und Sorgenkind der Gewürzkräutergärtner. Während der dreiwöchigen Keimzeit muß der Samen immer leicht feucht gehalten werden. Grundsätzlich immer nach Möglichkeit die äusseren Blättchen abpflücken. Im Herbst das Grün mit Tannenreisig abdecken, dann können Sie oft sogar im Winter ernten. Bei großen Ernten können Sie natürlich auch einen Teil für den Winter durch Gefrieren, Einpökeln, Säuern oder Trocknen haltbar machen.

Rosmarin kann zwar theoretisch durch Ableger vermehrt werden, doch ist die Zucht sehr schwierig. Am besten einen jungen, kräftig verzweigten Stock kaufen und an warmer Stelle in kalkigen Boden versenken. Nicht zu stark wässern. Vor den Frösten den Topf auf die Küchenfensterbank stellen, im Frühjahr wieder in den Boden versenken. Nur spärlich gießen!

Salbei ist eines der hübschen Kräuter, die gerne im Steingarten angebaut werden. Obschon Sie die Pflanzen aus Saatgut ziehen können, rate ich Ihnen zur bequemeren Stockteilung oder zum Jungpflanzenkauf vom Gärtner. Junge Triebspitzen können laufend geschnitten werden, doch erreicht die Pflanze erst ab zweitem Jahr ihr volles Aroma. Für den Winterbedarf von kräftigen Pflanzen im Juni und im September junge Triebe schneiden und trocknen. Vor dem Winter leicht mit Reisig abdecken.

Sauerampfer wird durch Stockteilung vermehrt und gedeiht nur auf schweren, sehr feuchten Böden. Bitte die Pflanzen nicht blühen lassen, also rechtzeitig die Blütentriebe herausschneiden.

Schnittlauch kann sowohl im Frühjahr als auch im Herbst ins Freie gesät wie auch durch Stockteilung gewonnen werden. Er liebt kalkhaltige, feuchte Böden und kann vom Frühling bis zum Herbst laufend geschnitten werden. Bitte nicht zur Blüte kommen lassen. Für den Winterbedarf einige Pflanzen vor dem Frost in Blumentöpfe pflanzen. Alle drei bis vier Jahre sollten Schnittlauchpflanzen herausgenommen und wieder geteilt werden, weil sonst die grünen Stengel zu dick werden.

Sellerie wird für den Normalhaushalt in der Regel als Jungpflanze gekauft und im Gemüsegarten ausgepflanzt. Zarte Blätter zum Würzen pflücken.

Zimtstangen
Zwiebelpulver
Pfeffer (schwarz)
Salbei
Kümmel
Nelken
Majoran
Curry
Paprikapulver (edelsüß)
Senfkörner
Pfeffer (weiß)
Wacholderbeeren
Muskatnüsse
Ingwerwurzeln
Macis gemahlen
Pigmentkörner
Macis (Muskatblüte ungemahlen)
Fenchel
Estragon
Vanilleschoten
Tonkabohnen

Senf für Körnergewinnung selbst anzubauen, lohnt sich kaum. Die Samen müssen im April ausgesät werden, zu Beginn ist regelmässiges Wässern erforderlich. Bald die gelbgrünen Schoten ernten, wenn Sie zu lange warten, platzen sie nämlich und streuen ihren Inhalt auf den Boden.

Thymian ist ein bescheidenes, niedrig wachsendes Kraut, das auf mageren Böden das beste Aroma hat. Da eine Pflanze reicht, um den Bedarf eines Normalhaushalts zu decken, diese am besten beim Gärtner kaufen. Vor der ersten Blüte die Triebspitzen für den Winterbedarf schneiden und trocknen. Wenn Sie damit nämlich bis zum Herbst warten, ist die Gefahr, dass die Pflanze den Winter nicht übersteht, groß.

Zwiebeln werden wahlweise als Steckzwiebeln oder Samen meistens im Gemüsegarten gezüchtet.

Aufbewahren von frischen und getrockneten Kräutern

Wenn wir Kräuter für ein ganz bestimmtes Gericht oder einen Salat benötigen, dann ist es natürlich am allerbesten, wenn diese unmittelbar vor dem Gebrauch frisch im Garten geschnitten und sogleich gereinigt und zerkleinert werden. Wenn wir unseren Bedarf an frischen Kräutern aber im Geschäft oder auf dem Markt einkaufen müssen, bringen wir leider oft schon etwas verwelkte Ware mit nach Hause. Stellen Sie diese zunächst für ein oder zwei Stunden in ein Gefäß mit frischem kaltem Wasser. Dabei werden die Stiele wieder straff und frisch. Wenn Sie dann die grünen Blättchen weiterhin im Wasser belassen, werden sie oft schon nach wenigen Stunden gelblich und unansehnlich, nach zwei oder drei Tagen beginnen sie sogar zu faulen. Die bessere Methode ist, das Grün, nachdem es sein frisches Aussehen wieder erlangt hat, aus dem Wasser zu nehmen, die Feuchtigkeit leicht herauszuschlagen und dann alles in ein gut verschließbares Marmeladenglas, einen Plastikbehälter oder einen Kunststoffbeutel zu geben, der mit einem Gummiband verschlossen oder zugeknotet werden kann. Wenn Sie wissen, daß Sie die Kräuter erst nach zwei oder drei Tagen verwerten können, legen Sie ein angefeuchtetes, zusammengelegtes Stück Küchenkreppapier mit in den Behälter. Der Zellstoff nimmt zunächst überschüssige Feuchtigkeit auf, gibt diese dann nach und nach wieder an die Umgebung ab. Natürlich ist es wichtig, dass die so vorbereiteten Kräuter nicht offen in der Küche, möglicherweise sogar in der Sonne herumliegen, sondern gleich im Kühlschrank versorgt werden.

Wollen wir Kräuter für längere Zeit, also für den Winter, aufheben, so stehen uns verschiedene Methoden zur Verfügung. Für die meisten Kräuter ist das Tiefkühlverfahren das beliebteste. Obschon auch bei dieser Konservierungsmethode die Kräuter an Aussehen und Aroma einbüßen, so kommt das Endergebnis der Frischware doch am nächsten. Nicht ohne Grund bieten große Lebensmittelkonzerne gefrorene Petersilie im Handel an, oft ist diese sogar preisgünstiger als frische.

Schnittlauch und Zwiebelgrün zu gefrieren, ist allerdings wenig erfolgversprechend. Das kleingeschnittene Grün wird schleimig und büßt die frische Farbe ein.

Basilikum läßt sich auch nicht gut gefrieren, das Aroma ist zu zart, um den Einflüssen des Gefrierprozesses zu widerstehen. Andrerseits gehören Petersilie, Kerbel, Dill, Estragon, Selleriegrün und Liebstöckel zu Gefrierfavoriten.

Gefriermethoden gibt es mehrere. Die einen beharren darauf, dass es am besten sei, alle Kräuter vor dem Gefrieren zunächst zu waschen, dann trocken zu tupfen und mit einem der genannten Geräte zu zerkleinern. (s. S. 21 f). Die so zerkleinerten Kräuter werden dann wahlweise in Eiswürfelbehälter verpackt oder locker in Plastikbeutel gefüllt und gefroren. Später können sie kurz herausgenommen werden und ähnlich wie eine lange Wurstkette in Streifen Alufolie verpackt werden.

Eine mir bekannte, sehr versierte Köchin zerkleinert den Winterbedarf portionsweise mit etwas Wasser im Mixer und gefriert dann den Kräuterbrei. Allerdings erhält sie dabei keine streufähige Ware.

Gut bewährt es sich auch, die von dicken Stielen befreiten Blättchen zu waschen und zu trocknen, dann in einen großen Kunststoffbeutel zu geben. Das Grün zugleich mit einem Kunststoffbrett und einem Kuchenrollholz in das Vorgefrierfach geben. Nach etwa 24 Stunden alles schnell aus dem Gefriergerät nehmen und den Beutelinhalt mit dem eisigkalten Rollholz auf dem Kunstoffbrett, ohne zuvor auszupacken, durch kräftiges Hin- und Herrollen zerkrümeln. Wer schnell zu arbeiten im Stande ist, kommt mit dieser Methode am besten zum Ziel.

Eigentlich überflüssig zu erwähnen, dass es in der Mehrzahl der Fälle ratsam ist, jedes Kräutlein für sich verpackt zu gefrieren. Die gefrorenen Kräuter brauchen vor der Verwendung übrigens nicht aufgetaut zu werden. Wenn sie über heiße Speisen gestreut werden, nehmen sie sogleich die Temperatur der übrigen Speisen an.

Wer kein Gefriergerät oder Dreistern-Tiefkühlfach besitzt, wird auf traditionelle Konservierungsmethoden ausweichen. Alle Kräuter können wahlweise in Weißweinessig, Öl oder durch Zufügen von Salz haltbar gemacht werden. Sie werden dann zunächst gereinigt, mit Küchenkrepp-Papier trockengetupft und zerkleinert und sortenweise oder auch gemischt fest in verschließbare, möglichst dunkelfarbige Gläser gepresst. Weinessig oder ein geschmacksneutrales Öl brauchen wir nur darüber zu gießen, Salz müssen wir lagenweise dazwischenschichten. Doch natürlich beeinflussen diese Zugaben den Geschmack und somit die spätere Verwendungsfähigkeit. Wer größere Mengen Kräuter für den Winter haltbar machen möchte, sie vielleicht in bunt mit bäuerlichen Mustern bedruckten Baumwollsäckchen als kleine Aufmerksamkeit zu Weihnachten verschenken will, wird auch heute noch Kräuter trocknen. In diesem Fall die Kräuter nach Möglichkeit nicht waschen, allenfalls mit einem sauberen Geschirrtuch abreiben. Bei heißer Witterung das Grün bündelweise an schattiger Stelle im Freien, möglichst an einem zugigen Ort aufhängen. Sonst das Grün auf einem mit Alufolie belegten Backblech ausbreiten oder auch sortenweise in große Gläser stecken und diese dann auf einen Rost in den Backofen stellen. Diesen für längere Zeit so schwach wie möglich heizen, beim Elektroherd also eine Temperatur von 40 bis 50 Grad Celsius wählen. Beim Gasherd die kleinstmögliche Flamme einstellen und einen Kochlöffelstiel zwischen Herdklappe und Herd klemmen, damit die Tür nicht fest schließt und ein Teil der Hitze entweichen kann. Sie brauchen übrigens keine Angst zu haben, dass die Glasgefäße platzen würden. Sie werden ja in den kalten Ofen gestellt und langsam mit steigender Hitze erwärmt.

Die Trockenzeit richtet sich nach der Art der Kräuter. Wenn sich das Grün zwischen den Fingerspitzen pulverisieren lässt, ist genügend Feuchtigkeit entwichen. Längeres Trocknen würde nur die frisch grüne Färbung in fahles Gelb-Braun verwandeln. Die im Freien oder auf dem Blech getrocknete Ware in Behälter geben. Die in Gläsern getrocknete Ware lediglich verschließen. Getrocknete Kräuter behalten ihr Aroma besser, wenn sie nicht zerkleinert werden.

Kräuter gefrierzutrocknen, also zunächst auf Temperaturen von ca. minus 60 Grad Celsius abzukühlen und dann die Feuchtigkeit herauszukristallisieren, ist für den Laien

noch nicht realisierbar. Dieses Verfahren wendet die Industrie heute nicht nur für Pulverkaffee, sondern auch schon für Kräuter, insbesondere Schnittlauch, Petersilie und Kerbel, an. Die Endergebnisse sind hervorragend. Der geringfügig höhere Preis ist für diese Qualität durchaus gerechtfertigt.
Viele von uns werden sich ohnehin fast ausschließlich mit getrockneten Kräutern in der Küche begnügen müssen. Was hinsichtlich des Einkaufs bei den Gewürzen gesagt wurde, gilt im Prinzip auch hier. Möglichst immer wieder frische Ware, also kleine Mengen in Geschäften kaufen, die einen guten Umsatz garantieren. Diese im aromasicheren, lichtgeschützten und fest verschließbaren Behälter in der Nähe des Küchenherdes aufbewahren. Alte Bestände immer wieder durch frische erneuern, nach einem Jahr ist bei den meisten getrockneten Kräutern die Würzkraft wesentlich vermindert.

Nützliche Geräte zum Zerkleinern von Kräutern und Gewürzen

Unsere Mütter pflegten die Kräuter mit einem großen Messer auf einem Holzbrett klein zu schneiden, und diese Methode ist nicht die schlechteste, besonders dann nicht, wenn das Messer wirklich scharf ist. Dann zerschneidet es auch die Kräuter, wohingegen stumpfe Klingen die grüne Pracht mehr zerdrücken und musig werden lassen, als sie zu zerkleinern. Wichtig ist, dass das Holzbrett zuvor mit Wasser benetzt wurde, sonst dringt der kostbare Kräutersaft tief ins Holz. Dabei wird das Brett grün und für die Speisen geht das Beste verloren. Bei einem Kunststoffbrett ist dieser Nachteil nicht gegeben, aber infolge der glatten Oberfläche können wir darauf nicht so gut arbeiten. Das macht sich vor allem bei größeren Mengen bemerkbar. Schneller arbeiten Sie mit dem Wiegemesser, zumal einem mit doppelter Klinge. Wenn Sie dabei aber die verlängerte Reinigungszeit mit in Betracht ziehen, lohnt es sich nur bei größeren Mengen.
Eine meiner Freundinnen behauptet, dass die Küchenschere das beste Zerkleinerungsgerät für Kräuter aller Art sei. Ich nehme die Küchenschere gerne für Schnittlauch oder Petersilie, wenn das Grün gleich auf das Gericht gestreut werden soll. Die Engländerinnen geben die unzerkleinerten Petersilienblättchen in ein Trinkglas, schneiden sie dann mit der Schere darin klein. Das Ergebnis spricht für diese Methode.
Neuerdings werden auch bei uns die aus Dänemark oder Frankreich importierten Kräuter- oder Petersilienmühlen aus Metall und Kunststoff angeboten. Sie haben den Vorteil, dass wir damit gleich die fertig angerichteten Speisen bestreuen können. Wenn die Kräuter jedoch feucht in die Mühle gegeben werden, werden die Blätter mehr zerquetscht als gemahlen. Darum entweder frühzeitig waschen, dann gut trocknen lassen, oder kurz vorher waschen und mit Küchenkrepp-Papier trocken tupfen. Wer die Kräuter aus dem eigenen Garten holt, kann vielleicht auf das Waschen überhaupt verzichten. Ich selbst finde die Petersilienmühle das beste aller Geräte, zumal es leicht zu reinigen ist. Früher gab es noch den sogenannten »Schneideboy«, ein Gerät, das mit runden Messern versehen war und gerollt wurde, jedoch viel Mühe beim Reinigen verursachte und oft bald kaputt ging.
Für das Reiben von Zitronen- oder Orangenschalen oder von frischen oder getrockneten Ingwerknollen gibt es kleine, feingezackte Spezialreiben. Wer lange Freude am Gerät haben möchte, wählt eine aus rostfreiem Stahl. Das gleiche gilt auch für die Muskatreibe, es lohnt

sich, dafür eine zweite Reibe anzuschaffen, da diese nicht unbedingt nach jedem Gebrauch gespült werden muß. Praktisch sind die Modelle mit einem Behälter für die Nuß, von der Würzkraft her betrachtet ist es aber besser, die angebrauchte Nuß in einem fest verschlossenen Gefäß aufzuheben.
Pfeffermühlen gibt es in allen Preislagen und Ausführungen. Sie können 5 oder 100 cm hoch, aus hellem, dunklem oder bunt gestrichenem Holz sein. Wesentlich ist die Qualität des Mahlwerkes, nur gut veredelter Stahl behält über längere Zeit die Mahlfähigkeit. Billige Mühlen verkleben und verstopfen meistens schon nach kurzer Zeit, zumal wenn sie in der feuchten Küche stehen. Achten Sie beim Einkauf darauf, dass verschiedene Mahlgrade eingestellt werden können. Experten besitzen mehrere Modelle, eines für schwarzen, eines für weißen Pfeffer, das dritte für die übrigen Gewürze. Gewürze richtig zu mahlen, also so, dass die Körner nicht zerquetscht, sondern wirklich zerrieben werden und dabei nicht mehr als unumgänglich nötig erhitzt werden, ist eine Kunst, die nur wenige Experten, eben die Gewürzmüller, beherrschen. Für die Qualität der Gewürze ist es ja wesentlich, dass die feinen ätherischen Öle erhalten bleiben und sich nicht durch Wärme verflüchtigen. Das Endprodukt darf andererseits auch nie ölig aussehen.
Das beste Gerät, um Knoblauch zu zerkleinern, ist eine Knoblauchpresse aus eloxiertem Aluminium. Die Knoblauchzehen brauchen dabei nicht einmal geschält zu werden, sie werden einfach in die Presse gesteckt und durchgedrückt. Vor dem Hineinlegen der nächsten Zwiebel müssen Sie allerdings das feine Aussenhäutchen herausnehmen. Bei diesem Gerät kommen unsere Finger so gut wie gar nicht mit Knoblauch in Verbindung, der Knoblauch selbst ist so fein zerdrückt, dass überhaupt keine Stückchen mehr in den Speisen zu finden sind. Aber natürlich können Sie die Knoblauchzehe auch zunächst schälen und dann auf einem mit Wasser kalt abgespülten Kunststoffbrettchen mit dem Messer zerhacken.
Ist die Zehe grob zerkleinert, etwas grobes Salz daraufstreuen, dann die Mischung mit der flachgelegten Messerklinge zerdrücken. Natürlich muß das Brettchen anschliessend gut gereinigt werden. Fast überflüssig zu erwähnen, dass solche Brettchen ausschließlich für Knoblauch und Zwiebeln gebraucht werden sollten, dass also keinesfalls Nüsse oder Orangen am nächsten Tag darauf geschnitten werden dürfen, weil der Geruch nie ganz verschwindet.

Internationaler Gewürzwegweiser

Die meisten Landesküchen bevorzugen für die Zubereitung typischer Gerichte besondere Gewürze. Oft ist die Wahl historisch, beispielsweise durch den Besitz von Kolonien, in denen diese Gewürze besonders gut wachsen, bedingt, vielfach spielen auch eigene Anbaumöglichkeiten eine Rolle. Sich derartige Grundmerkmale klar zu machen, erleichtert die Kocharbeit und hilft uns, die Güte unbekannter Rezepte zu beurteilen.
In Schweden werden viele Speisen, auch solche, die bei uns normalerweise ausschließlich pikant abgeschmeckt werden, zusätzlich mit Zucker gemischt. Das gilt für Brot ebenso wie für Leberwurst. Kardamom und Koriander sowie Dill sind dort besonders beliebte Zusätze.
Für englische Gerichte sind grüne Minze, Senfpulver und der aus Indien importierte Mango-Chutney, den die Engländer in den Jahren der Kolonialherrschaft kennen lernten, neben Curry sehr populär. Und kein englischer Haushalt wäre ohne Worcestersoße denkbar, schließlich wurde diese weltberühmte Würzsoße ja dort, wenn auch hauptsächlich aus importierten Zutaten, erfunden.
Holländer, einst Herrscher in Indonesien, verbrauchen enorm viel Muskatnuß und die dazu gehören-

de Umhüllung, Macis oder Muskatblüte genannt. Für Getränke, Süßspeisen und Gebäck bevorzugen sie Zimt. Käse wird oft mit Kümmel oder Kumin gewürzt, letzteres ist übrigens ein Samen, der sonst kaum mehr in der europäischen Küche gebraucht wird.

Franzosen sind die Meister der feinen Nuancierung, sie haben das Bouquet garni, also das Gewürzsträußchen, erfunden. Für Fleischgerichte, Soßen und Salate sind sie Estragon und Pfeffer in verschiedenen Variationen zugetan.

Für die italienische Küche sind Oregano, Basilikum und Thymian typisch, natürlich auch Parmesankäse, Oliven, Sardellen und Tomatenmark. Wir finden diese Gewürzwahl in beinahe allen Mittelmeerküchen mehr oder minder oft vertreten.

Für die Balkanküche sind Pfeffer und Paprika in verschiedenen Schärfegraden und Knoblauch typisch, aber die Spanier stehen den Balkanvölkern hinsichtlich des Knoblauchs kaum nach. Ausserdem nehmen die Spanier das Privileg für sich in Anspruch, die größten Safrankonsumenten der Welt zu sein, gelbgefärbter Reis ist ihre tägliche Nahrung.

Die Portugiesen fischen die meisten Anchovis, kein Wunder, dass sie auch die größten Sardellenkonsumenten der Welt sind. Tschechen würzen zuweilen mit Knoblauch, sehr oft mit Kümmel.

In Indien finden wir auch bei den ärmsten Bevölkerungsschichten vielfältige Currymischungen, teils als Pulver, teils als Pasten. Neben manchen uns nicht bekannten Gewürzen werden dort verschiedene Sorten von Chutneys und viel Pfeffer verbraucht, gut sind auch Sesam- oder Senfsamen, vor allen Dingen, wenn sie auf indische Manier leicht angeröstet wurden.

Für indonesische Gerichte sind verschiedene Sambals, für chinesische und japanische ist die Sojasoße meist unentbehrlich. In China bevorzugt man häufig die Kombination von Saurem und Süßem, eine Geschmacksrichtung, die durch Essig und Zucker, aber auch durch verschiedene Früchte hervorgerufen werden kann.

Pfeffer, Rauchsalz, überhaupt verschiedenartig gewürzte Salze und Tomatenketchup oder Chilisoße sind typische Bestandteile der nordamerikanischen Küche. In Mexiko und im südlichen Amerika liebt man scharf gewürzte Speisen mit Paprika, Cayenne, Piment, Pfeffer und natürlich der dort erzeugten Tabascosoße.

Müsste ich ein für Deutschland typisches Gewürz oder Kräutlein nennen, so glaube ich, dass Pfeffer und Vanille als Gewürz und Schnittlauch und Petersilie als Grün neben Majoran und Beifuß am meisten verwendet werden. Die Schweizer ergänzen das Sortiment durch Beigaben von Emmentaler oder Sbrinzkäse, die Österreicher loben Kümmel und Mohn. Aber im Grunde sind wir Völker, die infolge ihrer geographischen Lage so von den umliegenden Staaten beeinflusst wurden, dass eigentlich alle Gewürze und Kräuter sich einen Platz in unserer Küche erobert haben. Sie sind es zumindest wert, einen festen Platz zu bekommen.

Tiefkühleignung gewürzter Speisen

Das Verhalten von Gewürzen bei der Tiefkühlung ist nicht immer gleich. Manche Gewürze gewinnen durch die Kälteeinwirkung an Intensität, andere wiederum verlieren fast vollkommen ihre Würzkraft. Die entsprechenden Versuche sind meiner Meinung bis heute noch nicht endgültig abgeschlossen, doch lassen sich folgende Richtlinien aufstellen:

An Würzkraft gewinnen: Basilikum, Dill, Estragon, Salbei und Thymian. Diese Gewürze sollten daher erst nach dem Gefrierprozeß den Speisen beim Kochen zugesetzt werden.

An Würzkraft verlieren: Anis, Bohnenkraut, Curry, Essig, Majoran, Muskat, Paprika, Petersilie, Pfeffer und Senf. Speisen, die mit diesen gewürzt wurden, müssen in den meisten Fällen nach dem Auftauen und Aufwärmen nochmals abgeschmeckt werden.

Ingwer, Kapern, Kümmel, Meerrettich, Nelken, Salz, Vanille, Zitrone und Zucker werden durch die Tiefkühlung nicht beeinflußt.

Zwiebeln, Knoblauch und Schnittlauch sollten wir nach Möglichkeit überhaupt nicht für Tiefkühlgerichte verwenden, denn sie verändern ihren Geschmack und ihre Konsistenz. Wenn es sich gar nicht vermeiden läßt, Gerichte mit diesen Zutaten zu kochen, sollten die Mengen reduziert werden.

Wertvolle Küchentips

Unzerkleinerte Gewürze wie Wacholderbeeren, Pfefferkörner, Senfkörner, Piment, Lorbeerblätter, Zimtstangen oder Vanilleschoten, auch ganze Stücke von Zitrusschalen sollten immer einige Zeit in den Flüssigkeiten ziehen, damit sie ihr Aroma an die Umgebung abgeben können. Grundsätzlich ist es am besten, wenn die Gewürze erst kurz vor der Verwendung geschrotet oder gemahlen werden. Ihre Würzkraft beruht ja auf ätherischen Ölen, die sich nach einiger Zeit verflüchtigen. Zum Schroten legt man die Gewürze auf den Arbeitsplatz und zerdrückt sie mit Hilfe des Kuchenrollholzes oder eines Marmeladenglases. Noch besser wäre eine grob mahlende Mühle.

Gemahlene Gewürze nach Möglichkeit nicht zu sehr erhitzen, da sich bei starker Wärme die Öle verflüchtigen. Senf und Meerrettich beispielsweise sind geschmacksintensiver, wenn sie nicht mehr in der heißen Soße kochen. Paprika enthält Zucker, sollte darum zwar etwas erwärmt, jedoch nicht scharf mitgebraten werden. Er würde dadurch außerdem seine intensiv rote Farbe verlieren.

Frische Kräuter sind immer besser als getrocknete! Bei Verwendung von Trockenkräutern muß die Menge auf 1/3 bis 1/4 der in den üblichen Rezepten angegebenen Quantität vermindert werden. Trockenkräuter sollten vor Gebrauch in der Regel mit den Handflächen zerrieben werden und etwas in der Flüssigkeit quellen. Das gilt auch für Salatkräuter. Sie schmecken sonst wie Heu!

Bohnenkraut, Liebstöckel, Beifuß und Thymian müssen in der Regel mit den Speisen gekocht werden, die übrigen hingegen schmecken meistens am besten, wenn sie unmittelbar vor dem Servieren zugefügt werden. Alle Kräuter verlieren durch Hitze ihre frische grüne Farbe. Das sollten wir besonders bei warmen Kräutersoßen und -Suppen bedenken, die sich darum auch nicht zum Aufwärmen eignen.

Wer den Geschmack der verschiedenen Kräuter und Gewürze kennen lernen möchte, sollte sie zunächst recht gründlich beriechen. Dann bereitet man aus Würfeln eine neutrale Brühe, die man portionsweise jeweils mit einem Gewürz vermischt, etwas ziehen läßt und dann genüßlich schlürft. Mehr als sechs verschiedene Sorten werden wir auf einmal nicht kennenlernen können, doch ist diese Methode die gründlichste. Der Geschmack prägt sich ein.

Grundsätzlich lautet mein Rat: besser sparsam als zuviel würzen. Nachwürzen können wir immer, den Geschmack zu mildern, fällt uns weit schwerer. Nehmen Sie auch nicht immer das gleiche Sortiment. Abwechslung ist das Geheimnis guter Hausmannsküche!

Denken Sie auch daran, daß »schön

scharf« in der Mehrzahl der Fälle den dilettantischen Koch verrät. Der Meister zeigt sich in der Beschränkung.

Wir scheiden ja laufend Kochsalz durch Nieren und Haut aus. Bei Hitzeperioden ist die Salzausscheidung vergrößert. Wenn wir daraufhin aber kochsalzfreie Flüssigkeiten zu uns nehmen, um unseren Durst zu löschen, wird das Verlangen nach Flüssigkeit immer größer. Der Körper kann nämlich keine kochsalzfreie Flüssigkeit festhalten. Darum geben die Araber durstigen Menschen nach langen Wanderungen zunächst eine scharfe, mit Salz und Paprika gewürzte Suppe. Auch nach großem Wein- oder Biergenuß stellt sich ein großer Durst am folgenden Morgen ein, der am besten mit einer gesalzenen Flüssigkeit behoben wird. Der berühmte Cocktail »Prärie Oyster«, mit Salz und Pfeffer gewürzt, ist ein gutes Hilfsmittel. Der Körper hat mit Wein oder Bier gleichzeitig einen Teil des Salzes ausgeschieden und trachtet, das Fehlende wieder zu bekommen.

Gewürze und Kräuter für Gesunde und für Diätkost

»Sind denn die Gewürze nicht schädlich?«, dies ist eine Frage, die mir sehr oft gestellt wird, besonders von älteren Frauen. Die Furcht, Gewürze könnten für unseren Organismus ungesund sein, wurde nämlich während des dritten Reiches immer wieder propagiert, aus dem einfachen Grunde, weil Gewürze mit Devisen bezahlt werden mußten. Und die wollte man damals lieber für andere Zwecke ausgeben! Dabei hatte man übersehen, daß Gewürze seit Hunderten von Jahren unseren Speisen den gewünschten Geschmack verliehen haben und sicherlich oft mithelfen, die Eßlust anzuregen.

Während man früher im Falle von Krankheiten die reizlose Schonkost, beispielsweise in Form von Haferschleim, vorzog, so tendiert die moderne Diätetik mehr dazu, dem Patienten eine so schmackhafte Kost wie nur möglich zu reichen. Man wird zwar kaum einem Menschen, dessen Magendrüsen zuviel Säure abgeben, eine übermäßig würzige Kost, also scharfe Gulasch- oder Currysuppen, reichen. Aber gegen eine leichte, weiße Käsesoße, die mit etwas Muskat gewürzt wurde, gegen pikanten Quark mit einigen Kapern oder etwas Paprika, gegen Cremes mit Vanille oder Kakao wird kein vernünftiger Arzt etwas einwenden. Erst recht nicht gegen Kräuter, die, zumal wenn sie frisch sind, zugleich wertvolle Vitaminträger sein können und ohnehin häufig die Doppelfunktion als Würz- und Heilkraut erfüllen.

Die medizinisch-wissenschaftlichen Untersuchungen über die Verträglichkeit von Gewürzen stecken noch in den Anfangsgründen. Genaue Ergebnisse über die Verträglichkeit einzelner Gewürze und Kräuter zu erforschen, bedarf es langwieriger Untersuchungen. Chillies, Essig oder Zitronensaft, Paprika, Senf und Pfeffer steigern die Tätigkeit der Speicheldrüsen, fördern also die Verdauung, da der Speichel an sich ja die Verdauung einleitet. Enzian, Pfeffer, Senf, Wermut und möglicherweise auch Paprika fördern die Magensaftausscheidungen. Anis, Gelbwurz, Enzian, Minze, Rettich, Wacholder und Zwiebeln fördern die Produktion von Gallensaft, weshalb diese Nahrungsmittel und Gewürze, besonders in größeren Mengen, bei entzündeter Gallenblase meistens verboten sind. Chillies, Fenchel, Gelbwurz, Knoblauch, Meerettich, Nelken, Paprika, Pfeffer, Senf, Thymian und Zwiebeln üben auf den Darm eine günstige antibakterielle Wirkung aus. Es ist wahrscheinlich nicht von ungefähr, daß viele dieser Gewürze im Curry vereinigt sind, der ja vor allem in heißen Ländern in denen die Lebensmittel schneller verderben, in großen Mengen konsumiert wird. Knoblauch wird eine blutdrucksenkende Wirkung zugesprochen; möglicherweise besteht zwischen der hohen Lebenserwartung einiger Völker und ihrem Knoblauchverzehr doch ein medizinisch begründbarer Zusammenhang.

Gewürze und Kräuter von A–Z

Allgewürz

s. Piment

Anchovis

s. Sardellen

Angelika Angelica archangelica

Heißt zuweilen auch Brustwurzel und aufgrund ihres lateinischen Namens nicht weniger häufig Engelwurz.
Angelika gehört zu den Doldenblütlern, ist also eine Verwandte von Dill und Petersilie. Die heute zwischen Lappland und Syrien wachsende Pflanze kommt ursprünglich wahrscheinlich aus Nordeuropa. Sie bevorzugt feuchte, schattige Anbaugebiete und wird in Franken, Thüringen und Frankreich gewerbsmässig angebaut.
Obwohl die jungen Triebe und Schößlinge der grünen Pflanze auch zu Salaten Verwendung finden können, wird die Ernte heute ausschließlich industriell verwertet. Wir kennen die kandierten, grün gefärbten Stengel als Verzierung für Biskuittörtchen oder als Füllung in südländischem Blätterteiggebäck. Der Geschmack ist recht intensiv, etwas parfümiert, also nicht jedermanns Sache. In geringen Mengen werden Angelikaauszüge Zahnpasten und Likören zugesetzt.

Anis (Foto s. S. 53)
Pimpinella anisum

Dieses jahrtausendalte Gewürz stammt ursprünglich wahrscheinlich aus Ägypten, ist aber seit langem in Griechenland und auch im übrigen Europa heimisch. Die besten, großkörnigen Qualitäten werden heute in Spanien angebaut. Weit verbreitet ist Anis ebenfalls in Italien, ferner in Indien und den Vereinigten Staaten, wo zuweilen auch das Grün der Pflanze frisch gehackt für Gemüsesalate Verwendung findet.
Anis ist als einjähriges Doldengewächs mit Dill, Fenchel und Kümmel verwandt. Die Pflanzen werden 30 bis 60 cm hoch und werden am frühen Morgen gemäht, sorgfältig getrocknet und anschließend – ähnlich wie Getreide – gedroschen. Erfolgt die Ernte später im Laufe des Tages, wenn kein Tau mehr die Pflanzen benetzt, ist die Ausbeute weit geringer. Schließlich werden die Samen einer sorgfältigen Reinigung unterzogen.
Ein großer Teil der jährlichen Ernte wird von der kosmetischen Industrie für Zahnpasten und Mundwässer aufgekauft. Die pharmazeutische Industrie entzieht dem Samen das würzige Anethol, um es für Hustensäfte, -bonbons, Erkältungsmittel und appetitanregende Medikamente zu verarbeiten. Und natürlich kennen wir alle anishaltige Aperitifs und Liköre: Pernod, Ricard, Berger oder Anisette aus Frankreich, den griechischen Ouzo, türkischen Raki usw. Alle diese Getränke haben die Eigenschaft, sobald sie mit Wasser vermischt wer-

den, sich weißlichmilchig zu verfärben.
In der Küche hat Anis gegenwärtig zweifellos an Bedeutung verloren, besonders im norddeutschen Raum ist er fast unbekannt. Aber wer wollte, besonders zur Weihnachtszeit, auf die würzigen Anisplätzchen, auf Anisbrezeln, -zwiebäcke, Lebkuchen, Honigkuchen, Printen und Pfeffernüsse mit Anis verzichten! Und für jede schwäbische Hausfrau ist ein großes Sortiment gut gelungener Springerle, fein säuberlich mit »Füßchen«, absolute Ehrensache. Geringe Beigaben von Anis sind unbedingtes Muß für einen würzigen Bauernbrotteig. Zuweilen werden Eierkuchenteige, Krapfen, Milchsuppen, aber auch Apfelmus, Pflaumenmus oder -kompott und Fruchtsalate apart mit Anis gewürzt. Die Mittelmeerküche kennt Anis als Fischsuppen-Beigabe.
Für Anistee, dem eine magenberuhigende Wirkung zugeschrieben wird, wird ½ Teelöffel Anissamen mit einem harten Gegenstand etwas zerquetscht und mit einer Tasse kochendem Wasser überbrüht. Kurz ziehen lassen, dann durchsieben.

Basilikum (Foto s. S. 17 und 35)
Ócimum basílicum

Der Name kommt aus dem Griechischen und heißt königlich, weshalb das Kraut mancherorts noch heute als Königskraut bezeichnet wird. Rund ums Mittelmeer wuchert und duftet es an den Hängen! Es gilt als Liebes- und Fruchtbarkeitskraut: Mädchen tragen ein Zweiglein an der Bluse, wenn sie gefreit werden möchten; ein Zweiglein im Brautstrauß verheißt gesunde Kinder! In französischen Bistros stellt man oft Töpfchen mit Basilikum auf die Tische, um die Fliegen fern zu halten. Im Mittelalter versuchte man mit Basilikum Hunde- und Schlangenbisse zu heilen, aber auch Kopfweh und Depressionen zu vertreiben!
Dieses würzige Kräutlein mit lichtgrünen Blättern und weiß-gelben Lippenblüten braucht viel Wärme, Sonnenschein und einen guten Boden. Erst nach den Eisheiligen wird es an einem geschützten Platz ausgesät, gedeiht aber auch auf Balkons oder im Haus. Dort kann man es natürlich schon vorzüchten. Im Herbst, vor den ersten Frösten, holt man sich einige Pflanzen in Töpfen ins Haus. Aufgrund zunehmender Nachfrage werden neuerdings von fortschrittlichen Gärtnern im Mai und Juni vorgezüchtete Pflanzen in Töpfen angeboten. In Südfrankreich, besonders in der Provence, werden Töpfchen mit den hellgrünen, aromatischen Blättern auf Märkten und in fast allen Gemüsegeschäften verkauft. Für enthusiastische Köche ein beliebtes Reise-Mitbringsel. Gewiß, Basilikum erfordert Liebe und Fürsorge, wächst langsam – aber es belohnt den Einsatz durch sein »königliches« Aroma! Es ist auch getrocknet gut.
Basilikum ist eines meiner Lieblingskräuter und schmeckt nach Sommer und Sonnenschein! Ein Tomatengericht ohne Basilikum finde ich so fade wie ein Ei ohne Salz: Tomatensuppe oder -soße, gefüllte oder gegrillte Tomaten, Tomatenomelett und -pizza! Basilikumsoße zu frischen grünen Bohnen, auch zu weißen Bohnen im Winter, zu Linsen und Hammelfleisch. Feingehackt gebe ich es zu gemischten Kräutern, Salatsoßen, Hackfleisch, grünen Erbsen oder in Kartoffelbrei. Ich würze mit Vergnügen Fleisch vom Holzkohlengrill damit oder ich gebe ein Basilikumzweiglein in den Kräuteressig oder in die Olivenölflasche!

Beifuß Artemísia vulgáris

Wermut und Beifuß sind botanisch eng miteinander verwandt. Ihre Blattformen ähneln sich auch sehr, aber die stark gelappten Blätter vom Beifuß haben einen stärkeren, weißgrauen Schimmer.
Beifuß wächst in ganz Europa wild, auch in Asien, Süd- und Nordamerika. Bei uns findet man ihn in Bauerngärten mit trockenen, kalkhaltigen Böden. Zum Würzen sollte man *nur* die Blütenrispen mit noch geschlossenen Knospen nehmen. Ich habe – unwissend – einmal recht viel Beifußblätter in eine Gänsebratensoße gegeben und war

recht erstaunt, was für eine scheußlich bittere Soße auf dem Tisch stand. Eine gute Lehre fürs ganze Leben!

Es ist also nicht verwunderlich, daß Beifuß in den Küchen der Neuzeit eine geringe Rolle spielt. Die Haupternte wird an Likörfabriken verkauft, denn für die bekannten Klosterliköre, für aromatische Bittergetränke wie Angostura, Campari oder für Wermut ist er unentbehrlich.

Was die Küche anbelangt, so lautet mein Rat: nehmen Sie nur ganz *wenig* Beifuß*rispe* für alles, was recht fett ist, also Schweinebraten, Hammelkeule, Entenbraten und natürlich für die Weihnachtsgans! Er wird meist getrocknet verwendet.

Bibernell

s. Pimpinelle

Bohnenkraut (Foto s. S. 35)
Saturéja horténsis

Bohnenkraut wächst wild an den Hängen des Mittelmeeres und wurde schon von Griechen und Römern häufig gebraucht. Wir finden es in allen mittelalterlichen Klostergärten. Es scheint, als ob Bohnenkraut – auch Pfefferkraut genannt – gerade heute in den USA und Europa sich zunehmender Beliebtheit erfreue. Beigaben von Bohnenkraut helfen Hülsenfrüchte besser zu verdauen, Tee aus Bohnenkraut lindert Magen- und Darmkrämpfe. Bei salzloser Diät, bei der scharfe Gewürze zumeist ebenfalls verboten sind, verleiht dies Gewürz den Speisen einen appetitanregenden Geschmack.

Ab April können die Samen ins Freie ausgesät werden. Säen wir jedoch erst aus, sobald die ersten Blüten an grünen Bohnen zu sehen sind, ist das Kraut gerade reif, wenn die Bohnen groß sind. Eine zweite Aussaat im Juli an halbschattigem Ort deckt den Bedarf bis zum ersten Frost. Die Pflanze wird 25 bis 30 cm hoch und blüht von Juli bis September mit blaßlila Lippenblüten. Sie liebt Feuchtigkeit und läßt sich ohne große Mühe sowohl auf dem Balkon als auch auf dem Fensterbrett züchten.

Vor der Blüte ist das dunkle Blattgrün, wie bei den meisten Kräutern, am aromatischsten, weshalb wir möglichst zunächst die Mitteltriebe pflücken. Dann bilden sich am unteren Stengelteil neue zarte Seitensprossen. Zum Trocknen, und dafür ist Bohnenkraut besonders gut geeignet, sollten wir die Stengel auf jeden Fall vor der Blüte ernten. Nach dem Trocknen das Grün von den Stengeln abstreifen, dabei aber möglichst nicht zerreiben. In verschlossenem, lichtundurchlässigem Behälter aufheben.

Bohnenkraut mit seinem leicht pfefferähnlichen Geschmack sollte mit Maßen verwendet werden. Es gehört zu den wenigen Kräutern, die ich fast immer mitkochen lasse. Alle Sorten von Bohnen: zarte grüne Brechbohnen, gelbe Wachsbohnen, Schnittbohnen und dicke Bohnen, auch weiße und braune Bohnen würze ich mit Bohnenkraut. Zur Abwechslung gebe ich ein kleines Zweiglein an Rosenkohl oder Sauerkraut, Lamm- und Schweinefleisch vom Grill, eingelegte Gurken, Füllungen für Geflügel, Aal, Hummer und Krebse, auch unser guter Kopfsalat gewinnt, wenn man ihn mit Bohnenkraut würzt. Zum Dämmerschoppen Blätterteig-Salzstangen, mit Bohnenkraut gewürzt!

Borretsch (Foto s. S. 35)
Borágo officinális

Die aus Spanien stammende Gewürzpflanze ist bei uns auch unter dem Namen Gurkenkraut bekannt, wohl weil die zerquetschten Blätter ein gurkenähnliches Aroma haben. Man behauptet, daß Tee, aus Borretschblättern bereitet, herzstärkende und mutmachende Wirkung habe und gegen Schwerhörigkeit helfe. Sicher ist, daß die besonders hübschen blau blühenden Pflanzen aufmunternd wirken. Ein Sträußchen im Schlafzimmer erfreut tagsüber durch Anblick und Duft, nachts durch süße Träume! In Holland werden die »Neuen«, das sind die ersten Heringe der Saison, mit einem Borretschblümchen garniert!

Borretsch ist einfach zu züchten. Er wird im April oder Mai, aber auch im September direkt ins Freie gesät und nach einiger Zeit vereinzelt, damit sich die Pflanzen kräftig entwickeln. Borretsch liebt viel Sonne und fleißiges Gießen. Diese Pflanze sollte auf keinem Kräuterbeet fehlen, auch weil ihre blauen Blüten die Bienen anziehen, die mit einem gemütlichen Summen die Pflanzen umschwärmen.

Borretsch eignet sich nur zum frischen Gebrauch, getrocknet verlieren die Blätter ihr typisches Aroma. Deswegen werden sie auch nie industriell getrocknet angeboten.

Die Blätter vom Borretsch haben einen zarten, frischen, sommerlichen Geschmack, und darum verwende ich sie sehr großzügig. Ich gebe Borretsch feingehackt in Gurken-, Tomaten- und Kopfsalat, ferner in gemischten Gemüse- oder Paprikasalat. Die Blüten wirken sehr apart über grünen Kopfsalat gestreut. Zuweilen friere ich die Blüten mit Wasser im Eiswürfelbehälter ein und gebe sie dann in Limonade oder Drinks. Ein Tee aus frischen Borretschblättern, eisgekühlt, mit Zitronensaft und den blauen Eisblümchen serviert, ist eine köstliche Erfrischung für heiße Sommertage, die wenig kostet, aber gut schmeckt. Für Kinderparties immer ein Erfolg.

Bouquet garni

Es handelt sich hierbei um eine Erfindung der französischen Küche, die heute international gebräuchlich ist. Das Würzsammelsurium für Bouquet garni wird wie ein Blumenstrauß mit einem Fädchen zusammengebunden. Der Vorteil davon liegt klar auf der Hand: nach dem Kochen können wir alles zusammen wieder leicht aus den Speisen fischen. Die klassische Zusammensetzung eines Bouquet garni besteht aus drei Zweigen frischer Petersilie, einem Stengel Thymian und einem Lorbeerblatt. Ausserdem werden zuweilen ein Stückchen Orangenschale und eine Knoblauchzehe zugefügt. In dem Fall ist es aber besser, die Mischung in ein Mullbeutelchen zu geben. Alte Provencekochbücher, und in Südfrankreich ist das Bouquet garni ursprünglich zuhause, berichten von Majoranzweiglein, Sellerieblättern, Basilikum, Muskatblüte, Zimt, Cayenne, Zitronenmelisse oder Zitronenschale als typischen Bestandteilen des Kräutersträußchens. Heute kann man diese Mischung auch getrocknet in Gläsern kaufen.

Wie dem auch sei, uns kommt es auf ein würziges Allerlei an, das sein Aroma an die Umgebung abgibt. Als »Umgebung« sind vornehmlich Suppen aller Art zu verstehen, aber auch Brühen zum Garen von Fleisch oder Fischen. Mag jeder dafür das wählen, was er am meisten liebt.

Brunnenkresse Róripa officinále

Brunnenkresse wächst in allen Erdteilen der Welt wild, vor allem an frischen, fließenden Gewässern. Besonders in den USA, England, Frankreich und Belgien ist die Brunnenkresse, auch Wasserkresse genannt, außerordentlich beliebt. Die Blätter und fleischigen, knusprigen Stengel haben einen hohen Gehalt an Vitamin A, C, D und E, außerdem viel Jod. Darum wird der Brunnenkresse auch wohl eine blutreinigende Wirkung zugeschrieben; der Saft soll obendrein Sommersprossen zum Verschwinden bringen.

Bei so viel guten Eigenschaften ist es eigentlich verwunderlich, dass Brunnenkresse in Deutschland relativ unbekannt ist. Wer in England gewesen ist, wird sich sicher erinnern, dass dort Sandwiches verkauft werden, die nicht nur mit Eiern, Käse, Schinken oder Fisch belegt, sondern ausserdem mit einer Schicht dunkler, würzig-frischer Blätter versehen wurden, die die Brote lange Zeit frisch halten. Eben das ist Brunnenkresse.

Die Zucht ist nur dem anzuraten, durch dessen Garten ein munterer Bach fließt. Obwohl man im April an Ort und Stelle aussäen kann, rate ich doch mehr dazu, Stecklinge einzusetzen, von denen man dann von Oktober bis April die 6–8 cm langen Spitzen der Triebe pflücken kann. Diese schwierigen Zuchtbedingungen sind sicherlich mit ein Grund, warum diese Kressenart bei uns so selten ist. Ab und zu wird sie importiert und auf gut sortierten

Gemüsemärkten oder in Feinkostgeschäften bündelweise verkauft. Dann sollten wir zugreifen. Denn Brunnenkresse schmeckt nur frisch gut, zum Trocknen ist sie keinesfalls geeignet.
Grössere Mengen können mit einer würzigen Marinade als Salat gereicht werden. Gut sind einzelne Stengel als Beigabe zu Geflügel oder Steaks. Am besten finde ich sie aber als Brotbelag: durch den hohen Wassergehalt und den würzigen Geschmack sind sie als zusätzlicher Belag zum Picknickbrot sehr beliebt. Aber natürlich können wir sie auch zum Abendbrot hinstellen, so daß jeder sich nach Belieben bedienen kann.

Chillies-Cayennepfeffer

(Foto s. S. 53)
Capsicum frutescens

Dies feurigste aller Gewürze hat viele Namen: Teufelspfeffer, Chilipfeffer und auch spanischer Pfeffer. Fälschlicherweise wird oft behauptet, die Heimat dieser Paprikavariation sei Cayenne. Tatsächlich wurden die kleinen, 6 bis 20 mm großen roten oder orangenen Paprikaschoten erstmalig von den Portugiesen in Südamerika entdeckt und durch die Portugiesen, Spanier und Franzosen in den Kolonien, also auch auf der ehemals berüchtigten Strafinsel Guayana mit der dortigen Hafenstadt Cayenne, eingebürgert. Heute werden die, frisch auch als Peperoni, gehandelten Schoten vor allen Dingen im Sudan, in Ost- und Westindien, Mexiko, Afrika und Kalifornien angebaut. Ihr Capsaicingehalt beträgt etwa das Zwanzigfache des normalen Paprikas. Die Eingeborenen würzen ihre Speisen damit für unsere Begriffe extrem scharf, was ihnen aber anscheinend ausgezeichnet bekommt.
Wie erwähnt: Frisch heißen sie Peperoni, getrocknet Chillies, gemahlen nennt man das Produkt Cayenne oder Cayennepfeffer. Ich rate Ihnen zur sparsamen Verwendung, eine Messerspitze ist meistens genug. Das gilt auch für die Würzsoße Tabasco, die zur Hauptsache aus Cayenne besteht. Tabasco wird heute fast mehr in den Bars internationaler Hotels als in den Küchen verbraucht. Natürlich bestehen Chilipulver oder Chilisoße zum Teil aus Cayenne. Auch bei diesen Produkten ist Vorsicht in der Küche geboten.
Kenner würzen mit Cayennepfeffer frische Austern, die Chinesen Kohl- und Fischgerichte. Wir geben kleine Prisen an Tomaten, weiße Bohnen, Sauerbraten, scharfes Gulasch, eingelegte Gurken und Heringe, Mixed Pickles, gebratene Bananen, zu Geflügel und Leber, nicht zu vergessen eine größere Menge an das beliebte mexikanische Nationalgericht »Chili con carne«. Chili con carne heißt eigentlich nichts anderes als Chillies und Fleisch. Die Meinungen, ob das Fleisch feingehackt wie Hackfleisch oder mehr gulaschartig in Würfel geschnitten werden sollte, gehen sehr auseinander. Experten streiten sich auch über die Art der Bohnenzugabe. In Mittelamerika werden meistens dunkle, rotschwarze, getrocknete Bohnen genommen, aber mir schmeckt es mit braunen oder weißen Bohnen ebenso gut.

Chutney

Unter Chutney verstehen wir eine musartige Würzsoße, die in der Regel indischen Ursprungs ist. Das Wort »Chutney« ist hindostanisch und heißt wörtlich übersetzt nichts anderes als »würzige Soße«. Durch die englischen Kolonisten fanden die Chutneys den Weg in die europäischen Küchen.
Der Kenner weiß längst, dass die Sortenunterschiede erheblich sind. Als Hauptsubstanz kommen die preiswerteren Tomaten oder die recht teuren Mangofrüchte in Betracht. Tomatenchutneys sind meistens braunrot, während die pfirsichähnlichen, goldgelben Mangofrüchte eher gelbbraune Chutneys ergeben. In den meisten Fällen werden Pfeffer, Koriander, Curry, Salz, Essig, oft auch Ingwer, Rosinen und Zucker zugefügt. Die Mischungen werden in der Regel in Fässern verschifft und erst bei uns in Europa in Flaschen abgefüllt.
Tomaten- oder Mango-Chutney sind appetitanregende Beigaben zu allen indischen Gerichten, vorzugs-

weise natürlich zu Fleisch. Wer nicht gerade ein Experte der dortigen Landesküche ist, wird sich damit begnügen, die Soße im Fläschchen oder in einer hübschen Schale als Beigabe zu kaltem Braten, zu gegrillten Würstchen, Hühnern, Fleisch oder zu Kochfisch zu servieren.
Chutneys selbst herzustellen, lohnt sich wegen des geringen Konsums kaum.

Curry (Foto s. S. 17)

Machen Sie einmal den Versuch und fragen Sie Ihre Familienangehörigen oder Freunde, wo und wie Curry wächst. Sie werden die unterschiedlichsten Antworten erhalten. Zwar sind sich die meisten Menschen darüber einig, dass das Gewürz wohl aus Indien stamme, doch werden mit Sicherheit einige es als Wurzel-, andere als Stamm-, die übrigen als Blatt- oder Fruchtgewürz deklarieren. Im gewissen Sinne haben dabei alle richtig geraten.
Denn Curry ist ein Mischgewürz, das aus Wurzeln, Blättern, Stengeln und Samen besteht und nach vielfältigen Rezepten zusammengestellt wird. Darum können wir im Grunde auch gar nicht von einer Sorte Curry sprechen. In Indien, wo das Currymischen erfunden wurde, werden unzählbare Currysorten angeboten. Dort bewahren die Hausfrauen in festverschlossenen Gefäßen immer mindestens drei oder vier verschiedene Pasten oder Pulver auf. Ein erstklassiger indischer Koch röstet jeweils vor der Mahlzeit die entsprechenden Gewürze, mahlt sie dann einzeln fein und mischt sie in der zum Gericht passendsten Zusammensetzung. Wir müssen uns auf das Fingerspitzengefühl und die Erfahrung unserer Gewürzmühlen verlassen. Darum ist es gerade bei Curry wichtig, ein renommiertes Markenfabrikat zu wählen. Kaufen Sie jeweils nur kleine Mengen. Sonst wird die Ware zu alt und verliert ihr Aroma. Der Hauptbestandteil, dem Curry auch die intensive gelbgrüne Farbe verdankt, ist Kurkuma oder Gelbwurz. Ausserdem enthält Curry schwarzen und weißen Pfeffer, Anis, Kümmel, Muskat, Koriander, Zimt, Paprika, Ingwer, Kardamom und Piment. Im fernen Osten, wo der Curry ebenfalls eine große Rolle spielt, werden getrocknete, leicht geröstete Zwiebeln, Salz und Zukker zugefügt. Curry ist ein Gewürz, das, sicherlich durch die häufigen Indienreisen bedingt, eine steigende Absatzquote aufweist. Ich liebe Curry für Suppen oder Soßen, als Würzmittel für weißen Fisch, Geflügel, Kalbfleisch und Eier. Ohne große Kosten verleiht es der alltäglichen Schnellküche eine aparte Abwechslung. Fast alle Currygerichte gewinnen durch Zugabe eines feingeriebenen säuerlichen Apfels und einiger Tropfen Zitronensaft. Sahne mildert den Geschmack von versehentlich überwürzten Curryspeisen. Gebratene Bananen, mit Curry und Zitronensaft pikant gewürzt, sind zu Grillhähnchen oder Leberschnitten eine schnell bereitete, immer beliebte Beigabe.

Dill (Foto s. S. 35)
Anéthum gravéolens

Dieses Gewürz wurde schon von den Ägyptern und Babyloniern in der Küche verwendet. Der Name Dill stammt vielleicht von dem altenglischen »dilla«, was soviel wie Einschläfern bedeutet. In der Tat hat der Aufguß von Dillsamen eine beruhigende, einschläfernde Wirkung. Obendrein hält Dill Hexen und böse Geister von Haus, Stall und Garten fern! Dill bringt Glück, weshalb Bräute gern ein Zweiglein in ihren Blumenstrauß verstecken! Kluge Bräute geben Senf- und Dillsamen in ihre Brautschuhe und flüstern nach der Trauung ganz leise die Zauberformel vor sich hin: »Senf und Dill – *mein* Mann tut, was *ich* will!«
Dill im Garten oder auf dem Balkon selbst zu ziehen, ist keinesfalls schwierig. Erde, Wasser und Samen ist alles, was wir benötigen.
Früh im Jahr, dann noch weitere 1–2 mal im Sommer, wird der Samen an Ort und Stelle im Garten, auf dem Balkon oder im Blumentopf ausgesät, etwas angedrückt und feucht gehalten. Er keimt nach 2–3 Wochen. Dill darf *nicht* verpflanzt werden. Die Pflanze bean-

spruсht ziemlich viel Platz und wird 30–90 cm hoch. Immer wieder gießen! Im Juli-August trägt sie leuchtend gelbe Schirmblüten, die sehr dekorativ wirken und zum Herbst aromatische Samen bilden. Zimmer- und Balkonkulturen werden natürlich nicht so hoch und hauptsächlich des Grüns wegen gezüchtet. Frisch, gefroren oder auch sehr gut getrocknet zu verwenden. Manche von uns werden sich ohnehin mit gekaufter Trockenware begnügen müssen. Gute Dillspitzen sollten kräftig grün aussehen und einen angenehmen Duft ausströmen; ist das nicht der Fall, dann ist die Trockenware überaltert.

Das aromatische, leicht süßliche Dillkraut sollte in der Regel nicht kochen! Wenn ich für Partyhäppchen und Gurkenbrote Dill als Garnitur verwende, vermeide ich, das Grün zu waschen, weil sonst die zarten Blättchen aneinanderkleben! Herrlich finde ich Dill zu allen Fischgerichten: Aal, Makrelen, Heringen, Krabben, Krebsen und Hummer. Natürlich brauche ich Dill zum Einlegen von Gurken und Kürbissen, zum Dillessig und zu gemischten Kräutern. Zu Kalb-, Rind- und Lammfleisch koche ich gerne eine Sahnesoße mit reichlich gehacktem Dill. Rührei mit Katenschinken, Tomaten-, Gurken-, Kartoffel- und Fischsalate auch Avocadospeisen sind mit Dill ein kulinarischer Erfolg!

Die Schwedinnen legen einen frischen Dillzweig während des Garens auf die Salzkartoffeln, sie bekommen dadurch einen sehr guten Geschmack. Aber natürlich können wir auch feingehacktes Dillgrün vor dem Servieren über die fertig gekochten Kartoffeln streuen.

Essig

Die Methode, aus Wein eine saure Flüssigkeit zu bereiten, war schon zur Zeit des Moses bekannt. Wahrscheinlich handelte es sich um eine Zufalls-Entdeckung. Wir wissen, daß die römischen Soldaten immer ein kleines Gefäß mit Essig bei sich trugen. Mit Wasser verdünnt galt er als vorzüglicher Durstlöscher. In den Vereinigten Staaten und auch bei uns gibt es heute eine große Gruppe von Naturheilkundigen, die auf die gesundheitsfördernde, entschlackende Wirkung von mit Honig und Wasser vermischtem Obstessig schwören.

Stellen wir eine große Schale mit Wein an die Sonne, so oxydiert durch Hefebakterien, die sich in der Luft befinden, der im Wein enthaltene Alkohol und verwandelt sich in Essigsäure. Diesen Vorgang nennt man Essiggärung oder saure Gärung. Der Prozeß spielt sich so ab, daß zunächst die an der Oberfläche gebildete Essigsäure auf Grund ihrer Schwere nach unten sinkt, der Alkohol steigt dafür nach oben. Zum Schluß ist der ganze Inhalt der Schüssel zu Essig geworden.

In Frankreich wird noch heute nach dieser Methode Weinessig gewonnen. Das Verfahren ist natürlich relativ langsam, aber der Essig behält das volle Aroma des Weins.

Die Industrie arbeitet heute nach dem sogenannten Schnellverfahren. Riesige Holzfässer von 2–4 m Höhe werden locker mit Buchenholzspänen oder Korkspänen gefüllt. Über diese Späne rieselt langsam Wein oder preiswerter, aus Kartoffeln oder Getreide gewonnener, verdünnter Spiritus. In den Wandungen des Bottichs befinden sich Löcher, durch die sauerstoffhaltige Luft von unten nach oben, also in entgegengesetzter Richtung streicht. Durch die Späne ist die Oberfläche erheblich vergrössert. Dadurch wird der Alkohol rasch in Essig verwandelt. Der fertige Essig sammelt sich unten und wird von Zeit zu Zeit abgelassen, gereinigt und evtl. noch mit geschmacksgebenden Zutaten versetzt.

Reiner Rot- oder Weißweinessig hat einen relativ hohen Säuregehalt, der zwischen 10 und 15,5% liegt. Diese Essigsorten sind die teuersten. Essig, der als »mit reinem Weinessig« deklariert wurde, muß einen Weinessiggehalt von mindestens 20% enthalten.

Der größte Teil des bei uns verkauften Essigs wird jedoch nicht mehr aus Wein, sondern aus Brennspiritus hergestellt. Er enthält ca. 5% Essigsäure und ist an und für sich ohne Aroma. Deswegen werden diesem Essig wahlweise Zitronensaft, Senfgewürz oder Kräuter zugesetzt. Für Kräuteressig lässt man in der Regel den Essig bis zu 6 Monaten mit Kräutern ziehen, vorzugsweise mit Estragon, Petersilie, Kerbel, Basilikum, manchmal werden außerdem noch kleingehackte Zwiebeln oder Knoblauchzehen zugegeben. Wir können im eigenen Haushalt leicht derartigen Kräuteressig selbst bereiten, indem wir einige frische Kräuterzweige für kurze Zeit in die Essigflasche geben.

In anderen Ländern oder Erdteilen spielt Essig aus Obstwein, zum Beispiel Apfelessig, Malz- und Reisessig, eine große Rolle.

Essigessenz, die bei uns in kleinen glasklaren Fläschchen angeboten wird, ist ein vollkommen synthetisches Produkt. Sie ist absolut geschmacksneutral, also nur sauer. Vor dem Verbrauch muß diese Essenz natürlich immer entsprechend der Gebrauchsanweisung verdünnt werden. Sie wird mehr für Reinigungs- als für Speisezwecke verwendet.

Fertiger Essig kann durch Mikroorganismen, die sich in der Luft befinden, verderben. Darum den Essig immer in dunklen Flaschen aufheben, nicht zu große Mengen auf einmal einkaufen und die Flaschen gut verschliessen. Kühl und dunkel aufheben, also nicht auf der Küchenfensterbank in der prallen Sonne.

Essig greift Metall an. Wir sollten darum grundsätzlich keine essighaltigen Speisen, wie etwa Rotkohl, in Aluminiumtöpfen bereiten und auch keine Metallgeräte in Verbindung mit Essig benutzen.

In der Küche ist Essig unentbehrlich. Wir würzen unsere Salate und verschiedene Soßen damit, legen Sauerbraten, Wild oder Heringe in Essigbeizen, bereiten für den Winter schmackhafte Essigfrüchte oder Essiggemüse, wie zum Beispiel saure Gurken, eingelegte Tomatenpaprika oder Kürbis. Durch den Säuregehalt hat der Essig eine konservierende Wirkung. Für frühere Generationen, die noch nichts vom Sterilisieren in Dosen oder Gläsern oder von Haltbarmachung durch Tiefkühlung wußten, war dies natürlich von viel größerer Bedeutung als für uns.

Estragon (Foto s. S. 17, 35 und 53)

Artemísia dracúnculus

Sicher ist, daß der Name Estragon von »drago« = Drache oder Schlange herrührt. Ob das Kraut so getauft wurde wegen seiner kräftigen, verästelten Wurzeln, die sich unterirdisch ausbreiten? Oder ob es bei Schlangenbiß hilft? Ursprünglich in Sibirien und Südasien beheimatet, wurde es durch die Kreuzzüge in Europa heimisch und von den Benediktinermönchen in Klostergärten gezüchtet. Man schrieb dem Kraut eine reinigende Wirkung nach Pestepidemien zu, zudem soll es verdauungsfördernd sein – aber wer ißt schon Estragon in so großen Mengen? Wie dem auch sei – für die feine Küche ist Estragon unentbehrlich.

Botanisch betrachtet ist Estragon mit Beifuß, Wermut und Eberraute verwandt. All diesen Kräutern ist ein herb-würziges Aroma gemeinsam.

Beim Estragon selbst unterscheiden wir zwei Arten. Russischer lässt sich aus Samen züchten, er ist aber nicht besonders aromatisch. Viel besser ist der sogenannte deutsche Estragon, der durch Stockteilung vermehrt wird. Kaufen Sie also beim Gärtner eine Pflanze oder lassen Sie sich eine von einem Gartenliebhaber schenken.

Die Pflanze verträgt Halbschatten und wird 60–150 cm hoch. Die Qualität des Bodens ist ziemlich gleichgültig, häufiges Gießen – kein Standwasser – weiß die Pflanze zu schätzen. In Kübeln oder Fässern ist sie auch auf dem Balkon zu ziehen, nicht aber im Haus! Man pflückt die obersten Blätter mit den noch nicht holzigen Stielen. Wie bei den meisten Kräutern sind die frischen Blätter am aromatischsten. Notfalls können wir sie aber auch getrocknet verwenden. Es gibt recht gute Trockenware zu kaufen, sie sollte aber immer etwas in Flüssigkeit quellen, ehe sie verzehrt wird. Ich persönlich verwende die würzigen, vielleicht ein wenig zum

Bitteren neigenden Blätter am liebsten frisch. Für den Winter schaffe ich mir einen Vorrat durch Trocknen oder Einlegen in Würzessig. Estragon ist ein herrliches Gewürz für Salate, Estragonessig, zum Einlegen von Gurken, Zwiebeln, Kürbis und frischen Heringen! Ich finde, daß Estragon weder bei gemischten Kräutern, noch beim Gewürzsträußchen fehlen darf. Für viele französische Gerichte brauche ich frische Blättchen: Lachs, Kochfisch, Steaks, Lamm, Hase, Kaninchen, Ente, Spargel und Rührei.
Ganz besonders delikat ist eine kräftige Estragonzugabe an Tomatensalat. Für die berühmte Sauce Béarnaise gehört Estragon zu den unentbehrlichen Zutaten.

Fenchel (Foto s. S. 17)
Foeniculum vulgare

Der Name »foenum« (Heu) stammt wahrscheinlich von dem heuartigen Geruch der Knolle und des Grüns. In ägyptischen Gräbern fand man Papyrusrollen, die schon die Heilkraft des Fenchels preisen. In Griechenland wurde er bei Mysterienkulten im Kranz getragen und durch die Benediktiner kam er auch zu uns. Obwohl rund um das Mittelmeer der Fenchel wild wächst, haben die Fenchelsamen aus den Kulturen die stärkere Würzkraft. Die ein- oder zweijährige Pflanze – übrigens mit Anis, Dill und Kümmel verwandt – kommt bei frühzeitiger Aussaat schon im ersten Jahr zur Reife. Am besten sind die noch nicht völlig ausgereiften, leicht grünlich schimmernden Samen. Am Mittelmeer wird nicht nur der Samen, sondern auch das Grün zum Würzen verwendet. Bei uns werden während der Wintermonate, meist als Importe aus Italien, die Florentiner Gemüsefenchelknollen angeboten. Sie sind natürlich Verwandte des Würzfenchels. Neben den weißen Knollen verwende ich immer etwas von dem feingehackten Grün, das ich zum Schluß über das Gemüse streue. Fenchelsamen gibt es entweder ungemahlen oder feingemahlen als Markenartikel.
Der Geschmack von Fenchel ist anisartig, jedoch weniger süßlich und würziger. Wilder Fenchel ist oft leicht bitter, ihm fehlt das typische Anisaroma. Die Hauptanbaugebiete für Zuchtfenchel liegen im Mittelmeerraum, Asien, Nord- und Südamerika, Südafrika und China. Parfümindustrien, Zahnpastafabriken und Likörhersteller sind die Hauptabnehmer. Wir alle kennen die würzigen Aperitifs wie Pernod, Mastika oder Fenouillette, die neben Anis auch Fenchel enthalten.
In der Küche sollte Fenchel immer mitgekocht oder mitgebacken werden. Typisches Beispiel dafür ist die Fenchelsoße, die im Mittelmeerraum gerne zu Fisch oder zu Schnecken gereicht wird. Gut ist Fenchel für eingelegte Gurken, für Fischsud, Sauerkraut, Kalbsbrust, Hackbraten oder englischen »Apple-pie«. Auch als Brotgewürz ist Fenchel sehr beliebt.

Fleischzartmacher

Als dieses Pulver in den sechziger Jahren unter der Bezeichnung »Meat-Tenderizer« erstmalig aus den Vereinigten Staaten eingeführt wurde, erregte es bei uns grosses Aufsehen.
Ausgangsprodukt für dieses weiße, pulverisierte Gewürz sind die Papayafrüchte. Sie wachsen in tropischen Gebieten auf mehrere Meter hohen Bäumen und müssen noch im unreifen Zustand geerntet werden. Der milchige Fruchtsaft, ähnlich wie Löwenzahnsaft,enthält ein eiweißhaltiges Enzym, welches die Fleischfaser lockert. Natürlich ist die Wirkung des frischen Saftes weit besser als die des getrockneten, zermahlenen Produkts.
Zähes Fleisch, das einige Zeit vor dem Braten oder Grillen rundherum mit diesem Pulver eingerieben wird, wird dadurch zarter und schmackhafter. Natürlich kann Fleischzartmacher nicht eine alte Kuh in ein junges Kalb verwandeln, aber die Wirkung ist doch verblüffend. Es sollte darum auf keinem Gewürzbord derer fehlen, die ab und zu schnell ein gutes Fleischgericht improvisieren müssen.

Gartenkresse Lepídium satívum

Die aus Südwestasien stammende Gartenkresse ist die Freude aller,

Ysop
Majora
Salbei
Petersilie
Estragon
Schnittlauch
Pfefferminz
Bohnenkra
Melisse
Rosmarin
Dill
Thymia
Oregano
Pimpinelle
Liebstöckel
Basilikum
Borretsc

denn kaum ausgesät, beginnt sie schnellstens zu keimen. Im Frühling säen die Kinder darum gern die Anfangsbuchstaben ihrer Namen ins frisch gerichtete Gartenbeet. Man sagt, reichlicher Genuß von Gartenkresse habe herzstärkende Wirkung. Die Tatsache, daß sie gegen Haarausfall und Zahnfleischbluten hilft, ist sicherlich auf den überaus großen Gehalt an Vitamin C zurückzuführen.
Gartenkresse kann man in Pappkartons im Gemüsegeschäft kaufen. Sie kann aber auch das ganze Jahr über ausgesät werden, von März an und den ganzen Sommer über in Abständen in das Gartenbeet oder in den Balkonkasten. Sie gedeiht selbst auf Sackleinwand oder einem Wattebeet auf dem Fensterbrett (also notfalls ohne Erde). In Skandinavien stülpt man einen Blumentopf umgekehrt auf einen Untersetzer mit Wasser, bedeckt den Topf mit Watte, sät darauf Kresse und hat schon nach 10 Tagen eine grüne Pyramide. Allerdings will die Kresse immer feucht gehalten sein! Für Kinder gibt es lustige Tonferkelchen, die mit Wasser gefüllt werden und auf deren gerilltem Rücken die Kresse munter wie beim Stachelschweinchen sprießt. Kresse kann nur frisch verwendet werden.
Ich ernte sie immer mit der Schere, damit die zarten Stengel nicht verletzt werden. Ich habe mit Trocknen, Einfrieren oder Kochen keine gute Erfahrung gemacht und verwende sie daher am liebsten *frisch* auf Butterbrot, mit etwas Zitronensaft und Zucker gewürzt oder als Kressesalat. Hartgekochte halbierte Hühnereier, aber auch Möveneier dekoriere ich gerne auf einem üppigen Bett leicht zerzupfter Kresse. Überhaupt finde ich Kresse dankbar zum Dekorieren von allen möglichen Vorspeisen, belegten Brötchen, kalten Platten, von Pariser Salat und Geflügelgerichten.

Gewürzkörner

s. Piment

Gewürznelke (Foto s. S. 17)
Eugenia caryophyllus aromaticus

Ursprünglich nannte man sie Nägelein, weil sie einem kleinen Nagel ähnlich ist. Heute wird sie oft einfach nur als Nelke bezeichnet. Chinesen, Inder und Ägypter haben schon lange vor der Zeitwende die Gewürznelken gekannt. Nach Europa kamen die Nelken schließlich durch die Araber, die, ähnlich wie die Perser, die frühen Könige des Gewürzhandels waren. Etwa im Jahre 950 werden Nelken erstmalig in Deutschland erwähnt.
Seit dem 14. Jahrhundert hatten die Portugiesen ein Monopol mit dem kostbaren Gewürz aufgerichtet, das sich noch festigte, nachdem Vasco da Gama die Umsegelung der südlichen Route um Afrika erzwungen und damit den Seeweg nach Ostindien erschlossen hatte. Seitdem wuchs der europäische Import sprunghaft. Doch wurde er mit einem Schlag geringer, als Ende des 16. Jahrhunderts die Holländer die Herrschaft über die Gewürzinseln und damit über das Ausfuhrmonopol an sich rissen. Ähnlich wie bei den Muskatnüssen schränkten sie auch bei den Gewürznelken die Ernten ein und vernichteten in reichen Jahren die Überschüsse. Auf allen Inseln ausser Amboina, wurden die Bäume ausgerottet und den Eingeborenen wurde jeglicher Handel verboten. Natürlich reizten die großen Gewinne der Holländer die anderen Nationen, das Monopol zu durchbrechen. 1796 gelang es einem Franzosen, heimlich die Pflanzen nach Reunion und Mauritius zu bringen. Von dort wurde die Pflanze auch auf anderen französischen Inseln angesiedelt: Martinique, Domingo, Trinidad usw. Sansibar und Pemba vor der Ostküste Afrikas wiesen besonders günstige Boden- und Klimabedingungen auf. Dort werden heute rund 75% der Welternte gewonnen. Ein weiteres Hauptanbaugebiet ist außerdem Madagaskar. Die besten Nelken kommen aber aus Amboina, allerdings sind sie für den europäischen Markt zu teuer. Rund ein Drittel der jährlichen Welternte von rund 20.000 Tonnen werden in Indonesien konsumiert; dort setzt man sogar dem Zigarettentabak feingemahlene Nelken zu! Der im-

mergrüne, bis zu 12 m hohe, in fast allen Tropenländern kultivierte Nelkenbaum braucht 6 Jahre bis zur ersten und weitere 6 Jahre bis zur letzten Ernte. Die flammendroten Blütenbüschel werden als Knospen zweimal jährlich geerntet und in der Sonne zu hübschen, schwarzbraunen Gebilden getrocknet. Die Nelken bestehen zu 25% aus dem ätherischen Öl Eugenol, das von der Parfüm- und Likörindustrie, beispielsweise für Angostura, Curaçao und Underberg, verarbeitet wird.
Eine mit Nelken besteckte Orange ist ein hübsches und wirksames Mottenmittel.
In der Küche läßt man Nelken stets mitkochen oder -ziehen, sollte sie aber nur sparsam verwenden und nach Möglichkeit vor dem Servieren aus den Speisen entfernen. Praktisch ist die sogenannte »Gewürzdosis«: Man steckt ein Lorbeerblatt mit einer Nelke auf einer Zwiebel fest. Diese »Gewürzdosis« gehört unbedingt in den Fischsud und zum Suppenhuhn. Die Franzosen würzen ihr Pot au feu mit einer Nelke; wir lieben Nelken zu dunklem Fleisch, zu Wild und Ragouts, zu eingelegten Heringen, Roter Bete, Rotkohl und als typisches Blutwurstgewürz. In der süßen Küche sind es vor allen Dingen das Weihnachtsgebäck, aber auch alle süß-sauer eingemachten Früchte und Fruchtpasteten, besonders aus Zwetschgen, Birnen, Kürbis und Äpfeln, die durch geringe Nelkenbeigaben den Pfiff bekommen. Und was wäre der Glühwein ohne die Nelkenwürze?

Gewürzmischungen

Die Zahl der Gewürzmischungen ist heute kaum mehr überschaubar. Unsere Großmütter verwendeten neben Curry allenfalls die sogenannte »Gewürzdosis«, eine Kombination von Zwiebel, Lorbeerblatt und Nelke, ausserdem hin und wieder das Bouquet garni, auch Gewürzsträußchen genannt, dem wir einen besonderen Abschnitt widmeten.
Später wurden dann *Backgewürzmischungen* populär. Wir kennen sie als Spekulatius-, Honig- oder Pfefferkuchengewürze. Neben Zimt, Piment, Kardamom und Gewürznelken enthalten sie geriebenen Ingwer, Muskat und Orangenschalen. Es versteht sich beinahe von selbst, daß es für derartige Mischungen keine Standardrezepte gibt. Es ist vielmehr Sache des einzelnen Gewürzmüllers, das jeweils richtige Verhältnis zusammenzustellen.
Neuerdings gibt es auch für die pikante Küche eine Menge verschiedener Gewürzkombinationen, teils ohne, teils mit Salz- oder Glutamatzusätzen. *Braten- oder Wildgewürze* bestehen zur Hauptsache aus Lorbeerblättern, Pfeffer, Piment, Muskat, Paprika, Nelken und Wacholderbeeren. *Sauerbratengewürze* haben eine ähnliche Zusammensetzung. Im *Gulaschgewürz* ist viel Paprika, Cayenne und Pfeffer enthalten, ausserdem Piment, Thymian und oft geröstete Zwiebeln. *Fischgewürz* besteht meist aus Lorbeerblättern, Senf-, Pfeffer- und Pimentkörnern, Gewürznelken, getrocknetem Suppengrün, Fenchel, Petersilie, Sellerieblatt und anderen Kräutern. Manchmal finden wir auch grobzerbrochene Chillies darin. Dieses Fischgewürz wird sowohl für Fischsud als auch zum Einlegen von Heringen gebraucht. Andere Gewürzmühlen bieten zusätzlich Spezial-*Heringsgewürzmischungen* an, die aber eine ähnliche Zusammensetzung aufweisen. Die meisten der übrigen Mischungen sind gleichzeitig mit Salz versetzt und werden als Würzsalze gehandelt. Sehr gut bewährt sich *Bratfischwürzsalz.* Es besteht u.a. aus Säure und Glutamat, wodurch das Fischeiweiß fest wird, der Fisch beim Braten kaum riecht und der Eigengeschmack gut gefördert wird. Ähnlich verhält es sich mit *Brathähnchenwürzsalz,* das ursprünglich für Hühnerbratereien entwickelt wurde. Um eine gute braune Kruste zu erzielen, werden die Hähnchen bekanntlich mit Paprika bestreut; dieser karamelisiert durch die Wärme. Paprika ist neben Glutamat und Salz wohl auch der Hauptbestandteil dieser Mischung. *Chili con carne* ist eigentlich die Bezeichnung für ein mexikanisches

Spezialgericht aus Fleisch, Bohnen, etwas Tomatenmark und viel Cayenne, Paprika und Pfeffer. Die dafür benötigten Gewürze werden neuerdings unter der gleichen Bezeichnung angeboten. *Hackfleischgewürz* enthält in der Regel neben Pfeffer, Paprika, Muskat und etwas Piment Glutamatzugaben und oft auch Salz. Ähnlich ist auch die Zusammensetzung von *Schaschlikgewürzmischungen* und *Steakgewürzen. Spaghettigewürze* sind zur Hauptsache aus Oregano, Thymian, Basilikum, Paprika und Selleriesalz zusammengesetzt. Besondere Erwähnung verdienen noch die *Einmach- oder Gurkengewürze,* die aus verschiedenen Kräutern, Senf-, Pfeffer-, Pimentkörnern, Nelken, Lorbeerblättern, Chillies und Dillsamen bestehen. Im allgemeinen ist es nicht besonders schwierig, die einzelnen Bestandteile herauszufinden, da die Ware meistens nur grob zerkleinert wurde.

Ein bekannter Lebensmittelkonzern bietet neuerdings seine Gewürzmischungen nur unter Zahlenbezeichnungen an. Für helles oder dunkles Fleisch, Fisch, Salate, Gulasch oder Hackfleisch braucht man nur einen Behälter mit einer bestimmten Zahl zu ergreifen.

Alle diese Mischungen haben im ersten Moment etwas Überzeugendes, auf jeden Fall sparen wir Zeit. Die Unkenntnis, die in weiten Kreisen hinsichtlich der Gewürze besteht, fördert den Absatz. Auf der anderen Seite lässt sich die Industrie diesen Service natürlich bezahlen. Zugegeben, das sind nur geringfügige Summen. Weit mehr ist zu bedauern, dass durch die alleinige Verwendung derartiger Mischungen unsere Küche monotoner wird. Denn gerade in der unterschiedlichen Menge der Zutaten, die sich im Haushalt ja nie auf ein genau festzulegendes Quantum bestimmen lässt, liegt der Reiz der Hausmannskost. Es schmeckt immer ein wenig anders. Industrieprodukte, wie zum Beispiel Konserven, sollen dagegen immer die gleiche Qualität und den gleichen Geschmack aufweisen.

Glutamat

Glutamat ist ein weißes, salzähnliches Pulver. Es hat weder einen eigenen Geschmack noch einen typischen Geruch. Chemisch betrachtet ist Glutamat das Natriumsalz der Glutaminsäure, kurz gesagt auch Mononatriumglutamat. Darum wird es in England oder den USA zuweilen auch unter der Bezeichnung »MNG« oder »MSG« gehandelt, letzteres bedeutet soviel wie Monosodiumglutamat. In China wird das Produkt als Ve-tsin oder Mei-jen gehandelt.

In natürlicher Form kommt Glutamat im Weizenmehl oder in der Sojabohne vor. Die heute in unseren Küchen verbrauchten Glutamatprodukte werden aber im allgemeinen entweder aus Zuckerrübenmelasse oder aus vergorener Glukose gewonnen.

Ob Glutamat völlig gesundheitsunschädlich ist oder möglicherweise bei all zu häufigem Genuß nachteilige Einflüsse auf die Leber hat, scheint noch nicht restlos ausdiskutiert zu sein.

Der größte Teil von Glutamat wird bei uns als Mischgewürz verbraucht. »Fondor« oder »Aromat« sind typische Produkte, die zur Hauptsache aus Glutamat bestehen. Eine Reihe weiterer Gewürzmischungen, besonders solche für Salate, enthalten einen hohen Anteil an Glutamat.

Was aber hat es denn nun mit diesem Pulver auf sich, da es doch nach nichts schmeckt? Es hat sich gezeigt, daß Glutamat die Eigenschaft hat, den Eigengeschmack der Zutaten zu verstärken. Dies gilt aber nur für salzige, nicht für süße Zutaten oder Eierspeisen. Blumenkohl schmeckt blumiger, Kohl kohliger, Fisch fischiger, Fleisch fleischiger. Die Asiaten haben das schon lange vor uns entdeckt, weshalb es in der fernöstlichen Küche fast zu einer Standardzutat geworden ist.

Als Menge gilt in der Regel 1/2 Teelöffel, natürlich gestrichen gemessen, pro 500 g rohe Zutaten. Das Glutamat sollte möglichst lange Zeit haben, das Aroma der Speisen zu fördern, darum bald zusetzen.

Ingwer (Foto s. S. 17)
Zingiber officinale

Ursprungsland des Ingwers ist das südliche Asien. Erst später kam er auch nach Westindien und Afrika. Heute sind die wichtigsten Herkunftsgebiete Rotchina und Nigeria, ferner Westindien, besonders Jamaika, Vorderindien, die Umgebung von Bombay und Madras, außerdem Südchina, Japan sowie Westafrika. Ingwer liebt große, gleichmäßige Feuchtigkeit und Wärme.
Den hochwürzigen und zugleich brennenden Geschmack liefern das ätherische Öl und das Harz, die in den leicht abgeflachten Wurzeln enthalten sind. Diese werden nach der Ernte von der rauhen, braunen Schale befreit und zumeist in Kalkmilch hellgelb bis weißlich gebleicht.
Nur ein geringfügiger Teil, nämlich der Ingwer, der frisch verkauft werden soll, wird lediglich gebürstet und dann verschickt. Bei uns sind seit kurzem durch die verbesserten Transportmöglichkeiten frische Ingwerwurzeln beinahe das ganze Jahr in Kaufhäusern und Delikateßgeschäften zu haben. Sie sollten beim Einkauf eine gleichmäßig glatte Oberfläche aufweisen und keinesfalls runzlig sein. Es liegt auf der Hand, daß dieser Ingwer nicht gerade billig ist. Darum lohnt es sich, die Wurzeln vor Verderb zu schützen. Bei Lagerung an der Luft schrumpeln sie schon nach wenigen Tagen ein. Sie sollten sie darum entweder in feuchten Sand einschlagen oder in Staniol gewickelt in die Tiefkühltruhe legen. Dann haben Sie ein ganzes Jahr Freude daran. Sie können später im gefrorenen Zustand gerieben werden. Wer kein Gefriergerät hat, bedeckt den geschälten frischen Ingwer mit Cognac oder Sherry.
Die weitaus größere Rolle spielt aber der getrocknete, pulverisierte Ingwer, der leider schon bald sein Aroma einbüßt. Er ist Bestandteil von Likören und Limonaden und wird ähnlich wie frische oder kandierte Ware verwendet.
Am meisten ist Ingwer kandiert in dickem Zuckersirup in buntbemalten und glasierten Steinkrügen aus Ostasien bekannt, am besten der faserfreie sogenannte »Stemingwer«. Man kennt ihn auch in Form von kandiertem Ingwer, der mit Schokolade überzogen wird. Köstlich schmeckt auch Ingwermarmelade.
In der chinesischen, indischen und indonesischen Küche spielten die frischen Wurzeln seit jeher eine große Rolle, sowohl für salzige als auch für süße Speisen.
Zerkleinerter kandierter Ingwer vermag, etwas langweilig schmeckendem Birnen- oder Pfirsichkompott eine aparte Note zu verleihen. Frischer Ingwer ist köstlich im Rumtopf, ferner an eingelegten Gurken und Kürbissen und an Melonen- oder Pfirsichsalat aus frischen Früchten. Wer Freude an asiatischen Gerichten hat, sollte Forellen oder Schweinebraten mit Ingwer würzen.
Bei der Weihnachtsbäckerei verwenden wir häufig getrockneten, feingeriebenen Ingwer. In den englischen Backstuben wird Ingwer vielfach für würzige Plätzchen oder Ingwerkuchen gebraucht. Gut als Honigkuchengewürz. Nach Möglichkeit unmittelbar vor dem Gebrauch reiben.
Als Droge wird Ingwer zu zahlreichen Tinkturen und Extrakten verarbeitet.

Jamaikapfeffer

s. Piment

Kaneel

s. Zimt

Kapern Capparis spinosa

Kapern sind schon seit Jahrtausenden im Mittelmeergebiet, in Persien, Nordafrika und insbesondere in Zypern und Südfrankreich heimisch. Dort ißt man nicht nur die wahlweise in Essig, Salz oder Öl eingelegten Blütenknospen des Strauches, der mit hübschen rosenähnlichen weißen oder rosa Blüten die Hänge überzieht, sondern zuweilen auch die eingelegten, wie kleine Gurken aussehenden Früchte. In südfranzösischen Kramerläden werden sie unter der Bezeichnung »Cornichons de capries«

gehandelt. Während der wildwachsende Kapernstrauch Dornen hat, ist der kommerziell angebaute Strauch dornenlos. Der hohe Preis von Kapern ist hauptsächlich durch die Pflücklöhne bedingt. Jeden Morgen müssen die kleinen Knospen von Hand gepflückt und anschliessend nach Größen sortiert werden.
Je kleiner die Kaper, desto feiner das Aroma, aber auch desto geringer die Ausbeute. Die ganz kleinen Kapern, »Surfines« genannt, sind natürlich auch die teuersten. Dann folgen, immer größer werdend, die Größen-Bezeichnungen »fines«, »mifines« und »communes«. Die zuletzt genannten werden kaum exportiert.
Infolge des hohen Preises sind mancherlei Versuche unternommen worden, Kapern durch Blütenknospen anderer Pflanzen zu ersetzen. Aber weder Ginster noch Sumpfdotterblumen oder Wolfsmilch vermochten der Kaper Konkurrenz zu machen. In Deutschland hat man zeitweise die frischen Samen der Kapuzinerkresse eingelegt, allerdings mit mässigem Erfolg.
Bei uns werden Kapern meist in kleinen Mengen, in Glasröhrchen verpackt, verkauft. Sie sind verschlossen recht lange haltbar. Einmal angebrochen sollte die Oberfläche nur durch einen dünnen Ölspiegel vor Luftzutritt geschützt werden, sonst bildet sich ein übelriechender, weißlicher Schimmel. Auch die Flüssigkeit kann zum Schluß aufgebraucht werden.
Für manche Rezepte der klassischen Küche sind Kapern ein unbedingtes Muß.
Wir verwenden sie hauptsächlich zur Belebung milder heller Soßen, beispielsweise zu Königsberger Klopsen, zu Lachs oder Steinbutt. Unumgänglich sind sie bei Remouladen-, Vinaigrette-, Tatar- oder Ravigottesoße, köstlich im Herings- oder Kartoffelsalat, zu Tatar, hartgekochten Eiern oder würzigem Quark.

Kardamom (Foto s. S. 53)
Elettaria cardamomum

Obwohl dieses Gewürz schon in Frühzeiten in Indien, Rom und Griechenland sehr beliebt war, wird es heutzutage nur noch wenig verwendet. Die Pflanze ist ein Ingwergewächs und gedeiht in den Bergen der Malabarküste. Angebaut wird Kardamom in Ceylon, Vorder- und Hinterindien, Indonesien und Guatemala. Der Malabarkardamom soll aber nach wie vor der beste sein.
Die Ernte der Samenkapseln zieht sich über mehrere Wochen hin, da sie nicht alle zur gleichen Zeit reifen und nur wirklich ausgereifter Kardamom ein gutes Aroma hat.
In den Fruchtkapseln sind winzige rotbraune Samenkörner eingeschlossen, die das Gewürz liefern. Die Samen sollten leicht klebrig aussehen, scharfwürzig riechen und werden am besten erst kurz vor dem Gebrauch ganz frisch gemahlen. Sonst verflüchtigen sich die ätherischen Öle. Das ist auch der Grund, warum Weihnachtsgewürze nach Möglichkeit im gleichen Jahr der Herstellung verbraucht werden sollten, denn sie enthalten fast alle Kardamom. Ähnliches gilt vom Curry, für den ebenfalls Kardamom verwendet wird. In der indischen Küche spielt Kardamom eine ziemlich große Rolle. Die Inder würzen ihre Reisgerichte damit, die Beduinen stecken einige Körner in die schmalen Tüllen ihrer Kaffeekannen, was dem Getränk einen aparten Geschmack verleiht. In Rußland, vor allen Dingen aber in Schweden, wird sehr viel mehr Kardamom in der Küche verwendet als bei uns; Schweden verbraucht 25% der Weltproduktion! Dort spielt Kardamombrot eine große Rolle. Wir würzen zuweilen eingelegte Heringe damit, auch Brot, manche Wurstsorten, vor allen Dingen aber unsere Weihnachtsplätzchen.

Kerbel Anthríscus cerefólium

Das zartgrüne, der Petersilie ähnelnde Kraut war ursprünglich in Südrußland und Südeuropa beheimatet und gelangte zur Zeit Karls des Großen in die mitteleuropäischen Klostergärten. Zwischen Juni und August blüht die Pflanze mit unzählbaren, weißen Blütendolden, verliert dann aber sehr an Aroma. Seit jeher wird dem Kraut eine schweißtreibende, blutreinigende Wirkung zugeschrieben. Hildegard von Bingen empfiehlt eine Salbe aus Kerbel, Senf und Schweinefett zur Heilung von Quetschwunden. Durch den besonders hohen Gehalt an Vitamin C wird der gesamte Stoffwechsel angeregt.

Die Aussaat von Kerbel erfolgt ab März und kann fortlaufend das ganze Jahr über bis zum Herbst in Abständen von 3–4 Wochen wiederholt werden. Die Aussaat im Spätherbst wird im folgenden Frühjahr geschnitten. Das Kraut ist bedürfnislos, gedeiht auf leichten oder schwereren Böden, liebt Sonne im Frühling, Halbschatten im Sommer und wird 20–60 cm hoch. Durch häufiges Gießen – Kerbel liebt Feuchtigkeit – kann die Blütezeit merklich hinausgezögert werden. Kerbel ist auch für die Aussaat auf dem Balkon oder dem Fensterbrett geeignet. Er kann sowohl frisch wie gefroren oder getrocknet gebraucht werden.

Kerbel hat ein feines, sehr zartes Aroma. Ich würde es daher nicht für schwere Speisen empfehlen, rate aber zu einer großzügigen Verwendung bei Kopfsalat, Gurken- oder Tomatensalat, Kalbfleischgerichten und Fischspeisen. Köstlich ist ein Steak vom Holzkohlengrill mit einem großen Stück zart schmelzender Kerbelbutter. Sandwiches, mit Kerbelbutter bestrichen, können mit Lachs, Krabben, Zunge, Schinken, Eiern, Käse oder Quark garniert werden. Ich nehme Kerbel für gemischte Kräuterbutter, als Dekoration anstelle von Petersilie, für duftende Kerbelomelettes und für eines der typischen Frühlingsgerichte: Kerbelrahmsuppe!

Knoblauch

(Foto s. Umschlag und S. 53)
Allium sativum

Von allen Laucharten ist Knoblauch die schärfste. Aus Asien stammend wurde er schon zur altägyptischen Zeit im Mittelmeerraum heimisch. Bei den alten Römern galt der Genuß von Knoblauch als plebejisch, und Alfons von Kastilien ließ jeden strafen, der knoblauchduftend bei Hofe auftrat. Andererseits schwören die Balkanesen auf den Knoblauch als das Mittel, das ihnen, mit derbem Bauernbrot, Joghurt und Schafskäse zuweilen ein über 100 jähriges Alter verheißt. Nicht von ungefähr preist die moderne Homöopathie ihre Knoblauchpräparate zur Senkung des Blutdrucks und zur entschlackenden Frühjahrskur an. Sowohl in der französischen als auch in der chinesischen Küche, also den großen Küchen der Welt, ist Knoblauch mit die wichtigste Würze.

Die Vermehrung erfolgt durch die Zehen, die im Frühjahr in lang gedüngten, milden Boden gesteckt werden. Die frischauskeimenden Triebe können wie Zwiebelgrün verwendet werden, doch nur sehr sparsam. Nach der Ernte wird der Knoblauch zu Zöpfen geflochten und trocknet neben gelben Maiskolben und bunten Peperoni an den Hauswänden italienischer oder balkanischer Bauernhöfe. Prall und keineswegs schrumpelig sollten die Zehen sein, ehe sie maßvoll dosiert in Bratpfanne oder Kochtopf wandern.

In südlichen Ländern pflegt man die geschälten Zehen mit Salz in Mörsern zu zerkleinern; da unser Bedarf geringer ist, zerdrücken wir lediglich ein oder zwei Zehen und etwas Salz mit Hilfe einer breiten Messerklinge auf einem mit Wasser benetzten Kunstoffbrettchen oder besser noch mit Hilfe der Knoblauchpresse, so daß die Hände frei vom Geruch bleiben. Will man ganz dezent würzen, so reibe man lediglich die Schüssel oder den Topf mit einer halbierten Zehe einmal gründlich aus.

Für diejenigen, die frischen Knoblauch wegen des Geruchs, den er an den Händen hinterlässt, nicht verwenden wollen, hat die Lebensmittelindustrie Knoblauchsaft und Knoblauchsalz entwickelt, Produckte, die eine ausgesprochen feine Dosierung ermöglichen.

Knoblauch kombiniert mit reichlich Petersilie ist das Geheimnis vieler französischer Nationalrezepte: das Chlorophyll absorbiert dabei einen Teil des unangenehmen Duftes.

Auch der gleichzeitige Genuß von Rotwein mildert den Geruch – wie angenehm! Im übrigen ist Knoblauch die typische Beigabe vieler Mittelmeerrezepte wie bei Tomatensuppe und -salaten, bei Auberginen, Hammel- oder Lammbraten, grünen Salaten- kurz und gut überall da, wo wir gemeinhin Zwiebeln verwenden, kann eine Zehe dieses Liliengewächses nicht schaden.

Koriander (Foto s. S. 53)
Corandrum sativum

Im Volksmund heißt er auch Stink- oder Wanzendill, obwohl die Pflanze gar nicht widerlich riecht. Ihr Name leitet sich vom griechischen »koris«, die Wanze, ab, wahrscheinlich wegen der wanzenähnlichen Form der Samenkörner.
Der Koriander ist seit Jahrtausenden bekannt. In alten indischen Schriften und im Alten Testament wird er erwähnt und den Römern war er auch schon bekannt.
Die Heimat dieses relativ anspruchslosen Doldengewächses ist das Mittelmeer. Es wird dort auf humosen, feuchten Böden in Reihen ausgesät und kann noch im gleichen Jahr geerntet werden. Hauptlieferanten sind heute, außer Marokko, Argentinien und Polen; doch auch in Rußland, Holland, auf dem Balkan und sogar in einigen deutschen Landschaften wird er angebaut. Er ist relativ preiswert, darum braucht man Verfälschungen nicht zu fürchten. Das Grün wird zuweilen für Currymischungen gebraucht. Einige Kräuterliköre, vor allen Dingen aber Wermut, haben Beimischungen dieses süßaromatischen, orangeähnlichen Gewürzes. Früher war Koriander in der deutschen Küche sehr beliebt, heute spielt er haupsächlich als Brot- und Wurstgewürz und als typisches Weihnachtsgewürz bei Printen, Leb- und Honigkuchen eine Rolle. Darüber hinaus lohnt sich das Experiment, Lamm- oder Ziegenbraten damit zu verfeinern; auch Schweinefleisch gewinnt. Alte Rezepte von Wildbeizen geben Koriander als Beigabe an, ebenso die für eingelegte Rote Bete, Gurken und Fische.

Kümmel (Foto s. S. 17)
Carum carvi

Die Hauptanbaugebiete für Kümmel sind Asien, Nordafrika und Nordamerika, aber auch bei uns gedeiht er, zuweilen sogar wild. Er bringt erst im zweiten Jahr die Samen, als verdauungsförderndes Gewürz von kräftigem Geschmack. Unser Bedarf wird vor allem in Deutschland, Holland und auf dem Balkan angebaut. Ähnlich wie Getreide wird das Kraut nach der Ernte gedroschen, anschliessend werden die Körner nachgetrocknet und gereinigt.
Wir verwenden heute ausschließlich den Samen. Im Mittelalter hackte man das feine Grün und streute es, ähnlich wie heute Petersilie, über Kartoffeln, Gemüse, Fisch oder Fleisch. Wer Kümmel im eigenen Garten hat und selbst Gurken einlegt, sollte einmal versuchen, einige frische Kümmelzweige zu den Gurken zu geben.Die Skandinavier pflegen die frischen grünen Dolden dem Sud für Hummer und Krebse großzügig zuzufügen. Sie würzen auch Schnäpse und Liköre, zum Beispiel den Aquavit, mit Kümmel. Trotzdem, müßte man diesem Gewürz eine Landesküche zuordnen, so wäre es unbedingt die deutsche oder vielleicht besser noch die österreichische Küche.
Pellkartoffeln mit Kümmel und Quark bzw. Quark mit Salz, Kümmel und einem guten Schuß Sahne verrührt, sind nur zwei Beispiele. Der beliebte winterliche Krautsalat, Sauerkraut, auch Kümmelkartoffeln, Kümmelbrot, Kümmelbrezeln, -stangen und -hörnchen sind typische rustikale Gerichte. Versuchen wir auch einmal, dem Schweinebraten oder Gulasch durch Kümmel einen neuen Geschmack zu verleihen und schieben wir ein Mullbeutelchen mit Kümmel in das Innere des sonntäglichen Entenbratens. Wurstsalat mit frischen Zwiebelringen und reichlich Kümmel abgeschmeckt ist ein preiswertes, beliebtes Abendbrotgericht.
Wer seine Gäste besonders verwöhnen möchte, sollte sie einmal mit selbstgebackenem Kümmel-

brot bewirten. Der Kümmel, in Norddeutschland »Köm« genannt, ist ein Korn mit Kümmelgeschmack.

Kumin Cuminum cyminum

Wenn sie auch oft miteinander verwechselt werden, Kümmel und Kumin sind nicht das gleiche. In manchen Gegenden Deutschlands heißt Kumin auch noch Kreuzkümmel.

Die lila oder weiß blühende, kriechende Pflanze wächst in heißen Gebieten: auf Zypern, Malta, Sizilien und in Nordafrika. Hier wird sie schon seit Jahrtausenden angebaut, hat aber nie die Bedeutung erlangt, die die meisten anderen Gewürze haben. Die ganzen oder feinvermahlenen Samen werden daher vornehmlich für arabische, fernöstliche, indische und mexikanische Gerichte, die uns meist unbekannt sind, verwendet. Ein Teil der Kuminernte wird für das Mischgewürz Curry gebraucht. Kumin verträgt sich jedoch nicht mit Zukker, ist darum auch nicht, wie etwa Kümmel, Fenchel oder Anis, für die Süßspeisenküche oder die süße Likörbereitung geeignet. Magen- und Bitterliköre hingegen enthalten fast alle Kuminzusätze.

Der größte europäische Kuminverbraucher ist Holland. Dort wird ein Käse, der Kuminkäse, reichlich mit den dunkelbraunen Samenkörnern gewürzt. Der Kenner wird den Unterschied zu Kümmel mühelos schmecken. Dem Laien sei verraten, daß Kuminsamen im Gegensatz zu Kümmel kleiner und weniger gekrümmt, jedoch von gleicher Färbung sind. Dank des Kumingehaltes soll dieser Käse von Magenkranken besonders gut vertragen werden.

Kurkuma Curcuma longa

Den meisten von uns ist dieses Gewürz völlig unbekannt. Einige mögen es unter dem Namen »Gelbwurz« kennen. Als einzelnes Gewürz spielt es kaum eine Rolle. Kurkuma stammt aus Ostasien und wird heute vornehmlich in Vietnam und Siri Lanka angebaut. Die Pflanze ist mit Ingwer verwandt, hat gelblich-weiße, orchideenähnliche Blüten und dicke Wurzelstöcke. Diese Wurzelstökke werden geerntet, gewaschen, dann gekocht und anschliessend mehrere Tage in der heißen Tropensonne getrocknet. Erst dann werden sie geschält und meistens sogleich fein gemahlen. In den Bazars des Orients kann man natürlich auch die ganzen Wurzeln kaufen.

Da das Gewürz sehr preiswert ist, lohnt es sich kaum, es zu fälschen. Im Gegenteil, Kurkuma selbst wird gerne als Fälschmittel für Safran verwendet, denn auch es hat eine intensiv gelbe Färbung. Den Kurkumabeigaben verdankt Curry seine typische Farbe. Senf und Piccalilly, das sind in würziger Senfsoße eingelegte Essigfrüchte, werden ebenfalls teilweise mit Hilfe von Kurkuma gefärbt. In China, Japan, Tibet und Indien spielt Kurkuma als Färbemittel für Textilien eine große Rolle. Es ist preiswerter als jedes andere synthetische Färbemittel, hat aber den Nachteil, weder bei Sonnenlicht noch bei Wassereinwirkung beständig zu sein.

Liebstöckel (Foto s. S. 35)
Levisticum officinale

In vielen Gegenden ist dieses Kraut auch unter der Bezeichnung *Maggikraut* bekannt, wohl weil die bekannte Würzflüssigkeit einen ähnlichen Geschmack aufweist. Das Kraut stammt ursprünglich aus Norditalien – Ligurien – und wurde von den Benediktinern in den nördlichen Ländern verbreitet. Der Name Liebstöckel leitet sich vom lateinischen »levisticum« her, hat also nichts mit Liebe zu tun. In alter Zeit wurde Liebstöckel, unter verschiedenen Bezeichnungen, als Heilmittel für unzählige Krankheiten verwendet. Noch heute gilt es als Mittel gegen Rheuma und Reiterschmerzen. Die Friesen hängen das Kraut in ihre Kuhställe, damit die Milch nicht verzaubert, also sauer, wird.

Man kann Liebstöckel sehr gut aus Samen ziehen, der Anfang August ausgesetzt wird. Die jungen Pflanzen müssen so weit auseinander gesetzt werden, daß jede 50 × 50 cm Boden für sich hat. Am besten pflanzt man einen kleinen Ableger an einen halbschattigen Platz. Werden die Blätter gelb, so braucht die Pflanze Dünger. Leider bekommt Liebstöckel auch gerne Läuse. In dem Fall ist es ratsam, die Pflanze dicht über dem Boden abzuschneiden. Sie ist so robust, daß sie bald wieder austreibt. Da wir die Blätter ja essen, dürfen wir sie nicht spritzen. Eine Pflanze kann bis zu 2 Meter hoch werden und reicht für den Bedarf einer Familie völlig aus.

Wir ernten möglichst kleine, junge Blätter. In den meisten Fällen wird ein einzelnes Blatt schon ausreichen. Der Geschmack ist nämlich recht intensiv.

Meist wird Liebstöckel frisch zugefügt, es übersteht aber auch das Kochen. Das Grün eignet sich für Fleischbrühe, Ragouts, Erbsensuppe, Muschel- und Fischgerichte, in kleinen Mengen auch für Salatsoßen. Vor allem die frischen Blättchen passen gut zu Salaten und frischen Gemüsen. Für den Winter gebe ich einen kleinen Vorrat in die Gefriertruhe oder in Essig.

Lorbeer (Foto s. S. 53)
Laurus nobilis

Die harten grünen Blätter dieses Strauches sind seit eh und je Symbol für Ruhm und Sieg. Die Dichter und Sänger wurden mit Lorbeerkränzen gekrönt und noch heute ist jeder Schützen- und Gesangsverein stolz auf die schleifengeschmückten Kränze, die von siegreich bestandenen Wettkämpfen künden.

Nicht verwechselt werden darf dieser Baum oder Busch mit dem ähnlich aussehenden Kirschlorbeer, dessen Blätter sogar giftig sind.

Für die Küche ist das getrocknete Blatt des bis zu 18 m hohen Baumes, der in Kleinasien und rund ums Mittelmeer wächst, unentbehrlich.

Frische Lorbeerblätter sind zwar sehr aromatisch, jedoch leicht bitter. Selbst wenn man das Glück hat, einen eigenen Lorbeerbaum zu haben, sollte man die Blätter vor der Verwendung unbedingt einige Stunden trocknen lassen, denn dann verschwindet seltsamerweise der bittere Geschmack. Will man auch in unseren Breitengraden seine Grillspieße mit Lorbeerblättern einmal besonders apart garnieren, so müssen die Blätter vor dem Daraufstecken einige Zeit in heißem Wasser geschmeidig gemacht werden.

Bei zu langer Lagerung büßt Lorbeer seine Würzkraft ein. Er ist ja auch nicht so teuer, weshalb wir unsere Bestände leicht ab und zu durch frische Ware erneuern können.

Lorbeer sollte immer nur sparsam verwendet werden. Ein oder höchstens zwei Blätter sind in der Regel genug. Im Gegensatz zu anderen grünen Blattgewürzen wird er fast immer unzerkleinert den Speisen zugefügt. Das Blatt wird nie mitgegessen und sollte darum vor dem Servieren aus den fertigen Speisen gefischt werden.

Für die »Gewürzdosis«, die bei der Bereitung von Fleischbrühen oder beim Garen von Hühnern klassisch ist, wird das Lorbeerblatt mit Hilfe einer Nelke auf die Zwiebel gesteckt. Wir brauchen Lorbeerblätter aber auch zum Garen von Fisch, für Wild- und Sauerbratenbeizen, für Fleischpasteten und zum Würzen von Fleischsülzen.

Ein oder zwei Blättchen sind auch zum Einlegen von Gurken, Roter Bete, Oliven oder Heringen wichtig.

Maggi

Was für den Engländer die Worcestersauce, das ist für den Deutschen Maggi. Gemeint ist die Würzflüssigkeit, die in kleinen dunkelbraunen Fläschchen mit gelbroten Etiketten auf den Tischen vieler Gasthäuser und in den meisten deutschen Familien zu finden ist. Sie trägt den Namen eines internationalen Lebensmittelkonzerns und ist jedem bekannt. Und doch, wenn wir auch alle diese Flüssigkeit probiert haben, sie womöglich laufend verwenden, die Zutaten kennt keiner. Das ist ein sorgfältig gehütetes Fabrikgeheimnis. Sicher ist, dass in Maggi Glutamat enthalten ist, jener Stoff, der den Eigengeschmack der Spei-

sen fördert. Ausserdem sind verschiedene Pilz- und Kräuterextrakte darin enthalten, wodurch infolge langer Reifung die Flüssigkeit die dunkle Färbung bekommt.
Maggi dient in erster Linie zum Würzen fader Suppen. Ich selbst finde ein gutes Stück Fleisch zwar besser und meine, dass Maggi oft ein Verlegenheitsgewürz ist. Mit Maßen angewendet mag es ab und zu berechtigt sein, doch sollten wir uns vor dem täglichen Gebrauch auf alle Fälle hüten. Wir bekommen sonst einen Einheitsgeschmack, der mit der Zeit unser Geschmacksempfinden abstumpfen lässt.

Maggikraut

s. Liebstöckel

Majoran (Foto s. S. 17 und 35)
Oríganum majorana

Majoran ist das Kraut der Versöhnung. Es wurde in den Brautkranz geflochten und bei fürstlichen Hochzeiten und Krönungen von Jungfern vor dem Ehrenpaar ausgestreut. Ursprünglich in Vorderindien beheimatet, wurde es von den Arabern in die Mittelmeerländer, von dort durch die Mönche über die Alpen gebracht. Als Heil- und Zaubermittel wurde es bei Hexenprozessen verbrannt, um die bösen Geister zu vertreiben. Hängen Sie einige Zweiglein in Ihre Küche! Majoran bringt dunkle Augenringe und blaue Flecken zum Verschwinden, lindert Husten, Verdauungsbeschwerden, vertreibt Nierensteine und Sorgen!
Der Samen wird entweder im März/April in Töpfen oder Ende April ins Freie gesät. Die zarten Pflänzchen sind empfindlich gegen Nachtfrost, weshalb sie erst Ende Mai ausgepflanzt werden dürfen. Man kann sie gut in Töpfen oder auf dem Balkon ziehen, muß sie aber von Unkraut frei halten. Als eine im Mittelmeerraum heimische Pflanze liebt Majoran viel Sonne und Wärme. Das Kraut wird ca. 20 cm hoch und von Bienen gern besucht. Die wilde Form des Majorans, Origanum vulgare, finden wir vor allen Dingen in der kräuterreichen Provence, und zwar unter dem Namen Oregano (s.a. Seite 48). Frisch oder sehr gut auch getrocknet wie Majoran verwenden.
Majoran gehört zu den Kräutern, denen Kochen nicht schadet. Als typisches Fleischgewürz wird es bei der Zubereitung von Salami, Leberwurst, Hammel- und Schweinefleisch, für Leberknödel, aber auch für Fasan und Zunge gebraucht. Ich verwende es maßvoll, besonders für Hackfleisch- und Grillgerichte. Köstlich finde ich Majoran in allen Tomaten-, Zwiebel- und Pizzagerichten. Ich kombiniere es gern mit Knoblauch oder Thymian. Unvergeßlich ist mir ein Spanferkelfestessen; das Bäuchlein des knusprigen Bratens war mit duftenden Majorankartoffeln gefüllt. Knödel, Kräuterheringe und mexikanische Speisen gewinnen durch Zugabe dieses würzigen Kräutleins.

Mandarinenschale

s. Orangenschale

Meerrettich Cochleána amorácia

Meerrettich, auch »Kren« genannt, ist eigentlich kein Gewürzkraut, sondern eine Wurzel. Aber es ist ein so herrliches, echt deutsches Gewürz, das schon im 12. Jahrhundert in den deutschen Bauerngärten heimisch war, daß es in unserem Buch nicht fehlen darf. Auch in der jüdischen Küche spielt es eine große Rolle. Wer einmal eine tüchtige Portion frisch geriebenen Meerrettich verzehrt hat, wird sicher zustimmen, daß diese Wurzel den Kreislauf anregt und munter macht! Das ist wohl in erster Linie auf den Gehalt an Senfölen, vielleicht auch auf den hohen Vitamin-C-Gehalt zurückzuführen.
Man setzt am besten Stecklinge, die in nahrhaften, feuchten Böden gut gedeihen und im Herbst kräftige Wurzeln entwickelt haben. Sie werden im Spätherbst für den Winterbedarf ausgegraben und in feuchten Sand eingeschlagen oder in Alufolie eingewickelt kühl verwahrt. Meerrettich, in extra-starke Alufolie gewickelt, ist vorzüglich zum Gefrieren geeignet. Wenn Sie die Stangen vor dem Gefrieren ge-

putzt haben, können Sie sie später im gefrorenen Zustand reiben. Sie haben dabei noch den Vorteil, daß Sie nicht, wie sonst, dabei weinen müssen.
Natürlich können wir auch fertig geriebenen Meerrettich in Tuben oder Gläsern kaufen. Bitte nicht zu lange lagern, weil sich dann die ätherischen Öle verflüchtigen und der gute Geschmack verloren geht. Für Kleinhaushalte Tuben wählen.
Ich mag frisch geriebenen Meerrettich zu geräuchertem Lachs, zu Rentierschinken oder Rauchfleisch, auch manchmal zu Pökelzunge. Mit Gervais, Sahne oder Mayonnaise vermischt und nach Lust und Laune mit geriebenen Äpfeln, Tomatenketchup oder Senf abgeschmeckt, liebe ich Meerrettich zu kaltem Fleisch, Fisch oder zum Fleischfondue. Köstlich eine warme Meerrettichsoße zu Kochfisch und Ochsenfleisch. Bitte den Meerrettich immer erst kurz vor dem Essen in die Soße geben, damit er nicht durch langes Warmstehen seinen feinen Geschmack verliert. Einige Tropfen Zitronensaft sind immer eine gute Ergänzung zu Meerrettichspeisen.

Melisse

s. Zitronenmelisse

Minze Méntha

Was für die Deutschen die Petersilie ist, das ist für Engländer die Minze. Allerdings nicht die Pfefferminze – méntha piperita –, die dort wie hier vor allen Dingen für magenerwärmende Tees, Pfefferminzbonbons, Zahnpasta und Mundwasser gebraucht wird. In England und den USA spielen die grüne – mentha viridis – und die krause Minze – mentha crispa – in der Küche eine große Rolle.
Da es sich um Bastarde handelt, kann man die Pflanze nicht durch Samen, sondern allein durch Stockteilung vermehren. Die Minze ist eine ziemlich rücksichtslose Pflanze, die auf feuchtem Boden 30–70 cm hoch wird, stark wuchert und deren saftige Blätter einen intensiven Geruch verströmen. Minze gibt es auch sehr gut getrocknet.
Die Franzosen bereiten einen sehr aromatischen Likör mit Minze, »Crème de menthe«. Weltberühmt ist die englische Minzsoße, die zu Hammel- und Schweinefleisch gereicht wird. Aber auch Kohl, Rosenkohl, Rote Rüben, junge Erbsen, außerdem Fruchtsalate, Grapefruit und frische Melonen würze ich ab und zu mit grüner oder krauser Minze. Für heiße Tage erfanden die Türken eine erfrischende, kalte Joghurtsuppe, die durch fein gehackte Minzblättchen Augen und Gaumen erfreut.

Muskatnuß und -blüte/*Macis*
(Foto s. S. 17)
Myristica fragrans

Die Muskatnuß darf wohl als eines der ältesten Gewürze bezeichnet werden. Ursprünglich wurde sie als Räucherwerk zu kultischen Zwecken verwendet. Ägypter, Griechen und Römer kannten sie schon. Seit dem 12. Jahrhundert wurde sie im nordeuropäischen Raum gehandelt. Portugiesen und Holländer verteidigten jahrhundertelang ihr Handelsmonopol; noch gegen Ende des 18. Jahrhunderts wurden in Amsterdam ganze Ernten verbrannt, um die Preise zu halten. Ihre Heimat ist die kleine Gruppe der Bandainseln in den östlichen Molukken. Heute wird sie in Indonesien, Ceylon, Vorder- und Hinterindien und vor allem in Westindien kultiviert.
Dreimal jährlich werden die orangefarbenen, aprikosenähnlichen Früchte geerntet. Ein Baum kann bis zu 2000 Nüsse tragen. Die Früchte bestehen aus dem äußeren orangefarbigen Fruchtfleisch, das abgeschält werden muß, dem darunter liegenden Samenmantel, der seltsamerweise bei uns unter dem Namen Muskatblüte oder Macis gehandelt wird, obwohl er mit einer Blüte gar nichts gemeinsam hat, und schließlich einer steinharten Samenschale, der eigentlichen Nuß.
Als Schutz vor Insekten werden die Nüsse, nachdem die Samenschale zerschlagen wurde, in ein weißliches Kalkbad getaucht. Sie kommen ganz oder gemahlen in den Handel, aber da sich die ätheri-

schen Öle bald verflüchtigen, sollte man ganzen, möglichst runden Nüssen den Vorzug geben.
Macis oder Muskatblüte sollte man keinesfalls gemahlen kaufen, sie ist ziemlich teuer und wird darum gerne gefälscht. Ihr Aroma ist noch feiner als das der Nuß, außerdem hat sie den Vorteil, daß keine schwarzen Pünktchen in weißen Suppen oder Soßen zu sehen sind. Darum verwendet man sie gerne in der feinen Küche für Geflügel- und Kalbfleischbrühen und -frikassees, in Spargelkochwasser usw. Man kann sie relativ leicht vor dem Servieren wieder aus dem Gericht entfernen. Ein kleinfingernagelgroßes Stück ist meist ausreichend.
Für die Verwendung gibt es eine einfache Grundregel: Muskat paßt zu beinahe allen weißen Gerichten. Kalbs- und Hühnerfrikassee wurden schon genannt; Kartoffelpüree, Blumenkohl, Kohlrabi, auch Lauch, Weißkohl, Wirsing, gedünsteter Chicorée, Rosenkohl, Spinat, Tomatensaft sind andere klassische Beispiele. Und nicht zuletzt Hefeklöße und Weihnachtsgebäck.

Nelke

s. Gewürznelke

Nelkenpfeffer

s. Piment

Orangenschale und Orangeat
Citrus sinensis

Wir müssen uns vergegenwärtigen, daß die aus Südchina stammende Frucht kaum vor 1500, also erst nach der Umschiffung des Kaps durch die Portugiesen, dort angebaut wurde und erst im 18. Jahrhundert sich die Einfuhrmärkte für Deutschland öffneten. Die bittere Pomeranze hingegen kommt schon um das Jahr 1000 in Sizilien vor. Ihre Schalen werden in Zuckersirup kandiert als Pomeranzenschalen oder Orangeat bei uns angeboten. Sie ist auch ein wichtiger Bestandteil der bitteren englischen Orangenmarmelade. Vor allem wird aber die bittere Orange wegen ihrer duftenden Blüten gezüchtet, die für die Parfüm- und Likörindustrie unentbehrlich sind.
Als Orangeade wird ein Getränk bezeichnet, das aus dickflüssigem Orangensirup und Wasser bereitet wird. Hierfür werden teilweise bittere Orangen, also Pomeranzen, teilweise Saftorangen verwendet.
Orangen- und auch Mandarinenschalen enthalten ein würziges Öl, allerdings nur in ihrer äußersten Schicht. Das sollte uns ein Hinweis sein, daß es nur sinnvoll ist, die alleräußerste Schicht–und zwar von ungespritzten Früchten – in der Küche zu verwerten, keinesfalls auch die weiße, pelzige Schale. Also so dünn wie möglich abschälen oder -reiben! Die dicke Schale von Speiseorangen, sie ist fast immer sehr großporig, hat wesentlich weniger ätherische Öle als die dünne Schale von Saftorangen. Saftorangen sind fast immer preiswerte Massenware, bei der sich das aufwendige Spritzen mit Diphenyl nicht rentiert. Wir sollten darum hier das Abreiben vorziehen. Für Ente à la Orange, Cumberlandsoße oder Sauce Bigarade wird die Schale dünn abgeschält und in kaum streichholzbreite Stifte geschnitten. Kalbsleber, Putenkeulen und Hackfleisch bekommen durch Zugabe von etwas feingeriebener Orangenschale einen aparten Geschmack.
In der Backstube und für die Süßspeisenküche sind die Anwendungsmöglichkeiten von Orangenschale und -saft kaum aufzuzählen. Wer Zeit sparen möchte, reibt dafür einmal eine größere Menge Schalen ab und vermischt sie mit grobem Zucker. In einem gut verschlossenen Glas hält sich dieser Vorrat fast ein Jahr.
Wer einen guten Tropfen zu schätzen weiß, sollte die Bereitung von Orangenlikör einmal versuchen.

Oregano / *Wilder Majoran*
(Foto s. S. 35)
Origanum vulgare

Keines der bisher genannten Gewürze hat in den Nachkriegsjahren einen solchen Aufschwung im Absatz gewonnen wie Oregano. Sein Verwandter, der gezüchtete Majoran, Origanum majorana, gehört seit jeher zu den guten deutschen Küchenkräutern, die frisch oder getrocknet schon in Urgroßmutters Küche zu Hause waren. Jeder von uns kennt doch die köstlichen Majorankartoffeln und -knödel, gar nicht zu reden von der leckeren Füllung für Spanferkel und Gänse, die mit Majoran abgeschmeckt werden. Der wilde Majoran wächst an den Hängen des Mittelmeers, vor allen Dingen in Süditalien.

So ist es denn auch nicht verwunderlich, daß die Italiener für sich das Privileg in Anspruch nehmen, die besten Lieferanten von Oregano zu sein. Und nicht nur das, sie sind es auch, die mit ihren vielen Restaurants und Spezialitäten das Gewürz bei uns beliebt gemacht haben.

Früher bestellten allenfalls einige Spezialitätenlokale einige Kilo im Jahr, heute wird es tonnenweise importiert. Wichtig ist natürlich, daß die Ware nicht zu lange gelagert wurde, was durch eine fahle, braungrüne Färbung zu erkennen ist. Gute, im Schatten getrocknete Ware ist dunkelgrün und frei von holzigen Stielen. Wie bei fast allen Gewürzen ist es am besten, wenn wir die Blätter erst kurz vor dem Gebrauch zerkleinern. Fein gerebelt verleiht Oregano der Pizza Napoletana erst den richtigen Schliff, keine Pasta asciutta ohne wilden Majoran. Fisch-, Muschel- und vor allen Dingen Schweine- und Lammfleischgerichte gewinnen durch ihn an Geschmack. Auberginen, die milden Zucchini und grüne sowie weiße Bohnen werden im Mittelmeergebiet meist mit Oregano zubereitet.

Getrockneten Oregano sollte man unbedingt kurz in der Kochflüssigkeit mitquellen lassen oder besser noch, überhaupt im Gericht mitziehen oder garen lassen. Wenn ich Tomatensalat damit würze, lasse ich darum die Blättchen erst etwas in der Marinade ziehen, ehe ich die Tomatenscheiben dazu gebe.

Paprika (Foto s. S. 17)
Capsicum annum

Paprika ist ein der Tomate verwandtes Nachtschattengewächs und wird vor allen Dingen auf dem Balkan kultiviert. Aus Südamerika gelangte der Paprika 1494 nach Spanien und von dort weiter nach Italien und Südosteuropa. Das ungarische Nationalgewürz ist also erst seit einem guten Jahrhundert dort heimisch.

Es gibt mehr als dreißig verschiedene Paprikasorten, die in die beiden Gruppen: *Gemüse-* und *Gewürzpaprika* geteilt werden.

Zu *Gemüsen* und Salaten werden vor allen Dingen die großfruchtigen, fleischig-milden Sorten verwendet, die bei uns eigentlich erst Mitte der dreißiger Jahre erstmals auf dem Markt auftauchten und seit den fünfziger Jahren populär sind. Die grünen Schoten, die zu würzig-frischen Salaten und geschmorten Gemüsegerichten verwendet werden, sind in der Regel milder, aber auch etwas vitaminärmer als die gelben oder roten Schoten.

Nur sehr selten werden bei uns die dickfleischigen, dunkelroten Tomaten-Paprika im Handel angeboten. Sie haben einen besonders großen Vitaminreichtum und schmecken in rohem Zustand zum Butterbrot oder als Salat vorzüglich. Der größte Teil der Ernte wird von der Konservenindustrie aufgekauft und in Gläsern als eingelegte Tomaten-Paprika verkauft.

Gewürzpaprika, den wir in Tütchen, Streudosen oder -gläsern kaufen, wird aus kleinen, länglichen, braunroten Schoten gewonnen, die im Herbst geerntet werden. In fast allen Mittelmeerländern, besonders auf dem Balkan, hängen zur Erntezeit an den Bauernhäusern malerisch die auf Schnüre aufgereihten Schoten zum Trocknen. Das Papsaicin, das die Schärfe hervorruft, sitzt hauptsächlich in den dünnen Scheidewänden der Schoten und in den Samen. Je nachdem, wieviel davon beim Ausmahlen entfernt wird, ergeben sich verschiedene Schärfegrade.

Delikateß-Paprika ist der teuerste, würzt mildaromatisch und ist hellrot gefärbt, bei milder Diät empfehlenswert. Die Industrie braucht große Mengen für die Bereitung von Tomatenmark und -ketchup.

Edelsüß-Paprika ist der gebräuch-

lichste. Durch den geringen Samenanteil ist er mild-würzig und färbt die Speisen dunkelrot.
Halbsüß-Paprika ist bedeutend schärfer und für deftige Fleischgerichte, z. B. ungarisches Gulasch oder Hammelpörkölt.
Rosen-Paprika ist der schärfste aller im deutschsprachigen Raum gehandelten. Für das brennendscharfe Gewürz wurden alle Teile der Schoten vermahlen; er ist klassisch für die Wiener Küche sowie für den rot-leuchtenden Paprikaspeck.
Scharf-Paprika schmeckt brennend-scharf, er wird aus minderwertigen Früchten gemahlen und findet bei uns keinen Absatz.
Durch den hohen Vitamin-C-Gehalt und die appetitanregende Wirkung ist Paprika eines der gesündesten Gewürze. *Wichtig:* Nie in siedendes Fett, wohl aber in warmes Fett geben, da sonst der im Paprika enthaltene Zucker karamelisieren und die Speisen bitter und dunkelbraun würden.
Paprika ist auch sehr lichtempfindlich, darf darum keinesfalls in Gläsern im Sonnenlicht aufgehoben werden. Obschon es sich um ein vielseitig zu verwendendes Gewürz handelt, sollten wir nicht zu große Mengen auf einmal kaufen, sondern immer wieder frische neue Ware.
Die meisten klassischen Balkangerichte werden mit Paprika gewürzt, vor allem natürlich alle Arten von Gulasch. Berühmt sind Paprikaschnitzel oder -Hähnchen, die in Paprikasoße serviert bzw. mit einer Mischung von Paprika und Salz vor dem Grillen gewürzt werden. Gut ist auch Paprikafisch, sei es als Ofenfisch, sei es als Fischgulasch. Serbisches Reisfleisch, Szegediner Gulasch, Debrecziner Würste sind andere typische Beispiele. Die Lebensmittel-Industrie verbraucht Mengen von Paprika zum Würzen von Pommes chips, Knabbergebäck, Speck, Würsten, Käse und Quarkzubereitungen. Wir benötigen ihn ausserdem in unseren Küchen für Kohlgerichte, für Zwiebelgemüse oder zum Würzen von feurigen Suppen und Soßen.

Parmesan

Parmesan gehört zu den besten Käsen der Welt und blickt auf eine mehr als 900-jährige Tradition zurück. Die besten Erzeugergebiete sind die Gegenden von Parma, Lodi und Reggio Emilia. Er wird von Mitte April bis zum 11. November aus Kuhmilch bereitet. Die großen – zwischen 25 und 60 kg schweren – Laibe müssen mindestens 9 Monate reifen, ehe sie zum Verkauf kommen. Je älter der Käse wird, um so feiner und würziger ist das Aroma. Käse, die vier Jahre und älter sind, sind keine Seltenheit. Aber natürlich ist dieser ältere Parmesan auch teurer als der junge Käse.
In Italien wird der Käse , der sich durch eine bröckelige Konsistenz und beinahe schwarze Rinde auszeichnet, im allgemeinen am Stück verkauft und dann nach und nach portionsweise gerieben. Diese Methode ist ohne Zweifel auch die beste, denn nur so behält der Käse sein volles Aroma. Bei uns wird Parmesan meistens von Importfirmen gerieben und dann in kleine Beutel zu 40 oder 50 g oder in Streudosen verpackt. Diese Portionierung erhöht natürlich die Kosten. Wer in Italien seinen Urlaub verbringt, tut gut daran, einen guten Brocken dieses Käses mitzubringen.
In Italien ist Parmesan schlechthin ein Universalgewürz, das täglich zu Reis oder Nudeln auf den Tisch gestellt wird, damit sich jeder nach Geschmack bedienen kann. Wir würzen daher alle typischen italienischen Gerichte mit Parmesan: Pasta asciutta, Ravioli, Risotto, Minestrone und Pizza. Zum Überbakken ist Parmesan nicht sonderlich geeignet, es sei denn mit feingeriebenem Emmentaler gemischt. Parmesan hat einen relativ geringen Fettgehalt und schmilzt darum kaum. Wird er zu braun, schmeckt er, wie alle Käse, bitter. Vorzüglich ist eine Mischung von Parmesan und Emmentaler oder Greyerzer, die aus der Schweiz stammen, für Käsesoßen, Käsesuppen und feines Käsegebäck.
Geriebene Käsereste immer in fest verschlossenen Behältern aufheben. Ganze Stücke halten sich am besten, wenn sie mit Salz eingerie-

ben oder tiefgekühlt werden. Diese Methode verhindert das Schimmeln.

Petersilie (Foto s. S. 35)
Petroselíum crispum oder sativum

Petrus gab diesem köstlichen Kraut seinen Namen! Ursprünglich in Sardinien beheimatet, ist es nun für die Deutschen und Dänen, was die Minze für die Engländer und der Dill für die Schweden ist. Leider liebt aber der Teufel die Petersilie, weshalb wir immer reichlich säen müssen. Die Griechen und Römer trugen bei Festmählern Kränze von Petersilie ums Haupt; sie sollten vor Trunkenheit schützen. Die Engländer finden ihre Babys in einem Bett von frischer Petersilie; sie verzichten also auf den Klapperstorch! Das Kraut hat harntreibende, appetitanregende Wirkung, heilt Rheuma und ist stark Vitamin-C-haltig.
Der Boden sollte gut und tief gegraben sein, keinesfalls frisch gedüngt, wenn im März/April der Samen ausgesät wird. Wir können sie auch in Fässern oder Kästen auf dem Balkon oder dem Fensterbrett säen. Wichtig ist eine *fortwährende* Befeuchtung während der drei- bis vierwöchigen Keimzeit. Also jeden Tag, am besten zur gleichen Stunde, möglichst mit abgestandenem, nicht zu kaltem Wasser gießen. Erfahrene Gärtner spannen ausserdem im Abstand von etwa 5 cm von der Erdoberfläche eine durchsichtige Plastikplane über das Beet. Dann trocknet die Erdoberfläche nicht so bald aus. Beginnt nach etwa drei Wochen die Petersilie dann zu keimen und zeigen sich die ersten grünen Spitzen, dann ist der schwierigste Teil geschafft. Weiter kräftig gießen, dann können schon nach wenigen Tagen die ersten frischgrünen Blättchen abgepflückt werden.
Kräftiges Ernten verhindert vorzeitige Blütenbildung. Wenn die Pflanze erst einmal die weißen Schirmblüten in die Höhe treibt, beginnen die Blätter zu welken, sie werden gelblich fahl und verlieren ihr gutes Aroma. Bei der Ernte im übrigen möglichst immer die Aussenblätter abbrechen, so daß die inneren Herzblättchen wieder nachwachsen können. Im Herbst setzen wir einige kräftige Pflanzen in Blumentöpfe, um den ganzen Winter frische Blättchen pflücken zu können. Im Juli/August kann Petersilie ein weiteres Mal ausgesät werden.
Ohne Zweifel ist frische Petersilie am allerbesten, doch verträgt sie es auch gut, gefroren zu werden. Dafür die Blätter von den Stielen zupfen, dann schnell waschen, mit Küchenkrepp-Papier trocken tupfen und in einen entsprechend großen Plastikbeutel geben. Gut verschliessen und ins Frosterfach legen. Legen Sie das Kuchenrollholz und ein nicht zu kleines Kunststoffbrett gleich dazu, damit diese Geräte ebenfalls eiskalt werden. Nach 24 Stunden nehmen Sie Beutel. Rollholz und Brett heraus und zerkleinern den eisigen Beutelinhalt mit Hilfe des Rollholzes, ohne ihn dem Beutel zu entnehmen. Das ist die schnellste Zerkleinerungsmöglichkeit und sie funktioniert, soweit Sie nur schnell genug hantieren. Die so zerkleinerte Petersilie können Sie dann portionsweise in kleinere Behälter oder in Alufolie verpacken. Sie kann im gefrorenen Zustand über die Speisen gestreut werden.
Für die, die keinen Garten haben, gibt es fast das ganze Jahr über frische Petersilie zu kaufen. Neuerdings wird auch Tiefkühlpetersilie angeboten, die im Winter sogar wesentlich preiswerter als frische Petersilie ist. Getrocknet ist Petersilie eigentlich nur gut, falls sie durch Gefriertrocknung haltbar gemacht wurde. Das ist extra auf den Verpackungen vermerkt, der Mehraufwand lohnt unbedingt.
Grundsätzlich gibt es zwei Sorten, die glatte und die krause. In Norddeutschland wird fast nur krause, in Süddeutschland, Österreich und der Schweiz mehr die glatte angeboten.
Ich habe gern beide Sorten: die krause zum Garnieren, die glatte, feingehackt, in Suppen, Soßen, zu Fleisch jeder Art, zu Petersilienkartoffeln, allen möglichen Salaten, zur zartschmelzenden Petersilienbutter auf gegrilltem Kalbssteak, auch zu Eiern und Fischgerichten.

Nicht zu vergessen: zur Frankfurter grünen Soße! Einige Zweiglein in die Friteuse getaucht, finde ich herrlich zum Backhendl oder zum Wiener Schnitzel. Wichtig finde ich vor allen Dingen, daß die Petersilie wirklich sehr fein gehackt wird, sonst kratzt sie am Gaumen.

Pfeffer (Foto s. S. 17)
Piper nigrum

Seit Urzeiten ist der Pfeffer das bekannteste aller Gewürze. Die alten Inder schon loben ihn als heilkräftig und aromatisch. Durch Alexander den Großen kam er unter dem Namen »Papari« nach Griechenland. Der Gotenkönig Alarich verlangte außer Gold und Silber 3000 Pfund Pfeffer von Rom. Mit Pfeffer wurden auch Steuern bezahlt und kostbare Gastgeschenke gemacht.

Jahrhundertelang waren Alexandria, Genua und Venedig die Pfeffermetropolen der Welt und gelangten dadurch zu hohem Reichtum. Erst nachdem die Portugiesen den Seeweg nach Indien gefunden hatten, war auch den übrigen Ländern der Weg zum Pfefferhandel offen. Noch heute sprechen wir bei einem Kaufmann, der zu Geld gekommen ist, von einem »Pfeffersack«. Jemanden, den wir nicht ausstehen können, wünschen wir weit fort, nämlich dorthin, wo der Pfeffer wächst. Und wenn uns etwas sehr teuer vorkommt, dann sind wir über den gepfefferten Preis recht böse.

Den höchsten Pro-Kopf-Konsum haben die Ägypter, kurz danach folgen die Nordamerikaner. Von den Europäern sind die Skandinavier die pfefferfreudigsten Nationen. Bei uns in Deutschland werden jährlich ca. 3000 t, das sind ca. 65 g pro Kopf, gebraucht, der Konsum steigt noch. Pfeffer ist ein strauchartiges Klettergewächs. Hauptanbaugebiete sind die Malabarküste, Ceylon, Siam, Indochina, Sumatra, Borneo, Madagaskar und Brasilien. Grün, später orangerot, ähnlich wie Johannisbeeren, leuchten die Pfeffertrauben aus den Monsunwäldern. Dreimal jährlich werden die Beeren geerntet. Grüne Beeren werden neuerdings in Madagaskar sogleich in Salzlake oder Essig eingelegt und in den Verbraucherländern portionsweise abgepackt. Wer einmal ein Steak aß, das mit solch grünem Pfeffer gewürzt wurde, will von den übrigen Pfeffervarianten kaum noch etwas wissen. Sonst werden die unreifen, also grünen, Pfefferkörner in der Sonne oder über schwachem Feuer getrocknet, bis sie schwarz und runzlig werden. Da bei diesem Pfeffer das Fruchtfleisch mitverwendet wird, ist der Piperingehalt größer als beim weißen Pfeffer. Hierfür werden die reifen Körner geerntet, einige Tage gewässert, dann vom Fruchtfleisch befreit, so daß nur der glatte, weiße Kern zurückbleibt. Durch das Ausreifen würzt er stärker, ist aber auch teurer als der schwarze. Zuweilen wird dieser auch maschinell geschält, bis er weiß ist. Das aber ist eine Fälschung.

Der verdauungsfördernden Wirkung des Pfeffers ist seine besondere Beliebtheit bei den Mammut-Festmählern des 16. Jahrhunderts zuzuschreiben. Das, was wir heute auf den Tischen billigerer Restaurants als Pfeffer im Streuer vorgesetzt bekommen, ist allerdings kaum mehr wert als Sägemehl. Denn wie alle ätherischen Öle, so verflüchtigt sich auch das Pfefferaroma, wenn das gemahlene Gewürz allzu lange herumsteht.

Ganze Pfefferkörner verwenden wir überall da, wo das Aroma durch genügend langes Verbleiben sich der Flüssigkeit mitteilen kann: Gewürzgurken, Rote Bete, Heringe, Beizen, Fischsud und Fleischbrühe sind nur einige Beispiele.

Grobzerdrückt wird Pfeffer mit einem Holzstampfer, einer stabilen Messerklinge oder zur Not mit einem Marmeladenglas. Wichtig bei der Verwendung: möglichst erst gegen Ende des Garungsprozesses den Speisen zufügen, da sonst zwar die Schärfe bleiben, das Aroma aber verloren gehen würde. Das gilt für alle Sorten.

Feingemahlen werden sollte der Pfeffer möglichst erst kurz vor dem Essen, am besten also bei Tisch. Das hat außerdem den Vorteil, das jeder Gast nach eigenem Gusto variieren kann. Ansonsten gilt die Re-

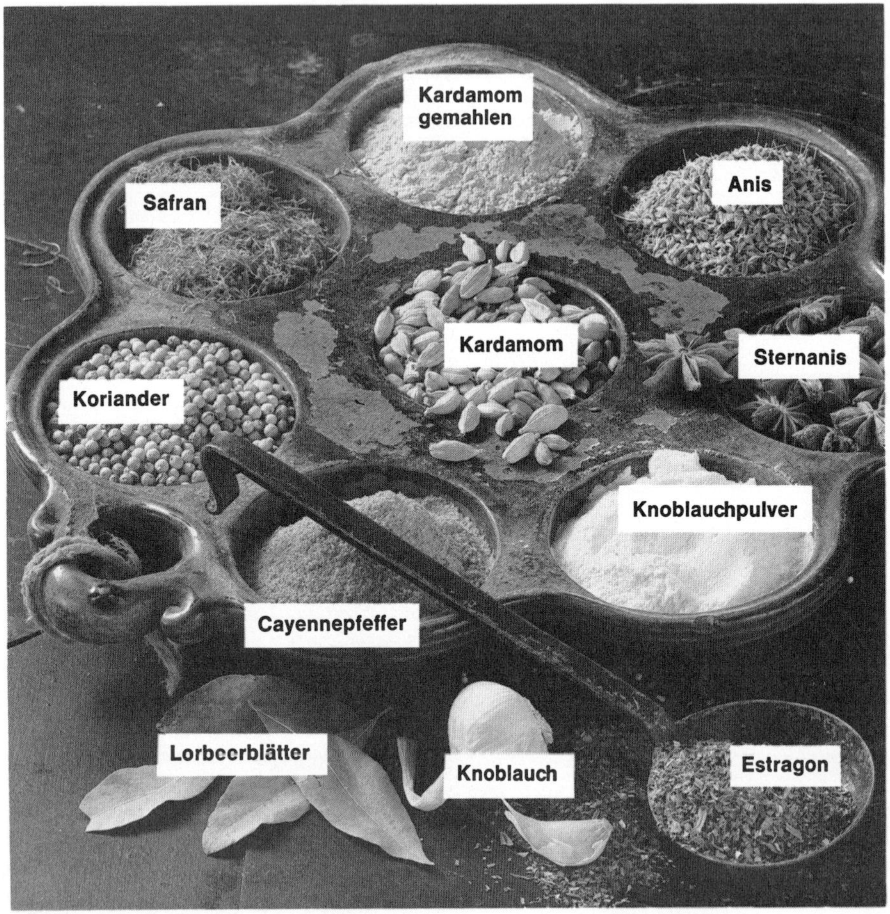
Kardamom
gemahlen
Safran
Anis
Kardamom
Sternanis
Koriander
Knoblauchpulver
Cayennepfeffer
Lorbeerblätter
Knoblauch
Estragon

gel: Weißen Pfeffer für helle Gerichte, dunklen für die übrigen verwenden. Bei Gerichten mit sehr zartem Geschmack wie Spargel, feiner Fisch, Kalbsfleisch sollte man besser auf Pfeffer verzichten, um ihren Eigengeschmack nicht zu übertönen. Bohnen- oder Tomatensalat, Steaks, Sauerbraten, Hackbraten und natürlich Pfefferkuchen sind ohne Pfeffer kaum denkbar.

Pfefferminze

s. Minze

Pilzpulver

Es taucht je nach Hersteller unter unterschiedlicher Bezeichnung auf: mal als Pilzpulver, mal als feingeriebene Pilze, oftmals mit genauer Sortenbezeichnung.

Pilze, vor allem wenn es sich um Waldpilze, z.B. Steinpilze, handelt, behalten auch beim Trocknen ihr Aroma sehr gut. Da oft die Fundstellen relativ weit vom Konsumenten oder der verarbeitenden Konservenindustrie liegen, wird immer ein Teil der jährlichen Ernte von den Sammlern im Fundgebiet getrocknet und so verkauft. Da die Suchkosten ziemlich hoch sind, lohnt sich die kommerzielle Ausbeute nur in Gegenden mit großem Angebot: Skandinavien, Polen, Kanada, um nur einige zu nennen. Bei uns in Deutschland, Österreich und der Schweiz werden die wenigen gesammelten Pilze gleich frisch verkauft.

Pilzpulver ist ein hervorragendes Würzmittel für viele pikanten Soßen und vor allen Dingen für Wildgerichte. Es hat obendrein noch die angenehme Nebenwirkung, die Soßen schön dunkel zu färben. Sollte Ihnen also einmal die Braten- oder Gulaschsoße aus Versehen zu hell geraten sein, fügen Sie einen Teelöffel feingemahlene Waldpilze hinzu. Ausserdem würze ich gerne Hackfleischteige, die ich zum Füllen von Tomaten oder Paprikaschoten oder für Frikadellen nehme, mit Pilzpulver. Getrocknete Pilze, sind meistens leider recht kostspielig. Sie müssen kurz gewaschen werden und sollten dann zunächst 30 Minuten mit reichlich Wasser bedeckt quellen. Schon nur 2 oder 3 Eßlöffel getrocknete Pilze vermögen Gulasch, Bratensoßen oder Reis einen köstlichen Geschmack zu verleihen, für Wildgerichte sind Pilze fast unentbehrlich. Chinesische Trockenpilze, zum Beispiel Mu-Errs, sind relativ preiswert und als Bestandteil von Gemüsemischungen oder geschnetzelten Fleischspeisen immer sehr beliebt.

Piment (Foto s. S. 17)
Pimenta officinalis

Wir kennen dieses Gewürz unter vielen Namen: Allgewürz, Jamaikapfeffer, Gewürzkörner, Nelkenpfeffer. In all diesen Bezeichnungen steckt ein Körnchen Wahrheit, denn ähnlich wie der Pfeffer ist Piment eine Art Allzweck-Gewürz.

Früher stand der Pimentverbrauch an zweiter Stelle der Gewürze. Geschmacklich ist Piment eine Kreuzung zwischen Pfeffer und Nelken. Er kam über Westindien und Mexiko zu uns. Das Gewürz ist die noch unreife, also grün gepflückte Frucht eines niedrigen Baumes, der in der Rinde, den Blättern und den Früchten den gleichen starken Duft trägt. Die Beeren werden getrocknet, bis sie schwarz und schrumplig sind. Typisch ist ihre rauhe Oberfläche. Aus der getrockneten Rinde wurde früher der Nelkenzimt hergestellt. Die Beeren werden sowohl ganz als auch feingemahlen bei uns angeboten.

Geschmacklich ist der aus Jamaika stammende Piment der beste, aber wer von uns weiß schon, woher die Gewürzmühlen ihre Waren beziehen? Wir tun also gut daran, von einer renommierten Firma unsere Vorräte zu kaufen, selbst wenn die Produkte etwas teurer sind als die von der Marktfrau, die ihre Ware lose handelt. Im Privathaushalt spielt der Verbrauch an Piment oder Gewürzkörnern ohnehin kaum mehr eine Rolle. Die Industrie benötigt Piment zur Wurstbereitung und als Brotgewürz. Für das Einlegen von Fischen ist Piment unentbehrlich, er gibt den sauren oder salzigen Heringen den typischen, würzigen Geschmack. Im Haushalt verwenden wir Piment vor allen Dingen feingemahlen für die Weihnachtsbäckerei, also für Honig- und

Lebkuchen, Pfefferkuchen und zuweilen auch für Stollen. In der englischen Küche ist er als »all-spice« fast so populär wie bei uns der Pfeffer. Suppen und Soßen, Hammelbraten, Irish Stew, mancherlei Fisch- und Einmachrezepte erhalten durch Piment erst den richtigen Geschmack. Ochsenschwanzsuppen, Sauerbraten, Sülzen sind mit Piment gewürzt. Darüber hinaus ist die Likörindustrie ein kontinuierlicher Abnehmer: Chartreuse, Benediktiner oder Stonsdorfer werden mit Pimentdestillaten angereichert.

Pimpinelle (Foto s. S. 35)
Sanguisórba minor

Pimpinelle, welche auch als Bibernelle, Steinbrech oder Wiesenknopf bezeichnet wird, wächst auf feuchten Wiesen wild. Wir finden die Pflanze ausserdem in alten Bauerngärten, wo sie sich Jahr für Jahr wieder aussät und bei mildem Klima sogar überwintert. Die Pimpinelle kommt ursprünglich aus dem Mittelmeergebiet und ist seit dem 16. Jahrhundert bei uns bekannt. Frische, feingehackte Blätter sollen gegen Appetitlosigkeit und Würmer helfen, der ausgepresste Saft soll Sommersprossen zum Verschwinden bringen. Trotz ihres würzigen, etwas an Gurken erinnernden Aromas, das mit einem geringen Bittergeschmack vermischt ist, ist die Bedeutung von Pimpinelle heute recht gering. Feingehackt gibt sie Salatsoßen, Kräuterbutter, Rührei, Tomaten und Gurkenbroten einen aparten Geschmack. Ich verwende sie mit Vorliebe für flämischen Aal mit grüner Soße, zum Einlegen von Gewürzgurken und natürlich auch für guten Kräuteressig.

Pomeranzenschale

s. Orangeat

Rauchsalz

Nahrungsmittel, die über der offenen Holzkohlenglut gegrillt werden, bekommen dadurch einen leichten Rauchgeschmack. Kenner wissen die Unterschiede der einzelnen Holzarten zu schätzen. Schwört der eine auf Birkenholz, so meint der andere, Rebholz sei das allerbeste.
Die Amerikaner schätzen vor allem Hickoryholz zum Grillen. Es ist übrigens das gleiche Holz, aus dem früher unsere Skier gefertigt wurden. Es gehört zu den Harthölzern und spritzt nicht während des Brennens, wie das beim Fichtenholz der Fall ist.
Um auch im Winter, wenn der Elektrogrill das offene Feuer ersetzen muß, nicht auf diesen typischen »out-door«-Geschmack verzichten zu müssen, haben die Amerikaner eine Methode entwickelt, bei der sie Meersalz in flachen Pfannen mit feinen, siebartigen Böden über dem rauchenden Feuer rösten. Dadurch wird das Salz schwarz und würzig. Es wird wie die übrigen Gewürze in kleinen Behältern verkauft und vornehmlich zum Würzen von Steaks und Grillwürstchen verwendet.

Rosmarin (Foto s. S. 35)
Rosmarínus officinális

Bei Rosmarin denkt man an den Libanon und die griechischen Inseln, an Dalmatien und die Provence, deren Hänge von bis zu 2 Meter hohen Pflanzen bewuchert werden, die einen delikaten, würzigen Duft verströmen. Maria soll auf der Flucht neben einem Rosmarinstrauch gerastet haben; seitdem tragen die Pflanzen blaue Blüten, blau wie der Mantel Mariens. Rosmarin ist eine alte Kultpflanze. Ein Zweiglein in die Wiege gelegt, hilft den bösen Blick abzuwehren. Ein Stöckchen auf dem Fensterbrett läßt den Freier bald erscheinen, und ein Zweiglein im Brautstrauß verheißt Glück in der Ehe! Rosmarin oder Rosmarinextrakt unserem Waschwasser oder Bad beigefügt, macht nicht nur schön, sondern belebt auch den Kreislauf.
Am besten kaufen wir aus einer Fachgärtnerei eine Pflanze im Topf, aber ich muß zugeben, sie sind schwer zu bekommen. Ich fand meine unter den Arkaden von Locarno, sie grünt seit vielen Jahren im Winter auf der Küchenfensterbank. Nach den Eisheiligen wird sie bis zum Frost in den Garten gepflanzt. Natürlich können wir auch von der Mittelmeerreise eine wilde

Rosmarinpflanze mit heim nehmen, aber ich habe die Erfahrung machen müssen, dass diese nur schwer anwachsen. Sie benötigen kargen, kalkhaltigen Boden und viel Wärme. Allenfalls lohnt es sich, einen frischen Zweig vor der Blüte abzubrechen und die Blätter dann im Schatten zu trocknen. Aber natürlich können wir auch getrockneten Rosmarin kaufen, zuweilen sogar schon feingemahlen. Da die Blätter selbst nach längerem Garen noch hart wie Tannennadeln sind, bewährt sich das Feinmahlen sehr. Rosmarin verwende ich sparsam, aber mit großem Vergnügen. Es gehört zu meinen Lieblingsgewürzen. Ich finde Rosmarin herrlich zu allen Lamm-, Kalbfleisch- und Schweinegerichten, zu Hühnern, Wild und weißem Fisch. In Verbindung mit Knoblauch nehme ich Rosmarin für alle Mittelmeergemüse: Tomaten, Paprika, Zucchini, Auberginen und natürlich für Gewürzessig.

Rum

Um Rum zu gewinnen, muß frisches Zuckerrohr, Zuckerrohrsaft oder Zuckerrohrmelasse vergoren und anschliessend destilliert werden. Das so gewonnene Destillat ist in der Regel farblos, es sei denn, daß während des Destillierens noch irgendwelche würzigen Kräuter zugefügt wurden. Farbe und Aroma erhält der Rum durch Lagerung in Eichenholzfässern. Da wir uns heute selten mehr die Zeit nehmen, den Rum langfristig zu lagern, wird die dunkle Färbung durch Zuckerlikör verstärkt.
Wichtige Erzeugergebiete sind Jamaika, Kuba, Barbados, Puertorico, Mauritius und Martinique. Von dort wird der 70 – 80%ige Rum in großen Fässern exportiert und bei uns auf eine Trinkstärke von 40 bis 55% Alkohol verschnitten und in Flaschen abgefüllt.
Daneben wird aus Rübenzucker der sogenannte Deutsche oder Inländer Rum hergestellt. Er hat zuweilen einen wesentlich höheren Alkoholgehalt, doch fehlt ihm das typische Aroma, auf das es der guten Köchin ankommt. Ich rate darum, lieber eine halbe Flasche Originalrum als eine ganze Flasche Inländer Rum zu kaufen.
Rum trinkt man gern in Tee, gibt ihn dem Punsch bei, und auch in den Obstsalat tut man einen Schuß hinzu. In der letzten Zeit hat die Beliebtheit des »Rumtopfs« sehr zugenommen. Rum ist für viele Küchen unentbehrlich, der Alkohol hat dabei gleichzeitig eine teiglockernde Wirkung. Während der Weihnachtsbäckerei benötigen wir Rum für aromatischen Zuckerguß. Kenner wissen Bratäpfel, die mit Rum gewürzt wurden, oder Teufelsbirnen als Beilage zu Wild zu schätzen. Und wer würde widerstehen können, wenn die Hausfrau eine Rumcreme serviert?

Safran (Foto s. S. 53)

Crocus sativus

Dieser pupurlila Herbstblütler, der unserem Frühlingskrokus so ähnlich sieht, wird von China bis Persien, vor allen Dingen aber rund ums Mittelmeer angebaut. Von den Europäern sind es vor allem die Spanier und die Südfranzosen, die als Hauptkonsumenten dieses teuersten Gewürzes der Welt zählen. Wenn man hört, daß für 1 kg Safran zwischen 500 und 4000 Blüten mit der Hand von ihren dunkelgelben Blütennarben befreit werden müssen, nimmt es nicht wunder, daß schon der Großeinkäufer zwischen 800 und 2000 DM pro Kilogramm zahlen muß.
Allerdings, nur 0,01 g Safran färbt bereits 3 Liter Flüssigkeit kräftig gelb. Aufgrund des hohen Preises hat man oft versucht, Safran zu fälschen. Im späten Mittelalter, als der Safranverbrauch ungleich viel höher als heute und Nürnberg das Zentrum des Gewürzhandels war, richtete man dort eigens Gewürzprüfanstalten ein, die in erster Linie zur Kontrolle des Safrans bestimmt waren. Nur einwandfreie Ware wurde mit dem Prüfsiegel dieser Institution ausgezeichnet. Wie hart damals die Gesetze waren, mögen wir den durch alte Chroniken überlieferten Bräuchen entnehmen: Safranfälschungen wurden mit hohen Geldstrafen, Ausweisungen, ja zuweilen sogar Begraben oder

Verbrennen bei lebendigem Leib bestraft. Die gefälschte Ware wurde öffentlich am Schönen Brunnen im Stadtzentrum verbrannt. Zur Fälschung verwendete man Gelbwurz, feingemahlenes Rindfleisch, Kreide, gelbe Pilze und anderes. Man muß dabei bedenken, dass es damals ja keine künstlichen Färbemittel gab und daß Safran zum Teil auch zum Färben von Textilien verwendet wurde, wie das von Ägyptern und Römern überliefert ist. Mit der Zeit ging der Safranverbrauch immer mehr zurück, um bei uns Mitte dieses Jahrhunderts so gut wie ganz zu enden. Erst neuerdings erinnert man sich wieder dieses seltenen Gewürzes. Das ist wahrscheinlich durch die verstärkte Reisefreudigkeit bedingt, denn wir entdecken auf unseren Auslandsreisen, dass bei einigen Mittelmeervölkern Safran ein unbedingtes Muß für mancherlei Nationalgerichte ist.

Obschon das Gewürz einen sehr eigenen, leicht bitter-würzigen Geschmack hat, wird es vornehmlich seiner Farbwirkung wegen für Fischsuppen wie Bouillabaisse oder Zarzuela, für Reisgerichte wie Pilaf oder die berühmte spanische Paella verwendet. Wir lösen dafür jeweils eine Messerspitze oder eine gute Prise Safranfäden oder -pulver in etwas heißem Wasser oder Brühe auf und fügen den stark gelben Sud dann zu. Da Fälschungen heute kaum mehr vorkommen, ist es gleichgültig, ob wir Safranfäden oder feingemahlene Ware verwenden. Den Vorrat immer dunkel und gut verschlossen aufheben.

Salbei (Foto s. S. 17 und 35)
Sálvia officinális

In einem Kräuterbuch des Klosters Salerno aus dem Jahre 1150 steht ganz naiv: »Wie soll ein Mensch sterben, in dessen Garten Salbei wächst?«

Salbei hat seinen Namen von »salvare«, was soviel wie heilen heißt. So wird dem Salbei eine Heilwirkung bei Pest, Lebererkrankungen, Husten und Kehlkopfentzündungen zugeschrieben, auch ist er als Gurgelmittel sehr beliebt. Salbei fördert obendrein die Fruchtbarkeit.

Den ursprünglich in Mazedonien beheimateten Lippenblütler – noch heute schimmern die Hänge dort von den silbrig-weißen Blättern – findet man überall in Mitteleuropa, oft in den Steingärten. Man sollte die Blätter der 50–70 cm hohen Pflanze maßvoll verwenden, frisch oder getrocknet.

Salbei ist schlechthin *das* Gewürz für Puter, außerdem gebrauche ich es für Gänsebraten und Spanferkelchen, also ausgesprochen fette Fleischgerichte. Manchmal gebe ich ein Blättchen frischen Salbei in die Pfanne, wenn ich Hammelkoteletts oder Leber brate. Feingehackt paßt Salbei in eine Kalbsbrustfüllung oder Linsensuppe. Mein Lieblingsgericht mit Salbei ist Saltim bocca, eine Spezialität aus Italien.

Zarte Kalbsschnitzel werden mit dünnen Scheiben von Parmaschinken und mit Salbeiblättern belegt, gesalzen und in der Pfanne gebraten. Der Bratfond wird mit etwas Weißwein, am besten Marsala, abgelöscht.

Salz

Streng genommen ist Salz kein Gewürz, sondern eine mineralische Verbindung. Und dennoch ist es wohl das wichtigste Würzmittel, über das wir seit Jahrtausenden verfügen. Ohne Salz kaum ein Mahl. Schon im alten Babylon galt Salz als eine Speise der Götter und wurde entsprechend verehrt. Noch heute ist es üblich, zum Hauseinzug Salz und Brot zu überreichen: Symbole für die notwendigsten Nahrungsmittel. Salz zu verstreuen, bedeutet Unglück oder Zank. Versalzene Speisen sind ein Zeichen von Verliebtheit, wohl, weil die Gedanken nicht beim Kochen sind!

Ohne Salz können wir nicht leben, es ist wichtig, um den notwendigen osmotischen Druck zwischen den einzelnen Zellen im Körper zu garantieren. Salz ist ein natürlicher Bestandteil unserer Zellen, vor allen Dingen des Blutes. Ein Teil des Salzes wird täglich durch die Nieren oder die Haut ausgeschieden. Diesen Salzverlust müssen wir fortwährend ersetzen, die notwendige Tagesmenge beträgt ca. 5 g, in Wirklichkeit nehmen wir meistens rund 10 g zu uns. Dies teils als zusätzliches Gewürz. Den meisten Speisen wird ja beim Garen Salz zugefügt, und sei es nur die berühmte Prise für den Kuchenteig oder die Süßspeise. Darüber hinaus enthalten eine Reihe Nahrungsmittel von vornherein einen mehr oder minder geringen Salzgehalt, zum Beispiel Fleisch oder Fisch. Anderen Nahrungsmitteln wie Nudeln, Käse, Wurst etc. wird während der Herstellung Salz zugefügt, woran wir meist nicht denken. Wenn einerseits das Salz so wichtig ist, daß Schwerkranken Salz in Form von Infusionen zugeführt wird, so ist andererseits ein Übermaß von Salz ebenso schädlich. 1 Teelöffel Salz bindet 1/2 Liter Flüssigkeit im Körper, ein übermässiger Salzgenuß macht also ohne Zweifel dick. Wer zwei Pfund Salz auf einmal zu sich nähme, wäre ein sicherer Todeskandidat – ein altösliches Selbstmordmittel!

Wie wichtig Salz seit Jahrhunderten für uns Europäer ist, können wir an den alten Handelsstrassen, die ja auch Salz- oder Gewürzstrassen genannt werden, erkennen. Söldner bekamen einen Teil des Lohns in Form von Salz ausbezahlt, es galt als wichtiges Zahlmittel.

Wenn auch chemisch betrachtet Salz stets eine Verbindung von Natrium und Chlor ist, so wissen wir doch nach Art der Gewinnung verschiedene Salzsorten zu unterscheiden. In Deutschland wird das meiste Salz in Form von *Steinsalz* gewonnen. Es handelt sich hierbei um große unterirdische Salzseen, die in früheren Jahrtausenden austrockneten. Je nach Reinheitsgrad ist das Salz klar weiß oder durch Eiseneinlagerungen schwach rosa. Bekannte Salzgewinnungszentren sind Berchtesgaden, Reichenhall oder das Salzkammergut. Natürlich muß das Salz zum Teil gereinigt, dann gemahlen werden.

Salinensalz ist lockerer beschaffen als das eben genannte Steinsalz. Man gewinnt es durch Austrocknen von Sole. Diese wird entweder durch Hineinleiten von Wasser in salzhaltige Unterschichten erzeugt, teils verfügen wir auch über natürliche Solevorkommen, die dann hochgepumpt werden. Früher ließ man die salzhaltige Sole zunächst über Dornenhecken träufeln, dabei verdunstete ein Teil des Wassers. An solchen Orten entstanden Kurzentren, da man dem Einatmen der salzhaltigen Luft heilende Wirkung zuschreibt. Der Salzgehalt solcher Solen schwankt je nach Vorkommen zwischen 8 und 27%.

Meersalz wird in warmen Gegenden, also beispielsweise am Mittelmeer, gewonnen. Man leitet dafür das stark salzhaltige Meerwasser in Küstennähe in flache Becken und lässt das Wasser verdunsten. Am Ende der Trockenzeit wird dann das weiß-graue Salz aus den ausgetrockneten Gründen geschaufelt und einem Reinigungsprozeß unterzogen, da es oft einen bitteren Beigeschmack hat und nicht ohne weiteres für die Küche zu gebrauchen ist.

Jodsalz ist normales Stein-, Salinen- oder Meersalz, dem pro Kilogramm jeweils 5 mg Jod zugesetzt werden. Es wird in jodarmen Gebieten, den Alpen, verkauft und soll gegen Kropfbildungen beispielsweise helfen.

Tischsalz bleibt auch bei Feuchtigkeit streufähig. Das ist auf Zusätze von Magnesiumcarbonat und Calziumphosphat zurückzuführen.

Titrosalz enhält Kalium-, Kalzium- und Magnesiumzusätze.

Knoblauch-, Rauch- und *Selleriesalz* haben besondere, würzende Zusätze, lesen Sie darüber unten den entsprechenden Stichworten.

Da unser Speisesalz seit Jahrhunderten mit einer staatlichen Steuer belegt ist, wird das für andere Zwecke benötigte Salz immer gefärbt. Ein typisches Beispiel dafür ist das *Streusalz* oder *Gefriersalz,* die für Strassenstreuung oder für Eisbereitung benötigt werden. Die Eisenoxydbeimischungen machen es ungenießbar.

In der Küche tun wir gut daran, dem Kochwasser beim Garen von Speisen sofort die erforderliche Salz-

menge zuzufügen. Das gilt beispielsweise für Siedefleisch, Kochfisch, Kartoffeln oder Gemüse. Ohne Salzzugabe würde nämlich ein weit größerer Anteil der in den Nahrungsmitteln enthaltenen Mineralien an das Kochwasser abgegeben werden, weil die Natur an sich immer auf einen Ausgleich bedacht ist.
Also bitte das Gemüse nicht erst zum Schluß salzen. Kälte lässt uns den Salzgehalt stärker empfinden, anders gesagt: heiße Brühe schmeckt weniger salzig als kalte. Das müssen wir hin und wieder bedenken. Wer einmal zuviel gesalzen hat, sollte nicht versuchen, durch Zucker oder Säure den Ausgleich zu schaffen. Stattdessen müssen wir das Volumen vergrößern, also Wasser oder Milch zufügen.

Sambals

Sambals sind Gewürzpasten der indonesischen Küche. Sie werden bei uns meistens in kleinen Glasbehältern abgepackt angeboten.
Grundgewürz der etwa 20 verschiedenen Sambals sind scharfwürzige Paprikaschoten, genau gesagt Chillies, die auf der Sudainsel Lomboy angebaut werden. Für den roten Sambal Oelek werden sie mit Salz konserviert. Andere Sambals bestehen wiederum aus den würzigen Schoten, Zwiebeln und Öl. Diese Mischung wird gedünstet oder gebraten, bis sie ganz dunkelbraun, ja beinahe schwarz ist. Sambal Goreng ist eine der bekanntesten Arten dieser Gruppe. *Sambal Asem* wird mit Tamarinde gewürzt, in *Sambal Kemirie* sind feingemahlene Kemerinüsse verarbeitet. *Sambal Petis* enthält winzige würzige Krabben.
Alle diese Sambals dienen natürlich in erster Linie zum Würzen von indonesischen Speisen. Wir benötigen sie für das bekannte indonesische Nasi Goreng, ein Reisgericht, das mit Sambal gewürzt und mit gebratenen Zwiebeln, Spezialgemüsen, Schweine- oder Hühnerfleisch, Krabben und Spiegeleiern sich großer Beliebtheit erfreut. Wir können aber auch Gulasch, Frikadellen, Geflügelgerichten, gebratenen Bananen etc. durch Zufügen von Sambals eine neue Geschmacksversion verleihen. Allerdings- das Gewürz verlangt sparsame Dosierung. Eine Messerspitze mag für den Anfang ausreichen, um unseren Gaumen eine wohltuende, brennende Schärfe spüren zu lassen.

Sardellen

Sardellen oder Anchovis, wie sie auch genannt werden, sind silbrige, weißfleischige Fische, die etwa 15 cm groß werden und zur Familie der Heringe gehören. Sie werden vornehmlich im Mittelmeer und an der Atlantikküste gefangen.
Die Methode, diese kleinen Fische zu salzen und sie dadurch haltbar zu machen, ist mehrere tausend Jahre alt. Durch die Pökelung, man rechnet ca. 250 g Salz pro kg Fisch, erfolgt eine Fermentierung des Fischfleischs. Dadurch wird es rötlichbraun und bekommt einen angenehmen, würzigen Geschmack. Die gesalzenen Fische müssen fest in Eichenfässern mit Salz verpackt mindestens 6 Monate, besser noch ein Jahr, lagern, ehe sie ihr volles Aroma entwickelt haben. Erst jetzt werden sie entgrätet und in kleinen Gläschen in Salzlake oder in Metalldosen in Öl verpackt. Sardellenringe sind Filets, die jeweils um eine Kaper gerollt wurden. Sie gelten als besonders schmackhaft. Sardellenpaste wird mit einem mindestens 20%igen Salzgehalt in Tuben verkauft, sie hat aber nicht das Aroma der echten Sardellenfilets. In Holland reicht man Sardellen, die in Weißwein mariniert und mit Zwiebelringen und dünnen Zitronenschnitzen vermischt wurden, zum Aperitif. Wir nehmen sie als Garnitur für kalte Platten, Holsteiner Schnitzel, Nizzaer Salate, Pizzen, für Heringssalat, Eiergerichte, kalte und warme Soßen, Königsberger Klopse und als Aufstrich auf Brot oder Toast.
Angebrochene Packungen sollten immer in ein Glas umgefüllt und wahlweise mit Öl oder Salzlake bedeckt an kühler Stelle aufgehoben werden.

Sauerampfer Rumex acetósa

Sauerampfer wächst fast überall in

Europa wild, dort wo es feuchte Wiesen und Gräben gibt. Die Blätter haben durch ihren hohen Gehalt an Oxalsäure einen sauren, leicht bitteren Geschmack. Sie sollen eine blutreinigende, appetitanregende Wirkung haben. Sicher ist, daß sie viel Eisen und Vitamin C enthalten. In Frankreich kocht man im Frühling Sauerampferblätter wie Spinat. Ich persönlich habe diesem Gericht nicht viel abgewinnen können. Mir genügt eine einzige Pflanze, durch Stockteilung gewonnen, in der hintersten Ecke meines Gartens. Nur ab und zu gelüstet es mich nach ein wenig feingehacktem Sauerampfer in der Salatsoße. Im Frühling allerdings, da muß wenigstens einmal eine Sauerampfersuppe oder eine Sauerampfersoße mit recht viel Sahne auf meinem Tisch stehen!

Schalotte

s. Zwiebel

Schnittlauch
Allium Schoenóprasum

Schnittlauch ist ein Zwiebelgewächs, also mit Lauch, Zwiebeln und Knoblauch verwandt. Als Gewürz war Schnittlauch schon sehr früh bekannt und wird in mittelalterlichen Kräuterbüchern häufig erwähnt. Wahrscheinlich ist der Schnittlauch von Italien aus nach Deutschland und Skandinavien gewandert. Heute findet man die Pflanze verwildert und in Gärten in ganz Europa, Asien und Nordamerika. Seit jeher gilt Schnittlauch als appetitanregend und als Heilmittel bei zu geringer Magensäureabsonderung. Er enthält übrigens beinahe doppelt so viel Vitamin C wie Zitrone.
Die Aussaat erfolgt im April/Mai oder im August an Ort und Stelle. Nach zwei Wochen geht die Saat auf und entwickelt sich zu 15–30 cm hohen Pflanzen. Schnittlauch gedeiht eigentlich überall, ist aber für gelegentliche Kalk- und Wassergaben dankbar. Ab und zu den Boden hacken! Vorzüglich als Beeteinfassung, gedeiht aber ebenso gut auf dem Balkon oder Fensterbrett im Topf. Werden die Pflanzen nicht fortwährend geschnitten, so locken im Juni/Juli die dekorativen, kugelförmigen lila Blütenstände Bienen und Insekten an. Im Herbst einige Stöcke aus dem Garten in Blumentöpfe setzen und an nicht zu warmen Platz stellen. Den ganzen Winter über kann man dann ernten.
Schnittlauch muß immer frisch verwendet werden und darf nie mitkochen. Wegen des zwiebelähnlichen Aromas nehme ich Schnittlauch überall dort, wo man Zwiebeln verwenden könnte. Salate –, also Tomaten-, Gurken-, Kartoffel- oder Kopfsalat, aber auch Krabben-, Fisch-, Wurst- und Eiersalate – gewinnen nicht nur an Geschmack, sondern sehen obendrein mit Schnittlauch besonders attraktiv aus. Köstlich finde ich Schnittlauch in Verbindung mit Gervais, Quark oder Tomaten, in einem Omelette, zu Neuen Kartoffeln, als Schnittlauchbutter und zu gegrilltem Fleisch, in Sahnesoße, zu Kochfisch oder Suppenfleisch und nicht zuletzt auf Vollkornbrot mit Butter!

Selleriesalz

Selleriesalz ist ein Gewürz, das die eilige Köchin zu schätzen weiß. Wir alle wissen, wie schmackhaft ein Stückchen Sellerie in der Fisch- oder Fleischbrühe ist, wie gut es in der bunten Gemüsesuppe, zu Linsen oder Erbsen schmeckt. Aber oft fehlt uns die Zeit, das Bündchen Suppengrün zu kaufen.
Selleriesalz ist eine Mischung aus feingemahlenen, getrockneten Sellerieknollen, zuweilen auch Selleriesamen und Kochsalz. Wir müssen also den Salzzusatz bei den Speisen entsprechend reduzieren. Dann können wir unbedenklich Tomatengerichte, Paprikaschoten, Gulasch- oder Bratensoßen und vor allen Dingen Salatmarinaden damit würzen.
Es muß aber ausdrücklich darauf hingewiesen werden, daß Selleriesalz nicht für Diätzwecke statt Kochsalz verwendet werden sollte.

Senf (Foto s. S. 17)
Brassica nigra und Sinapis alba

37.355 Tonnen Senf werden jährlich in der Bundesrepublik produziert, das sind 393.000 Normaltu-

ben à rund 95 g, die der Länge nach aneinandergelegt eineinhalbmal um den Erdball reichen würden. Fürwahr, ein beliebtes Gewürz!
Wir unterscheiden in Europa an die 30 verschiedene Senfsorten, die teils aus dem hauptsächlich in Süditalien angebauten schwarzen Senf, zum größten Teil aber aus dem besonders milden Alba – oder weißen Senf bereitet werden. Der weiße Senf, der bei uns verbraucht wird, kommt vornehmlich aus Kanada, Dänemark, Holland, England, Ungarn, Polen und Rußland.
Senf ist eine ausgesprochen schnellwüchsige Pflanze. Anfang Mai ausgesät, bekommen die Pflanzen schon im Juni leuchtend gelbe Blüten und können bereits im Juli gemäht werden. Ähnlich wie Hülsenfrüchte oder Getreide werden die Pflanzen gedroschen. Nach dem gründlichen Trocknen werden die Senfsamen gemahlen, entölt und mit Flüssigkeit, teils Wasser, teils Wein, Most oder Essig versetzt. Ausserdem werden Gewürze zugefügt, deren Zusammensetzung jeweils das Geheimnis des Senffabrikanten ist: Salz, Zucker, Majoran, Zimt, Nelken, Pfeffer, Lorbeerextrakte, Koriander, Thymian, Kümmel, Paprika und Anis. Mit diesen Gewürzen gemischt wird der Senf in großen Bottichen mindestens 4 Wochen, meistens aber noch länger stehen gelassen. Erst jetzt entwickelt sich das typische Senfaroma. Anschliessend wird das Produkt durchgesiebt, nochmals abgeschmeckt und teils in Gläsern, teils in Tuben verpackt. Einige Senfsorten werden mit Kräutern, andere mit einer größeren Portion Zucker, wieder andere mit Meerrettich versetzt. Für den weltberühmten Dijonsenf werden die Senfsamen von der äussersten Schale befreit. Klar, dass ein solcher Arbeitsgang die Kosten des Endproduktes steigert. Kenner schätzen den mild-scharfen Dijonsenf wegen seines feinen Aromas. Eine Spezialität Süddeutschlands ist der süße Senf, der grobgemahlen hauptsächlich zu Weißwürsten serviert wird. Neben dem pastenförmigen Senf, in der Düsseldorfer Gegend wegen des Mostzusatzes auch »Mostrich« genannt, spielen die ganzen Senfkörner heute in unserer Küche eine nur geringe Rolle. Wir brauchen sie zum Einlegen von Fischen, Sauerbraten, Kürbis oder Gurken und für die Bereitung von würzigem Fischsud und scharfen Fleischsuppen. Ihre Verwendung hat nur dann einen Sinn, wenn die Samen genügend lange Zeit haben, ihr Aroma der Umgebung mitzuteilen. Wenn wir sonst den reinen Senfsaat-Geschmack wünschen, sollten wir zu den feingemahlenen, meistens in gelben Blechdöschen aus England importierten Senfpulvern greifen. Sie sind ideal für die Bereitung der berühmten Cumberlandsoße, die leicht die Neigung hat, zu flüssig zu werden. Eine Messerspitze Senfpulver verbessert auch den Geschmack der Käsemasse für »Welsh rarebits«.
Pastenförmigen Senf, also den, den wir in Gläsern oder für den Kleinhaushalt und die Campingküche auch in Tuben kaufen, benötige ich fast jeden Tag. Ein halber Teelöffel Senf verbessert jede Salatsoße. Beliebt auch die pikante Senfsoße, die zu gekochten Eiern, Kochfisch oder Suppenfleisch gereicht werden kann. Nicht zu vergessen ist Senf für die Fleischküche. Insbesondere mit Schweinefleisch verträgt sich Senf hervorragend. Ich reibe damit Schweinebraten oder Schweinshaxen vor dem Braten ein und bestreiche zuweilen auch die Rumpsteaks mit einer dicken Senfschicht. Prof. Glatzel hat kürzlich durch Röntgenaufnahmen festgestellt, dass mit Senf gewürzte, fette Speisen leichter verdaut werden und schneller den Magen verlassen, als senflose Gerichte. Dieser Beweis ist die Bestätigung einer jahrhundertalten, guten Kochtradition. Durch den Gehalt an Senfölen wirkt das Gewürz zusätzlich konservierend.
In Indien werden geröstete Senfsamen über weißen oder Curryreis gestreut. Ihr feines nußartiges Aroma ist eine so aparte Ergänzung zum immer etwas faden Reis, daß es sich lohnen würde, auch bei uns diese Sitte einführen.

Sesam Sesamum indicum

Sesamsamen gehören zu den bedeutendsten Öllieferanten der Welt. Die Schoten der etwa 1,50 m hohen Pflanze, die vor allen Dingen in Indien, dem fernen Osten und Mexiko angebaut wird, werden ähnlich wie unsere Getreide nach dem Trocknen gedroschen. Die kleinen, ca. 0,3 cm großen, platten, eiförmigen Samen sind je nach Sorte weiß, aprikosenfarbig oder schwarz-grau. Der größte Teil der Samen wird zu Öl verarbeitet, denn der Fettgehalt ist mit 50 bis 60% enorm hoch. Das Öl ist fast völlig geschmacksneutral und hat die angenehme Eigenschaft, nur selten ranzig zu werden, weshalb es in Ländern mit heißem Klima sehr geschätzt wird.
Wir interessieren uns vor allen Dingen für den Samen, der in geröstetem Zustand einen angenehmen, nussartigen Geschmack hat. Sesamsamen wird in Indien und auf dem Balkan viel zum Würzen von Reisgerichten verwendet. In Griechenland und der Türkei gibt es eine sehr süße Fastenspeise, die als »Halva« bezeichnet wird und zur Hauptsache aus Sesam und Honig besteht. Als »Tahina« wird am Mittelmeer eine Sesampaste bezeichnet, die zum Schnaps gereicht wird. Ich finde Sesamsamen besonders gut als Brotgewürz und bestreue damit vor dem Backen Brot, Brötchen oder Brezeln. Geröstete Sesamsamen über Rohkostsalate gestreut würzen diese ganz neuartig.

Sojasoße

Sojabohnen gehören zu den ältesten Kulturpflanzen der Welt und werden seit rund 5000 Jahren im fernen Osten angebaut. Erst spät, nämlich im Verlauf des 18. Jahrhunderts, wurden sie in Europa bekannt. Bis heute haben es nur Sojaöl und Sojasoße zur Popularität bei uns gebracht.
Die buschbohnenähnliche Pflanze liefert Hülsenfrüchte, die sich durch einen hohen Öl- und Eiweißreichtum auszeichnen. Neben Öl gewinnt man durch Gärung unter Zusatz von Mehl käseartige Produkte. Sojasoße wird aus gemahlenen Sojabohnen, die mit Salzwasser gekocht und mit geröstetem Weizen vermischt werden, gewonnen. Die Masse muß zwei bis drei Jahre gären und bekommt dabei ein schwarzbraunes Aussehen und einen fleischartigen, würzigen Geschmack. Nach der Fermentation wird die Soße gefiltert und in Flaschen abgefüllt.
Wir kennen Sojasoße in erster Linie als Würzmittel für fernöstliche Gerichte. Sie ist auch Hauptbestandteil der bekannten Worcestersoße oder Harveys Soße. Viel zu wenig bekannt ist, dass Sojasoße hervorragend zum Marinieren von Braten oder Portions-Grillfleisch geeignet ist. Ich selbst verwende gerne Sojasoße für Tomaten- oder Gurkensalate, auch zum Würzen von Fisch, den ich später im Ofen gare, oder für kalte, feurige Grillsoßen. Etwas Sojasoße verleiht Fleischbrühen einen angenehmen Geschmack und eine leicht bräunliche Farbe.

Sternanis (Foto s. S. 53)
Illicum verum

Wenn auch der Sternanis ebensoallerdings noch wesentlich stärkerduftet wie unser heimischer Anis, so sind die beiden botanisch nicht miteinander verwandt. Schon vor 3000 Jahren in China bekannt, kam er zunächst nach Rußland, wo er als Würzmittel von schwarzem Tee sich größter Beliebtheit erfreute. Erst Ende des 16. Jahrhunderts bürgerte er sich im übrigen Europa ein.
Die schöne regelmäßige Sternform, die ihm den Namen gibt, besteht aus einem Kranz von Einzelfrüchten eines immergrünen, gelb und rot blühenden Magnolienbaumes, der in Süd- und Indochina ganze Wälder bildet. Kurz vor der Reife müssen die Kapseln geerntet werden. Nach dem Trocknen springen sie auf, in jeder Kapsel ruht ein glänzendes, dunkelbraunes, aromatisches Samenkorn.
Kenner der chinesischen Küche wissen, daß Sternanis dort ein begehrtes Würzmittel für Schweinefleisch und Enten ist. Wir kennen ihn als Duftstoff für Liköre, wo er durch seine Intensität die Verwendung von normalem Anis weitge-

hend verdrängt hat. Grog und Punsch erhalten durch Sternanis einen lieblichen Beigeschmack. Allerdings muß man das Sternchen früh genug wieder herausfischen, damit es nicht zu stark in den Vordergrund tritt. Beliebt auch in Obstsuppen, Pflaumen-, Apfel- und Birnenkompott und natürlich im altmodischen Pflaumenmus, auch Powidl genannt. Feingemahlen nehmen wir ihn gern zu Kleingebäck, zu all jenen Sorten von Plätzchen, die sonst mit deutschem Anis gebacken werden.

Tabasco

Tabascosoße wird in kleinen Fläschchen, meistens mit einem roten Schraubdeckel versehen, verkauft. Sie wird heute in Lizenz in England hergestellt, kommt aber ursprünglich aus Tabasko in Mexiko. Es ist die feurigste Soße, die ich kenne. Ein oder zwei Tropfen genügen für fast jede Speise. Tabasco besteht aus Weinbrand, Essig und Chillies, die diese besondere Schärfe hervorrufen. An einem einzigen Fläschchen haben Sie jahrelang genug. Tabasco wird zum Würzen von feurigen Gerichten, zum Beispiel Chili con carne, oder für Soßen gebraucht. Sehr pikante Fleischsalate können ab und zu damit gewürzt werden. In der fernöstlichen Küche wird Tabasco zuweilen auch für Gemüsesalate und Fischgerichte gebraucht, immer jedoch in minimalen Quantitäten.

Thymian (Foto s. S. 35)
Thymus vulgáris

Die Ägypter verwendeten seinerzeit Thymian zur Einbalsamierung der Mumien. Das Kräutlein wurde in Griechenland Aphrodite zum Opfer gebracht und galt als Zeichen von Eifer und Aktivität, wohl weil die Bienen es fleißig besuchen. Die Römer gaben ihren Soldaten Wein zu trinken, der mit Thymian gewürzt war, was Mut und Tapferkeit fördern sollte. Ein kleines Beutelchen mit getrockneten Blättchen neben dem Kopfkissen vertreibt angeblich Schlaflosigkeit. Die Benediktiner, die das Kraut in Mitteleuropa heimisch werden ließen, brauten Hustensäfte aus Thymiansud und Honig. Als Mittel gegen Migräne und für die geschmackliche Verbesserung von Zahnpasta wird das Kraut noch heute verwendet.
Im März wird Thymian im Zimmer unter Klarsichtfolie oder Glas oder im Treibhaus ausgesät oder im April/Mai ins Freie. Die Pflanze bevorzugt einen mageren, sandigen, kalkreichen Boden und liebt Sonne und nicht zu viel Nässe. Sie eignet sich sowohl zur Beeteinfassung als auch für Steingärten. Im Juni/Juli blüht der 15–30 cm hohe Thymian blaß- bis dunkellila. Das Gewürz eignet sich auch für die Zucht auf dem Balkon und kann im Herbst in Töpfe verpflanzt und für Winterbedarf ins Haus gestellt werden. Wer nicht so eifrig ist, nimmt stattdessen getrocknete Ware aus der Dose oder dem Glas.
Das bescheiden wirkende Kraut hat einen aromatischen, intensiven Geschmack und sollte darum sparsam verwendet werden. Ich würze nicht nur Fleischgerichte wie Leber, Hühnchen, Rehbraten, Kaninchen und Hasenkeule damit, sondern auch Lachs und Salzwasserfische. An Gemüsesuppen, Möhren, Lauch und Hülsenfruchtgerichte, grüne Erbsen oder auch Grünkohl gebe ich zur Abwechslung hin und wieder ein kleines Zweiglein. Zum Fleischfondue reiche ich eine Tomatenmayonnaise, mit etwas Thymian gewürzt. Es ist das klassische Gewürz der provenzalischen Küche und verträgt sich besonders gut mit Lorbeerblättern und Basilikum.

Tomatenketchup

Tomatenketchup ist heute sicherlich die populärste aller kalten Würzsoßen. Die Bezeichnung stammt von englischen Kolonisten, die aus Indien dickliche Mangochutney-Soßen kannten.
Tomatenketchup besteht zur Hauptsache aus Tomatenmark, Essig, Zitronensaft, Salz und etwas Zucker. Je nach Fabrikat wird es ferner mit Curry, Muskat, Kräutern, Senf, Zimt, Nelken, Pfeffer, Ingwer, Zwiebeln oder Knoblauch gewürzt. Tomatenketchup ist daher keinesfalls als Tomatenersatz anzusehen

und kann nicht anstelle von Tomatenmark, beispielsweise für Tomatensuppe, verwendet werden. Es hat einen sehr individuellen Eigengeschmack. Wir nehmen es meist direkt aus der Flasche zum Würzen von Braten oder Grillfleisch, gegrillten Fischen, Toast mit Rührei oder als Zutat für kalte Soßen und Salate.

Die Flaschen sollten vor Gebrauch kräftig geschüttelt und nicht zu lange dem Sonnenlicht ausgesetzt werden, weil dadurch die frischrote Farbe verloren gehen würde.

Tomatenmark

Unter Tomatenmark verstehen wir ein pastenartiges Tomatenkonzentrat, das in der Regel in kleinen Konservendosen oder in Tuben verkauft wird. Größere Dosen mit rund 1 Kilogramm Inhalt sind fast nur im Lebensmittelgroßhandel zu haben; sie sind natürlich sehr viel preiswerter. Das angebrochene Tomatenmark kann dann entweder in den Eiswürfelbehälter umgefüllt und tiefgekühlt werden oder in ein Glasgefäß gegeben und mit einer Ölschicht versehen werden. Dieser Luftabschluß verhindert den Verderb.

Um Tomatenmark zu erhalten, werden vollreife länglich-fleischige Früchte mehrere Stunden in grossen Kesseln gekocht, damit ein Teil der Flüssigkeit verdunstet. Dann wird die Masse durchpassiert, mit geringen Mengen Kochsalz, Zucker und Paprikapulver versetzt und in Dosen sterilisiert. Verschlossene Dosen halten sich kühl gelagert 3 bis 5 Jahre.

Tomatenmark brauchen wir vor allen Dingen für würzige Tomatensuppen und -soßen, für Spaghettigerichte, zum Würzen von Fisch- oder Fleischgulasch, für Ofenfisch und Aufläufe.

Tonka (Foto s. S. 17)

Tonka, auch Tonkabohne genannt, sind die Samen eines in Südamerika anzutreffenden Baumes Dipterix odorata. Die Samen enthalten 1-3% Curamin. Wegen dieses Gehaltes an Curamin werden gemahlene Tonkabohnen dort als Gewürze und Backzugabe verwendet. Extrakte dienen zum Aromatisieren von Tabak oder Schnaps.

Vanille (Foto s. S. 17)
Vanilla planifolia

Die Vanille, Frucht einer Orchidee, ist wohl das nobelste Gewürz, das uns die Tropen beschert haben. In den Urwäldern Mexikos rankte sie sich an den Baumstämmen empor, in den Pflanzungen von Guyana, Tahiti, Java, Reunion (Bourbon), Madagaskar und Mauritius wird sie jedoch heute als Strauch oder an Spalieren kultiviert. In feuchten, tropischen Wäldern gedeiht sie aber doch am besten.

Sie wurde von den Spaniern im 16. Jahrhundert entdeckt und erhielt den Namen »Vaynilla«, das bedeutet Schötchen. Die Zucht von Vanille außerhalb Mexikos, wo die Blüten nicht wie im Heimatland von Kolibris und großen Insekten befruchtet werden, ist sehr mühevoll. Die Bestäubung der Blüten, die sich nur für einen Tag öffnen, muß von Menschenhänden vorgenommen werden; ein Arbeiter bestäubt ca. 2000 Blüten täglich. Der Blütenstaub wird dabei mit dünnen Bambusstäbchen auf die Narben übertragen (eine Arbeit, die größte Konzentration und Schnelligkeit erfordert).

Auch die Ernte ist mühsam: die grün-gelben Schoten werden einem Schwitzprozeß unterworfen, der zuweilen durch ein kochendheißes Bad und anschließendes Verpacken in dicke Decken oder wattierte Kästen, zuweilen aber auch nur unter dicken Wolldecken in der Tropensonne erfolgt. Die Schoten müssen wochenlang schwitzen, bis sie die bekannte schwarze Färbung erreicht haben. Aus 3 1/2 kg frischen Schoten erhält man maximal 1 kg verwendbare fertige Schoten. Weiche schmiegsame dünnschalige Schoten, auf denen sich die feinen, weißen Kristalle des Vanillin wie Reif absetzen, sind die Kennzeichen für gute Qualität. Die Länge der Schote hat keinen Einfluß – aber natürlich hat man von einer besonders langen Schote mehr. Da sie leicht ihren wundersamen Duft einbüßen, werden die Schoten

meistens in Glasröhrchen, gut verschlossen, gehandelt.
Kluge Hausfrauen geben sie in ein fest verschließbares Schraubglas mit Zucker. Zwei oder drei Schoten vermögen einem ganzen Glas Zukker ihr feines Aroma mitzuteilen. Für Suppen, Soßen, Flammeris und Getränke gibt man am besten die unzerteilte Schote in die kochende Speise. Ist genügend Aroma herausgezogen, hält man die Schote kurz unter fließendes Wasser läßt sie auf Küchenkrepp-Papier trocknen und gibt sie wieder ins Glas. Sie kann immer wieder auf diese Weise verwendet werden. Für trockene Speisen, wie Kuchen und Gebäck, empfiehlt es sich, die Schote quer zu halbieren und auf ein Brettchen zu legen. Fährt man mit der stumpfen Seite einer Messerklinge in Richtung der Anschnittstelle auf der Schote entlang, so quellen die schwarzen Samenkörner heraus - sie geben das Aroma.
Diese Methode ist praktischer als das Herausschaben der Körner aus der längst aufgeschlitzten Schote, weil so wirklich nur die Körnchen ins Gebäck gelangen.
Leider ist uns das Gefühl für die Güte der echten Vanille durch den kommerziell hergestellten »Vanillinzucker« vielfach verlorengegangen. Für diesen Vanillinzucker nimmt man Nelkenöl (Eugenol) oder Kuramin; natürlich ist er etwas preiswerter. Man muß aber bedenken, daß sich aus einer Vanilleschote bei richtiger Handhabung viele Eßlöffel Vanillezucker gewinnen lassen. Sicheres Zeichen für die Verarbeitung von echter Vanille sind die kleinen schwarzen Samenkörnchen in den Speisen.
Vanille ist die ideale Komponente für Süßigkeiten, wie Schokoladen, Cremes, Puddings. Sie aromatisiert Liköre und feine Bäckereien auf das beste. Auch für Kompotte ist Vanille eine köstliche Bereicherung.

Wacholder (Foto s. S. 17)
Juniperus communis

Wacholder ist ein Zypressengewächs, das in germanischer Zeit als Räucherwerk bei Totenkulten Verwendung fand und als Zaubermittel für ewige Jugend galt. Er ist im Norden beheimatet. Die grünen Nadeln duften stark und bitter, aber die Beeren, die zwei bis drei Jahre reifen müssen, sind ein vorzügliches Gewürz.
Wacholderholz wird in Schweden zum Räuchern von Schinken gebraucht. Dieser Schinken ist eine Köstlichkeit, aber leider gibt es ihn nur zur Weihnachtszeit. Mit Wacholderholz geräucherte Forellen sind ja auch bei uns im Handel. Sicherlich wäre Wacholder auch ein ideales Grillholz.
Ein großer Teil der Beerenernte wird für die Schnapsproduktion verbraucht: Gin, Steinhäger und Genever werden beispielsweise mit den durch Destillierung gewonnenen ätherischen Ölen aromatisiert. Es bleibt jedoch genug für unseren Küchenbedarf, für Wildschwein, Reh, Hirsch, Hase, Kaninchen und Drosseln. Fleisch von Tieren also, die in der Nähe von Wacholder leben, würzt man mit Vorliebe damit. Aber auch Schweinebraten, Rauchschinken, Sauerbraten, eingelegte Heringe, Fischsud, Rote Bete und nicht zu vergessen unser beliebtes Sauerkraut. Am besten zerdrückt man die Beeren etwas, ehe sie den Speisen zugefügt werden. Keinesfalls länger als zwei oder drei Jahre aufbewahren.

Wein

Neben Salz, Kräutern und Honig gehört Wein zu den ältesten Zutaten, die zur geschmacklichen Verbesserung von Speisen verwendet wurden. Wein, besonders aber Essig, hat durch den Alkohol- oder Säuregehalt auch noch zusätzlich eine konservierende Wirkung, die in früheren Zeiten, als man kaum andere Möglichkeiten der Haltbarmachung kannte, von wesentlich größerer Bedeutung war als heute.
Wir verwenden in der Küche in erster Linie den aus weißen Trauben vergorenen Weißwein und manchmal auch den Schiller- oder Roséwein. Daneben spielen Südweine, die meistens einen höheren Alkoholgehalt aufweisen, eine nicht unwesentliche Rolle. Sie haben zudem den Vorteil, dass auch die angebrochene Flasche nicht so

schnell verdirbt, also zu Essig wird. Am besten eignen sich zum Aromatisieren Sherry, Portwein oder Marsala. Die zum Kochen verwendeten Weine sollten allerdings trocken, also nicht sehr süß sein. Wir brauchen sie, um klare Fleischbrühen oder helle Suppen und Soßen abzuschmecken. Rotweine spielen bei der Bereitung von Ochsenschwanzgerichten oder Wildrezepten eine wesentliche Rolle. Wir brauchen sie außerdem zum Beizen aller dunklen Fleischarten und für Zungengerichte. Melone, die mit Sherry oder Portwein gekühlt wurde, ist eine beliebte, kalorienarme Nachspeise.
Natürlich brauchen wir auch für andere Süßspeisen, beispielsweise Weinschaumcreme, Weiß- oder Südweine. Es ist eine irrige Meinung, dass ein mässiger Wein zum Kochen gut genug wäre. Obschon es unsinnig ist, zum Kochen teuerste Spitzengewächse zu nehmen, so sollten wir bei der Wahl nicht sparen. Der Kenner wird die guten Zutaten immer zu schätzen wissen.

Wiesenknopf, Kleiner

s. Pimpinelle

Worcestersoße

Wir kennen sie alle, diese schwarzbraune, würzige Soße in kleinen Fläschchen, die auch zuweilen nach ihrem Hauptzubereitungsort Worcestershiresauce genannt wird. Sie verdankt ihre Entstehung einem Zufall. Vor gut 100 Jahren, so wird berichtet, ließ ein englischer Gouverneuer in der Stadt Worcester von den beiden Apothekern Lea und Perrins nach indischem Rezept eine Soße zubereiten. Aber das Ergebnis war so mäßig, daß er die Zahlung verweigerte. Vergessen fristete das Fäßchen mit dem Inhalt einige Jahre im Keller sein Dasein, bis es eines Tages wiederentdeckt und geprüft wurde. Der Inhalt war so köstlich, daß die beiden Apotheker ihn in kleinen Mengen verkauften. Eine Probe geriet auch in die Hände eines versierten Schiffskochs, der auf einem großen Luxusdampfer seinen Dienst tat. In Zukunft wurde aber nicht nur in den Küchen der Atlantikschiffe Worcestersoße gebraucht, die kleinen Flaschen standen ausserdem zum Nachwürzen auf allen Tischchen in den Speisesälen. Und dieser Trick war es wohl, der der Soße zu einer schnellen Verbreitung verhalf. Heute wird Worcestersoße von fast allen großen Soßenfabrikanten nach unterschiedlichen Geheimrezepten fabriziert.
Die Zutaten, die vonnöten sind, umfassen fast die ganze Palette der Gewürze: Dill, Lorbeerblätter, Knoblauch, Zwiebeln, Zitronenschale, Salz, Pfeffer, Zucker, Muskat, Zimt, Nelken, Cayenne, Koriander, Essig, Sherry, Wein, Rum, Sojasoße und Sardellen.
Weil die Grundbestandteile teils fest, teils flüssig sind, soll die Soße vor dem jeweiligen Verbrauch gut geschüttelt werden. Wir brauchen sie zum Würzen von hellen Frikassees, Tomatengerichten, Salaten, Suppen, fernöstlichen Gerichten und für verschiedene Cocktails. Meist nimmt man nur einige Tropfen.

Ysop Hyssopus officinalis

Obschon Ysop mehrfach in der Bibel erwähnt wird und bei alten Totenkulten eine beachtliche Rolle spielte, ist das Kraut mit den hübschen blauen Lippenblüten heute kaum mehr zu finden. Der Geschmack der schmalen Blättchen ist würzig, etwas süß-bitter und an Salbei erinnernd. So nimmt es uns nicht wunder, dass das getrocknete Grün auch als Gurgelmittel, gegen Asthma, Husten und Nachtschweiß empfohlen wird.
Am besten besorgen wir uns für den Garten eine Pflanze vom Nachbarn oder vom Gärtner, sie kann gut im kalkigen Steingarten wachsen und wird dort bis zu 80 cm hoch. Möglichst vor der Blüte die schmalen, mittelgrünen Blättchen pflücken, da sie später an Aroma verlieren.
Ysop, auch Josop oder Isop geheißen, kann in kleinen Mengen zur Salatsoße gefügt werden. Unsere Urgroßmütter kochten einen Ysopzweig in der Weißen Bohnen- oder Kartoffelsuppe. Auch weiße Soßen werden damit abgeschmeckt. Der größte Teil der

Welternte wird für die Bereitung von Likören gebraucht, denn diese bekommen erst durch die Vielzahl der verwendeten Kräuter ihr typisches Aroma.

Zimt und Kaneel (Foto s. S. 17)
Cinnamomum cassia, -ceylanicum

Es gab Zeiten, da Zimt eine kostbare Rarität war. Zweieinhalbjahrtausende v. Chr. kannten ihn die Bewohner des Reichs der Mitte. Zu biblischen Zeiten salbte und räucherte man mit Zimt. Hippokrates verwendete ihn als Arzenei, und die Fugger wurden auch durch ihn reich. Die Holländer machten den Kaneel aus Ceylon weltbekannt und wurden ebenfalls reich damit.

Das, was bei uns gemahlen unter der Bezeichnung »Zimt« angeboten wird, ist meistens Cinnamomum cassia, die Rinde eines bis zu 6 m hohen Strauches, der vornehmlich in Indonesien angebaut wird. Die ziemlich dicke Schale, die nach dem vierten Jahr von relativ jungen Trieben geschnitten wird, wird zunächst fermentiert und dann zu ca. 40 cm langen Stangen zusammengebunden. Im Gegensatz zum Kaneel rollen sich diese Rinden immer nur einseitig auf. Sie sind dunkler und weniger fein im Aroma als Kaneel; der Gehalt an ätherischen Ölen beträgt maximal 1 bis 2%. Aber Kassia ist auch preiswerter.

Der echte Zimt, auch als Ceylon-Kaneel gehandelt, ist ebenfalls ein Rindenprodukt. Junge Bäumchen werden zunächst abgeschlagen, so daß junge Triebe nachwachsen. Diese werden geerntet, von der äußersten Rindenschicht und dem inneren Mark befreit und ebenfalls fermentiert. Mehrere dieser hellen, sehr dünnen Rollen werden zu Quills zusammengesteckt und auf Holzgestellen getrocknet. Dann bündelt man sie und umwickelt sie zum Transport mit Leinwand oder Strohmatten. Das typische Kennzeichen des aufgrund seines bis zu 3% hohen Gehaltes an ätherischen Ölen sehr aromatischen Ceylon-Kaneels ist, daß sich die Rinde meist von beiden Seiten gleichmäßig aufrollt und eben viel dünner ist als bei Kassia. Kaneel ist übrigens eines der wenigen Gewürze, die nicht außerhalb des Ursprungsgebietes angebaut werden. Dem Kaneel von anderen Gewürzinseln fehlt das feine Aroma.

Aufgrund des hohen Preises wird dieser Zimt fast nur in Stangenform in den Handel gebracht. Geringe Mengen werden dem gemahlenen Kassia-Zimt des Aromas wegen zuweilen zugesetzt.

In Glühwein oder Punsch hält der Stangenzimt (Ceylon-Kaneel) die übermütigen Geister des Alkohols in Schach. Die Holländer, seit jeher als ehemalige Beherrscher Ceylons große Zimt-Freunde, rühren ihren Grog gleich mit einer Zimtstange um. Wir verwenden Stangenzimt auch für Apfel- oder Birnenkompott.

Zucker und Zimt sind eine klassische Mischung. Bei uns gibt es sogar Zimtzucker fertig gemischt zu kaufen. In der europäischen Küche wird Zimt fast nur in Verbindung mit Zucker verwendet. Anders in der östlichen Küche, wo Hühner- und Hammelfleischgerichte oft mit einer Prise Zimt bestreut werden.

Reisbrei mit Zimt und Zucker bestreut ist ein wenig altmodisch, aber nicht minder gemütlich als der Bratapfel mit Zucker und Zimt, der in der Röhre brutzelt. Eine Prise Zimt gibt der gebrannten Mandel eine aparte Würze. Knusprige Waffeln mit viel Zimt im Teig oder mit Zimtzucker bestreut – ein herrliches Sonntagsvergnügen, das gleich auf dem Terrassentisch gebacken werden kann. Und was wären unsere Weihnachtsteller, angefangen von den Lebkuchen bis zu den duftenden Zimtsternen, ohne dieses braune Rindengewürz?

Zitronat Citrus medica

In altmodischen Kochbüchern heißt das grünlich, leicht durchsichtige Produkt auch zuweilen noch Sukkade.

Zitronat bedeutet nicht, wie oft fälschlich angenommen wird, kandierte Zitronen, sondern Zedratfrüchte. Der Zedratbaum ist allerdings eng mit der Zitrone verwandt.

Die hohen Citrus medica waren schon um 300 v. Chr. aus dem Himalayagebiet ins Mittelmeergebiet

eingeführt. Unser heutiger Bedarf wird vornehmlich aus dem Libanon, Cypern, Sizilien, Süditalien und Südspanien gedeckt. Die großen, bis zu 3 kg schweren Früchte werden meistens noch leicht unreif, also im grünen Zustand geerntet und dann in Salzlösung eingelegt. So werden sie in Fässern nach Deutschland verfrachtet. Dort werden sie wieder gewässert und in stundenlangen, langsamen Kochprozessen in Zukkerlösung kandiert. Dabei wird das dicke Fruchtfleisch leicht glasig und speckig.
Zitronat wird hauptsächlich zur Weihnachtszeit gebraucht. Wir nehmen es zu Honig- und Lebkuchen, allerlei Plätzchen und vor allen Dingen zu Torten und Stollen. Es ist eine klassische Zutat für englische Früchtekuchen und Plumpudding. Sehr empfehlenswert auch für Bratäpfelfüllungen, besonders, wenn es mit Rosinen, Korinthen, Zucker und Zimt gemischt wurde.

Zitrone Citrus limon

Zitronen, diese gelbschaligen, duftenden Früchte, werden das ganze Jahr über von bis zu 6 m hohen Bäumen mit hell- oder sattgrünen, ledrigen Blättern und dornigen Zweigen geerntet. Die Heimat des Zitronenbaums ist der Ferne Osten. Aber schon seit der Zeitwende, also viel früher als die Orange, waren die Bäume rund ums Mittelmeer heimisch geworden. Man kann zur gleichen Zeit an einem Baum die weißen duftenden Blüten und halbreife und vollausgereifte Früchte bewundern. Dennoch bestehen bei den verschiedenen Zitronen, selbst wenn sie von ein und demselben Baum geerntet wurden, wesentliche Qualitätsunterschiede. Sommerware ist meistens dickschalig und grobporig, sie hat wenig Saft. Winterzitronen hingegen sind dünnschalig, feinporig und saftiger. Ihre Hauptreifezeit liegt ja während der Regenzeit.
Vitamin-C-haltigen Zitronensaft brauchen wir für Salate, zum Marinieren von Fisch, Geflügel und Fleisch, zum Abschmecken von Suppen und Soßen und natürlich für Süßspeisen und Gebäck.
Neben dem Saft spielt Zitronenschale für uns als Gewürz eine wichtige Rolle. Bitte sehr dünn abreiben, denn nur in der äussersten, gelben Schicht sitzt das Aroma. Mit Diphenyl behandelte Zitronen dürfen nie abgerieben werden.
Natürlich können wir, zum Beispiel für Wildgerichte, die Schale auch dünn abschälen und in feine Streifen schneiden. Wir verwenden Zitronenschale ausserdem für Kalbfleisch- und Geflügelgerichte, zum Würzen von Fisch, Süßspeisen, Gebäck und Getränken. Ein typisches Beispiel ist dafür die Kalte Ente. Ein großer Teil der Ernten wird von der Parfümerie- oder Getränkeindustrie aufgekauft und von letzteren zu Limonaden und Likören verarbeitet.

Zitronenmelisse (Foto s. S. 35)
Melíssa officinális

Die üppig wachsende Pflanze mit den leuchtend zartgrünen Blättchen hat ihren Namen »Melisse« von der Honigbiene, die den Lippenblütler fleißig umschwärmt. Aus Vorderasien stammend, wurde die Pflanze früh in Südeuropa, dann auch in den Klostergärten Mitteleuropas kultiviert. Wein, mit Zitronenmelissensaft versetzt, fördert angeblich die guten Gedanken und hilft Nervosität zu verbannen. Trägt man eines der herzförmigen Blätter bei sich, so wird man viel Freunde, aber nie Feinde haben!
Obwohl man die Pflanze aus Samen ziehen kann, ist ein Ableger der einfachere Weg. Sie liebt einen sonnigen oder halbschattigen Platz und viel Feuchtigkeit. Sie gedeiht auch ohne weiteres auf dem Fensterbrett oder dem Balkon. Je mehr Erde, desto besser.
Ich verwende die Zitronenmelisse überall dort, wo ich auch Zitronensaft oder -schale nehmen könnte, aber immer nur frische, feingehackte Triebspitzen. Weder kochen noch trocknen! Köstlich sind die Blättchen in einer Salatsoße, außerdem würze ich Pilzgerichte sowie Bratfische, Heringsgerichte und besonders gern grünen Aal damit. Gute Beigabe zum Kräuteressig!

Zucker

Noch zu Goethes Zeiten war Zukker ganz und gar kein alltägliches Nahrungsmittel bei uns. Grütze und Gebäck wurden fast ausschließlich mit Honig gesüßt. Unser heutiger Durchschnittsverbrauch beträgt dagegen im Jahr 30 kg pro Kopf.
300 v. Chr. berichteten Feldherrn Alexanders d. Gr. aus Indien, daß man dort aus Schilf Honig herstelle – und zwar ganz ohne Bienen. Der Weg des Zuckerrohrs, einem bambusähnlichen Gewächs, ging über Südpersien, Arabien nach Ägypten, später von dort nach Madeira und Südspanien. Columbus nahm auf seiner zweiten Reise einige Pflanzen mit nach Cuba. Hier fanden die Sprößlinge so günstige Wachstumsbedingungen, dass der dortige Anbau bald den vorderasiatischen überflügelte. Die reifen Rohre werden durch Walzen ausgepresst, der zuckerhaltige Saft in flachen Kesseln über großen Feuern eingedickt, dann gereinigt und auskristallisiert.
Vor gut 200 Jahren begann in Deutschland, begünstigt durch die Kontinentalsperre, die Suche nach einer Ersatzpflanze. Man fand sie in der Zuckerrübe. Der Zuckergehalt dieser dicken Rüben wurde im Verlaufe der Zeit von 2,5 auf fast 20% gesteigert. Heute decken die Zuckerrübenernten Europas und Rußlands etwa die Hälfte des Weltzuckerbedarfs. Ähnlich wie beim Rohr werden die Rüben geschnetzelt, ausgepresst und wie der Rohrzuckersaft gereinigt und auskristallisiert.
Geschmacklich sind gereinigter, auskristallisierter Rohr- und Rübenzucker nicht voneinander zu unterscheiden. Den zu groben Kristallen ausgeformten Zucker kaufen wir als weißen oder braunen Kandis. Farin- oder brauner Zucker ist nichts anderes als ein Zwischenprodukt. Dieser Zucker ist eben noch nicht ganz von Beimischungen gereinigt.
Heute ist für uns Zucker zu einer fast unentbehrlichen Zutat in der Küche geworden. Eine Prise Zucker gibt Suppen, Soßen und vielen Gemüsen den richtigen Pfiff, sie ist unentbehrlich für Salatsoßen. Und natürlich benötigen wir Zucker für alle möglichen Süßspeisen und für Gebäck. Brauner Zucker wird vor allen Dingen im Dezember für Weihnachtsgebäck gebraucht.

Zwiebel und Schalotte

(Foto s. S. 17)
Allium cepa

Die Zwiebel ist aus dem Orient zu uns gekommen und hat inzwischen alle Küchen der Welt erobert. Für die Beköstigung der Arbeiter der Cheopspyramiden wurden tonnenweise Zwiebeln verbraucht, auch den Israeliten des alten Testamentes waren sie unentbehrlich. »Sie murrten, daß sie nicht bei den Fleischtöpfen, bei den Zwiebeln und Knoblauch in Ägypten geblieben waren«.
Es gibt heute in der ganzen Welt keine Landesküche, die ohne Zwiebel auskommen könnte. Wir kennen weiß-, gelb- und rotschalige Sorten, kleine grüne Frühlingszwiebeln, die bündelweise verkauft werden, große, kleine und solche für den Wintervorrat, die nach alter Sitte zu langen Zöpfen geflochten vom Küchenbalken alter Bauernhäuser baumeln. Sie werden teils als selbständiges Gemüse, teils als Zutat zu verschiedenen Speisen, also als Gewürz, verwendet.
Die allerkleinsten, kaum noch gehandelt, sind die Perlzwiebelchen, meist in Essig eingelegt und heute fast immer durch die etwas größeren sogenannten Silberzwiebeln verdrängt. Kaum weniger groß, etwas länglich, sind die braunschaligen Schalotten, die die Franzosen zur berühmten Vinaigrettesauce verwenden. Engländer und Asiaten teilen die Vorliebe für die weiß-grünen frischen Frühlingszwiebeln, die neuerdings auch bei uns im Frühsommer angeboten werden. Die Winterzwiebeln sind meist braunschalig und schmecken hervorragend als Gemüse.

Tomatensuppe mit Käse Rezept S. 94
Käsesoße mit Schinken Rezept S. 159
Käsesoße »De Luxe« Rezept S. 159

Rezepte

Vorspeisen und Snacks

Unsere heutigen Eßgewohnheiten sind wesentlich unkomplizierter als um die Jahrhundertwende. Gehörte früher zu einem vollständigen Mahl unbedingt eine Suppe, dann vielleicht ein warmes Zwischengericht, ein Fleisch-Geflügel- oder Wildgang und schließlich eine Nachspeise, so begnügen wir uns heute oft mit einem einzigen Gang, und während der hektischen Berufszeit bleibt vielfach nur Zeit für den kleinen Imbiß. Obendrein würde ein voller Magen uns müde und träge machen. Hinzu kommt die Sorge vor zu vielen Kalorien.

Die weite Verbreitung der Vorspeisen und Snacks hat aber noch eine andere Ursache. Sind Gäste eingeladen, so hat zwar jeder Verständnis dafür, daß die Hausfrau zeitweise in der Küche sein muß, doch hat man es lieber, wenn sie sich ganz ihren Gästen widmen kann. Die kalte Vorspeise oder die schon einige Zeit zuvor zubereitete warme Vorspeise, die vielleicht nur noch in den Backofen geschoben werden muß, kommt diesem Wunsch entgegen.

Oft genügt für eine Einladung ohnehin ein kleiner Imbiß. Ein apart kombinierter Salat, dazu frisch geröstetes französisches Stangenweißbrot oder Toast, Butter und wahlweise Wein oder Bier, das ist eine Bewirtung, die weder unseren Zeitplan noch unsere Haushaltskasse allzu stark strapaziert.

Oder wir reichen unseren Gästen, die nach dem Abendbrot bei einem Glas Wein mit uns plaudern, zur späteren Stunde ein luftiges Soufflé mit Krabben, würzige Muscheln, heiße Schnecken in aromatischer Kräuterbutter – also Speisen, die mühelos schon am Vormittag während der täglichen Kocharbeit vorbereitet werden können.

Für die größere Einladung werden Sie aus den folgenden Vorschlägen aber auch leicht ein ansprechendes Kaltes Buffet kombinieren können. Wählen Sie dazu eine bunte Mischung, also Salate mit Fleisch, Geflügel, Fisch, Käse, Eiern und Gemüse. Erfahrungsgemäß macht ein Kaltes Buffet, das zur Hauptsache aus Salaten besteht, nicht zuviel Arbeit. Versuchen Sie auch einmal die Kalbsleberpastete, wenn Sie etwas mehr Zeit haben; sicher wird Ihnen viel Lob gezollt werden.

Die meisten dieser Salate sind, wenn sie kühl verpackt werden, auch vorzüglich für Picknickeinladungen zu empfehlen.

Welche Kombinationen Sie auch immer wählen, trachten Sie danach, durch unterschiedliches Würzen jedem Salat seine bestimmte Note zu verleihen. Lassen Sie bei dem einen Salat beispielsweise Curry dominieren, beim anderen eingelegte, grüne Pfefferkörner, beim dritten vielleicht frische Kräuter oder Paprika. Bedenken Sie, daß die meisten Gewürze, auch die getrockneten Kräuter, ihr Aroma erst nach und nach entwickeln; sie schmecken zu Beginn weniger

stark vor als möglicherweise ein paar Stunden später.
Für den größeren Gästekreis, beispielsweise anläßlich eines Empfangs mit Cocktails, möchte ich Ihnen folgendes empfehlen: bereiten Sie dafür vier oder mehr verschiedene kalte Soßen, für die Sie in diesem Buch genügend Rezepte finden. Stellen Sie dazu eine Platte mit Kräckern, Chips, Radieschen, Stangensellerie, Chicoréeblättern, Gurkenscheiben, Tomatenachteln, Wurst- und Bratenwürfeln, Muscheln, Krabben, Eiachteln. Lassen Sie nach Lust und Laune Ihre Gäste mit Hilfe von kleinen Spießchen dieses bunte Allerlei in die würzigen Soßen »dippen«, lassen Sie sie nach Herzenslust probieren und kombinieren. Eine unkomplizierte, heitere Form der Gästebewirtung.

Tomatensülze
Erfrischende, kalorienarme Vorspeise

1 l Tomatensaft
2 El Worcestersosse
2 El Zitronensaft
1/2 TL Zucker
je 1 Msp weißer gemahlener Pfeffer Ingwer und Oregano
2 Päckchen gemahlene weiße Gelatine
2 hartgekochte Eier
Kresse

Vom Tomatensaft 1/4 l abfüllen, mit Worcestersosse, Zitronensaft, Zucker, Pfeffer, Ingwer, Oregano und Gelatine 30 Minuten durchziehen lassen. Bei schwacher Hitze die Gelatine im Würzsud auflösen, dann diese Tomatenmasse durch ein Sieb zu dem übrigen Tomatensaft geben und wahlweise in Portionsförmchen oder in eine Ringform geben. Mindestens 8 Stunden im Kühlschrank erstarren lassen.
Die Form ganz kurz mit der Unterseite in heißes Wasser tauchen, und die Sülze mit einem Messer vom Formrand lösen. Auf eine mit Wasser benetzte Platte oder Portionsteller stürzen. Mit gesalzenen Eiachteln und Gartenkresse garnieren.
Wenn die Sülze in einer Ringform zubereitet wurde, können Sie sie nach dem Stürzen natürlich auch sehr dekorativ mit einem pikanten Salat füllen.

Roher Champignonsalat
Rezept aus Südfrankreich

4 El Olivenöl
2–3 EL Zitronensaft
2 zerdrückte Knoblauchzehen
3 EL feingehackte Petersilie
1 Msp feinzerriebener Oregano
1 Msp feinzerriebener Rosmarin
1 TL zerriebenes Basilikum
weißer, frischgemahlener Pfeffer
Salz
1/2 TL Glutamat
250 g Champignons

Das Olivenöl mit Zitronensaft, Knoblauch, den Kräutern, Pfeffer, Salz und Glutamat durchziehen lassen. Die Champignons von Wurzelansätzen und faulen Stellen befreien, gut waschen, abtropfen lassen, dann in dünne Scheibchen schneiden und sofort mit der Salatsoße mischen. Sonst werden sie braun.
Dieser Salat darf nicht zu lange vor dem Verzehr stehen, weil er sonst unansehnlich wird. Das Rezept kann aber auch mit Dosenchampignons hergestellt werden.

Griechischer Salat
Vergnügen für Augen und Gaumen

1/2 Kopf römischer oder Kopfsalat
4 Tomaten, 1/4 Salatgurke
4 EL grüne Oliven
4 EL schwarze Oliven
125 g griechischer Schafskäse
1 Zwiebel, 4 Sardellenfilets
6 EL Olivenöl
3 EL Zitronensaft
1 TL geriebener Oregano
1 EL feingehackte Petersilie
1 Msp geriebener Rosmarin
Salz, schwarzer, gemahlener oder geschroteter Pfeffer

Den Salat wie üblich putzen, waschen und in gut daumenbreite Streifen schneiden. Gut abtropfen lassen und auf vier Salatteller verteilen. Die Tomaten waschen, abtrocknen, achteln, die Stielansätze dabei herausschneiden. Die Gurke schälen, in Würfel oder Stifte schneiden. Tomatenachtel, Gurkenwürfel, Oliven, den in grobe Stücke zerteilten Schafskäse und die geschälte, in dünne Ringe gehobelte Zwiebel bunt durcheinander auf den grünen Salat geben. Die Sardellenfilets der Länge nach teilen, obenauf legen.
Für die Soße Olivenöl mit Zitronensaft, Oregano, Petersilie, Rosmarin, Salz und Pfeffer verrühren, möglichst 5 Minuten stehen lassen, so daß die Kräuter ihr Aroma entfalten können. Kurz vor dem Essen über die Salatmischung geben.

Ratsherrensalat
Als Vorspeise, zum Abendbrot, fürs Buffet oder Picknick

4 Eier
200 g Schnittkäse (Edamer oder Emmentaler) am Stück
je 1 rote und grüne Paprikaschote
Salz
4 Tomaten
1/2 Gurke
100 g entsteinte schwarze Oliven
1 Zwiebel
5 EL Öl
2 EL Weißweinessig
1 TL scharfer Senf
etwas schwarzer, frischgemahlener Pfeffer
1/2 TL zerriebener Oregano
2 EL feingehackte Petersilie oder frischer Dill
1 kleine Dose Sardellenringe

Die Eier 6–8 Minuten hart kochen, abschrecken, schälen und in Scheiben schneiden. Den Käse in Stifte schneiden. Paprikaschoten halbieren, das Weiße und die Kerne herausholen, waschen und unzerschnitten 5 Minuten mit einer Tasse Salzwasser vorgaren. Die Tomaten achteln. Die Gurke ungeschält wahlweise in dünne Scheiben oder in Würfel schneiden. Eier, Käse, abgekühlte, in Streifen geschnittene Paprikaschoten, Tomaten, Gurke und Oliven bunt durcheinander in eine Glasschale geben. Die Zwiebel schälen, sorgfältig fein würfelig schneiden. Mit Öl, Essig, Senf, Pfeffer und Kräutern verrühren. Die Marinade über den Salat gießen. Zum Schluß alles mit abgetropften Sardellenringen garnieren.
Der Salat sollte nicht gemischt werden, weil er dann sein hübsches Aussehen verlieren würde.

Ochsenmaulsalat mit grüner Pfeffersoße
Herzhafter Männerimbiss

400 g Ochsenmaulsalat
1 EL eingelegte grüne Pfefferkörner
2 EL Whisky
2 EL feingeschnittener Schnittlauch

Ochsenmaulsalat besteht aus gepökeltem, gekochtem und in bissengroße Streifen geschnittenem Rindermaul, daß mit Essig, Öl, Zwiebeln, Salz und Pfeffer abgeschmeckt wurde. Wir kaufen den Salat am besten fertig. Dann mit grünen Pfefferkörnern und Whisky abschmecken. Mit Schnittlauch bestreut zu würzigem Kümmelbrot reichen.

Bauernsalat

Schmackhafter Imbiss für heiße Sommertage

1 Packung Tiefkühl-Frühlings- oder Sommergemüse (300 g)
1/2 TL Salz
200 g magerer gekochter Schinken oder Lyonerwurst
4 Eier
4 EL Öl, 2 EL Essig
1 TL mittelscharfer Senf
1 Pr Zucker, Salz
einige Tropfen Zwiebelsaft
je 1 EL feingehackter Dill und Schnittlauch
je 1 TL frisches feingehacktes Basilikum, Liebstöckel, Zitronenmelisse und Bohnenkraut
2 Tomaten
einige Gewürzgürkchen

Das Gemüse nach Vorschrift mit 1 Tasse Wasser und Salz 8–10 Minuten garen. Abtropfen lassen. Den Schinken von Schwarten und Fett befreien. Schinken oder Wurst in Streifen schneiden. Eier 6–8 Minuten kochen, abschrekken, schälen, achteln. Aus den übrigen Zutaten, bis auf Tomaten und Gewürzgürkchen, eine würzige Marinade rühren, die oben genannten Zutaten gut darin durchziehen lassen. Bitte nicht zuviel rühren, weil sonst das Ei musig wird und der Salat sein appetitliches Aussehen verlieren würde. In eine Schüssel geben, mit Tomatenachteln und kleinen Gurkenfächern hübsch verzieren.

Rindfleischsalat

Beliebte Resteverwertung

250 g gekochtes Rindfleisch (Rest)
1 Apfel
1/2 Glas Selleriesalat in Streifen
2 EL Tomatenketchup
2 EL Öl
1 EL Zitronensaft
1 EL Mango-Chutney
1/2 TL Curry
etwas schwarzer, feingemahlener Pfeffer, Salz
1 Bund Schnittlauch

Dies ist eine vorzügliche Resteverwertung, wenn es tags zuvor Siedfleisch gab. Das Fleisch von Fett befreien, wahlweise in Würfel oder Streifen schneiden. Den Apfel schälen, vierteln, entkernen und ebenfalls passend schneiden. Dann das Fleisch mit Apfelstückchen, dem Selleriesalat, Tomatenketchup, sowie Öl, Zitronensaft, Mango-Chutney, Curry, Pfeffer und Salz vermischen und gut abschmecken. 2 Stunden durchziehen lassen. Natürlich können Sie auch ein Stück frischen Sellerie mit etwas Zitronensaft in Salzwasser knapp garen und dann klein schneiden. Vor dem Servieren den Salat mit kleingeschnittenem Schnittlauch bestreuen.

Wildsalat

Sehr praktische Resteverwertung

ca. 400 g gegarte Wildfleischreste (Reh, Hirsch, Hase oder Wildschwein)
2 große Gewürzgurken
2 Orangen
125 g blaue Trauben
3 EL Öl
3 EL Rotwein
1 EL Rotweinessig
1/4 TL schwarzer gemahlener Pfeffer
1 Msp Knoblauchsalz
1 Msp geriebener Ingwer, Salz, etwas feingehackte Petersilie

Das Wildfleisch von Häuten und Knochen befreien und in Würfel oder Streifen schneiden. Die Gewürzgurken gut abtropfen lassen und in kleine Würfel schneiden. Die Orangen schälen, dann ebenfalls würfeln. Trauben gut waschen, halbieren und entkernen. Für die Soße Öl mit Rotwein, Essig, Pfeffer, Knoblauchsalz, Ingwer und Salz verrühren. Die vorbereiteten Zutaten hineingeben, einige schöne Orangenwürfel zur Garnitur zurückbehalten. Den Salat würzen abschmecken und gut durchziehen lassen.

Dann nochmals umrühren, in eine Schale geben, mit Orangenwürfeln und Petersilie garnieren.

Gut als Abendbrot oder für das Kalte Buffet.

Geflügelsalat Waldorf Art
Sehr aparte Kombination

300 g gebratenes oder gekochtes Geflügelfleisch
2 Scheiben Ananas (Dose)
1/2 Glas Selleriesalat in Streifen
3 EL Mayonnaise
2 EL Zitronensaft
1 Prise gemahlene Muskatblüte
Salz
Worcestersoße
Feld- oder Endiviensalat
50 g Walnusshälften
einige rote Kirschen

Das Geflügelfleisch von Haut und Knochen befreien und in Würfel oder Streifen schneiden. Ananasscheiben abtropfen lassen und klein schneiden. Selleriesalat ebenfalls abtropfen lassen. Die Mayonnaise mit Zitronensaft, Muskatblüte, Salz und Worcestersoße verrühren und die vorbereiteten Zutaten hineingeben. Abschmecken.
Auf eine runde Platte aussen einen Kranz geputzten Feld- oder in Streifen geschnittenen Endiviensalat geben und den Geflügelsalat in die Mitte füllen. Mit Walnusshälften und Kirschen lustig bunt garnieren.
Mit Toast und einem Glas gekühlten Sekt eine lukullische Vorspeise.

Kalifornischer Geflügelsalat
Neue Variation eines allgemein beliebten Salates

1 tiefgekühltes Hähnchen
1/2 l Wasser
Salz
1 Stückchen Muskatblüte
1 kleine Zwiebel
1 Nelke
1 Lorbeerblatt
1 kleine Dose Spargelabschnitte
2 Scheiben Ananas (Dose)
1 kleine Dose Pfirsiche
3 EL Öl
2 EL Zitronensaft
etwas weißer, feingemahlener Pfeffer, etwas Glutamat
1/2–1 TL Curry
einige Salatblätter
1 Bund Schnittlauch

Das Hähnchen ohne Umhüllung auftauen lassen, waschen und vierteln. Mit Wasser, Salz, Muskatblüte, geschälter Zwiebel, Nelke und Lorbeerblatt im Dampfdrucktopf oder in einem normalen Kochtopf gerade eben garkochen. Das Fleisch soll sich gut von den Knochen lösen lassen, darf aber nicht faserig sein. Das Hähnchen herausnehmen, etwas erkalten lassen, von Haut und Knochen befreien und quer zur Faser in schmale Streifen schneiden, Spargelabschnitte abtropfen lassen, quer halbieren. Ananasscheiben abgetropft in Stücke schneiden. Einen Teil der Pfirsiche in schmale Spalten schneiden. Alles mit Öl, Zitronensaft, Pfeffer, Glutamat und Curry mischen. In eine mit Salatblättern ausgekleidete Schüssel füllen, mit den restlichen Pfirsichspalten und Schnittlauch garnieren.

Putencocktail
Sehr beliebte Vorspeise

300 g gebratenes oder gekochtes Putenfleisch (Reste)
2 Scheiben Ananas (Dose)
1 Tasse gegarter Reis (Rest)
3 EL Mayonnaise
1 EL Zitronensaft
etwas feingeriebene Zitronenschale
1/2 TL Curry
1/8 l Sahne
Salz
4 Kopfsalatblätter
30 g geschälte Pistazien

Zunächst das Putenfleisch von Haut und Knochen befreien und wahlweise in Streifen oder Würfel schneiden. Die Ananas in Stücke schneiden. Das Geflügelfleisch mit Ananas und Reis vermengen.
Die Mayonnaise mit Zitronensaft, Zitronenschale und Curry recht würzig abschmecken. Die Sahne steif schlagen und unter die Soße heben. Dann alles vermischen. Mit Salz abschmecken.
Cocktailgläser oder -schälchen mit Salatblättern auskleiden, den Salat hineinfüllen und mit feingehackten grünen Pistazien bestreuen. Möglichst bald servieren.

Curry-Reissalat mit Geflügel

Preiswert und pikant

1 l Wasser
1 Zwiebel
1 TL Salz
knapp 2 Tassen Langkornreis
1 kleine Dose Ananas in Stücken
1/2 gekochtes Suppenhuhn oder
1 gares Brathähnchen
4–6 EL Öl
4 EL Zitronensaft
2–4 TL Curry
Salz

Zunächst das Wasser mit der ungeschälten, halbierten Zwiebel und Salz zum Kochen bringen. Den Reis hineingeben und 12-15 Minuten sprudelnd kochen lassen. Auf ein Sieb geben, kalt überspülen und abtropfen lassen. Das Huhn von Haut und Knochen befreien, in Streifen schneiden. Alles mit Öl, Zitronensaft, reichlich Curry und Salz vermischen und vor dem Verzehr möglichst 30 Minuten durchziehen lassen.

Sylter Fischsalat

Sehr gute Resteverwertung

300 g Fischfilet
2 Eier
1 Gewürzgurke
1 EL Kapern
1/8 l Sahne
2 EL Mayonnaise
2 EL Zitronensaft
1 TL mittelscharfer Senf
1 TL feingehackter frischer Dill oder
1/2 TL getrocknete Dillspitzen
etwas Estragon, Salz
einige Salatblätter

Das Fischfilet in Alufolie fest einpacken und wahlweise 15 Minuten im Backofen oder mit etwas Wasser in einer zugedeckten Pfanne garen. Auskühlen lassen und in grobe Stücke zerpflücken. Selbstverständlich können Sie auch Reste von Kochfisch verwenden.
Eier 6–8 Minuten hart kochen, schälen, in Scheiben oder Achtel schneiden. Die Gurke in Scheiben schneiden. Die Sahne steif schlagen, mit Kapern, Mayonnaise, Zitronen, Senf, Kräutern und Salz vermischen. Fisch, Eier und Gurke hineintun. Alles abschmecken und in eine mit grünen Salatblättern ausgekleidete Schüssel füllen.
Mit Toast eine sehr beliebte Vorspeise.

Thunfischsalat mit Sellerie

Neuartige Kombination

1 Dose Thunfisch (200 g)
2 EL Zitronensaft
1/2 TL Senf
1/2 TL weisser Pfeffer, Salz
je 1 Bund Petersilie und Schnittlauch
etwas Estragon, Kerbel, 1/4 Sellerieknolle
einige grüne Salatblätter
2 kleine Tomaten

Ein Salat, der sehr schnell zubereitet ist, gut schmeckt, sättigt und obendrein preiswert ist. Was wäre noch zu wünschen?
Thunfischdose öffnen und das Öl in eine Schüssel geben. Mit Zitronensaft, Senf, Salz und feingehackten frischen oder getrockneten Kräutern verrühren. Sellerie schälen, waschen, auf der mittelfeinen Reibe in die Salatsosse reiben. Zum Schluss den grob zerpflückten Thunfisch vorsichtig unterheben. Eine Schüssel oder Platte mit Salatblättern auskleiden, den Salat bergartig daraufgeben und mit Tomatenachteln hübsch dekorieren.
Bald zu Tisch bringen, weil sonst der Sellerie braun wird.

Holländischer Eiersalat
Preiswert als Vorspeise oder zum Abendbrot

6–8 Eier
3 EL Kapern
4 Sardellenfilets
1 Gewürzgurke
2 EL Mayonnaise
2 EL Joghurt
etwas feingeriebene Zitronenschale
1–2 EL Zitronensaft
2 EL Tomatenketchup
1 TL getrocknete Dillspitzen oder
1 EL frischer, feingehackter Dill

Die Eier 6–8 Minuten hart kochen, abschrecken, schälen und Viertel oder Achtel schneiden. Die Kapern und Sardellen fein wiegen. Die Gewürzgurke in Scheiben schneiden. Aus Mayonnaise, Joghurt, Zitronenschale, Zitronensaft und Tomatenketchup eine leckere Soße bereiten. Mit den vorher genannten Zutaten vermischen. Den Salat abschmecken und mit Dill bestreut zu Toast servieren.

Englische Eiercreme
Kann gut tags zuvor vorbereitet werden

6 Eier
je 1/2 grüne und rote Paprikaschote
3 EL Mayonnaise
3 EL Quark
1/8 l Brühe
2 TL gemahlene, weiße Gelatine
2 EL Zitronensaft
1 TL Senf
etwas feingemahlener weißer
Pfeffer, Salz
1/8 l Sahne
1 Päckchen frische Gartenkresse
einige grüne, gefüllte Oliven
1 kleine Tomate
etwas Kaviar

Die Eier 6–8 Minuten hart kochen, abschrecken, schälen und in kleine Würfelchen zerschneiden. Die Paprikaschoten von Stielen und Kernen befreien, waschen und in sehr kleine Würfelchen schneiden. Eier und Paprika mit Mayonnaise und Quark verrühren. In der Brühe die Gelatine 5 Minuten quellen lassen, dann bei mäßiger Hitze auflösen. An die Eiercreme geben. Mit Zitronensaft, Senf, Pfeffer und Salz herzhaft abschmecken. Die Sahne steif schlagen und vorsichtig unter die Masse rühren. Alles in eine kalt ausgespülte Form füllen und über Nacht im Kühlschrank fest werden lassen.
Dann für einige Sekunden die Schüssel von unten in heißes Wasser halten und den Inhalt auf eine Platte stürzen. Außen herum die Kresse garnieren. Die Eiercreme lustig bunt mit Olivenscheiben, schmalen Tomatenachteln und Kaviar garnieren.
Natürlich können Sie die Creme auch portionsweise in kleine Förmchen füllen.

Kalbsleberpastete
Spezialität für echte Feinschmekker, 4–8 Personen

2 Zwiebeln
1 kleiner Apfel
3 EL Butter
500 g Kalbsleber
nochmals 3 EL Butter
3 EL Calvados
4 EL Sahne
nochmals 150 g Butter
1 TL Zitronensaft
1 1/2 TL Salz
1/2 TL feingemahlener Rosmarin
evtl. einige Lorbeerblätter

Um Ihnen alle Rechnereien zu ersparen, Sie benötigen insgesamt 250 g Butter, zunächst jeweils 1/5 davon, dann den Rest. Die Zwiebeln schälen, sehr klein schneiden. Den Apfel schälen, ebenfalls klein schneiden. Beides zusammen in eine Pfanne mit zerlassener Butter geben und bei nicht zu starker Hitze goldbraun braten. Herausnehmen und nach Möglichkeit in einem Mixer pürieren, sonst mit der Gabel fein zerdrücken.
Die Kalbsleber waschen, trocken tupfen, etwas zerschneiden. In der gleichen Pfanne in Butter 5 Minuten braten, dann mit Calvados, das ist französischer Apfelschnaps, und Sahne ablöschen. Ebenfalls im Mixer pürieren, falls das nicht möglich ist, durch den Fleischwolf geben oder durch ein Sieb streichen. Die restliche Butter schaumig rühren, Zitronensaft, Salz, Rosmarin, die Zwiebel-Apfelmasse und die Leber nach und nach zugeben, gut vermischen und sehr würzig abschmecken, denn sonst schmeckt die kalte Pastete fade. In eine Pastetenform aus Keramik pressen, mit Lorbeerblättern belegen und im Kühlschrank mindestens 24 Stunden durchkühlen lassen.
In der Form als Vorspeise mit frischem französischen Stangenweißbrot als Vorspeise oder zum Abendbrot servieren.

Pußtatomaten
Gut als Vorspeise oder zum Abendbrot

4 große Tomaten
Salz, Pfeffer, Zitronensaft
1 Packung Tiefkühl-Pußtagemüse
2 EL Öl
2 EL Essig
1/2 TL Edelsüß-Paprika
1 EL feingeschnittener Schnittlauch

Tomaten waschen, Käppchen abschneiden und mit einem Teelöffel aushöhlen. Mit Salz, Pfeffer und Zitronensaft etwas würzen. Inzwischen das Pußtagemüse nach Vorschrift 5 Minuten garen. Mit Öl, Essig, Paprika und Schnittlauch vermischen. Der Salat sollte schön frisch und würzig sein, ehe er in die Tomaten gefüllt wird.
Natürlich können Sie auf die gleiche Weise auch frische, reife rote Paprikaschoten mit diesem schnell zu bereitenden Salat pikant füllen.

Gefüllte Avocados
Für Kalte Buffets oder als Vorspeise

2 kleine Avocados
4 EL Zitronensaft
3 EL Öl
1 TL scharfer Senf
etwas Salz
1/2 TL Glutamat
1 Msp Knoblauchsalz
125 g Krabben (Dose oder Tiefkühlware) knapp 1/2 Glas Selleriesalat in Streifen
Edelsüßpaprika

Die Avocados der Länge nach halbieren, die Kerne herausnehmen und das Fruchtfleisch in möglichst großen Stücken mit einem Löffel herauslösen. Die leeren Schalen mit Zitronensaft ausspülen, damit sie sich nicht verfärben. Das Avocadofleisch in Würfel schneiden und bald mit einer Soße aus dem restlichen Zitronensaft, Öl, Senf, Salz, Glutamat und Knoblauchsalz vermischen.
Dosenkrabben auf einem Sieb kurz mit kaltem Wasser überspülen, um den Borsäuregehalt zu reduzieren. Tiefkühlkrabben nach Vorschrift auftauen lassen. Den Selleriesalat ebenfalls auf einem Sieb abtropfen lassen. Nun den Avocadosalat mit Krabben und Sellerie vermischen, bergartig in die Schalenhälften füllen. Mit einigen besonders schönen Krabben und Paprika garnieren.

Orangen-Avocado-Vorspeise

Aparte Avocadovariation

2 mittelgroße Avocados
Saft von 1 Orange
1 EL Kräuteressig
1 EL Zitronensaft
50 g gekochter Schinken
2 EL Walnusskerne
1 Msp Cayenne
Salz
2 kleine Orangen
einige Walnusshälften

Die Avocados der Länge nach halbieren, den Kern herauslösen. Das Fruchtfleisch mit einem Löffel herausschaben und in einen Mixer geben. Orangensaft, Essig, Zitronensaft, von Schwarte und Fett befreiten Schinken, Nüsse, Cayenne und Salz zufügen und alles zu einer cremeartigen Masse fein pürieren. In einen Spritzbeutel geben. In die Avocadohälften spritzen. Die Orangen schälen, halbieren, mit einem Sägemesser in Scheiben schneiden und in die Crememasse stecken. Mit Walnusshälften garnieren. Diese Vorspeise sollte bald nach der Fertigstellung serviert werden, weil sich sonst die Avocadocreme braun verfärbt.

Heiße Olivenvorspeise

Spezialität aus Israel

4 EL Olivenöl
2 zerdrückte Knoblauchzehen
1–2 rote Paprikaschoten
250 g entsteinte grüne Oliven
Salz, weißer, feingemahlener Pfeffer
knapp 1 Tasse Wasser
2 EL Zitronensaft
1 Zitrone
1 EL feingehackte Petersilie

Diese warme Olivenspezialität kann wahlweise als Vorspeise oder Snack zum Cocktail oder als Beigabe zu gebratenen oder gegrillten Hühnchen serviert werden.

Das Öl in einer großen Bratpfanne erhitzen, die zerdrückten Knoblauchzehen darin anbraten. Nebenbei die Paprikaschoten von Stielansätzen und Kernen befreien, waschen und in Streifen oder Würfel schneiden. Zufügen und im Knoblauchöl unter Rühren andünsten. Dann die Oliven, Pfeffer und Wasser in die Pfanne geben und alles 5–10 Minuten dünsten. Die Flüssigkeit soll dabei zum Teil wieder verkochen. Das Gericht mit Zitronensaft abschmecken und mit dünnen Zitronenscheiben und frischer Petersilie garnieren.

Muscheln in Sherrysoße

Eine aparte Mischung

1 kg frische Muscheln
1/8 l Weißwein
1/8 l Wasser und 1 TL Salz
oder 1 Dose Muscheln in Gewürzsud (400 g)
3 EL Sherry
3 EL Sojasoße
2 EL Weißweinessig
1 EL brauner Zucker
1 TL Ingwer
1 kleine Zwiebel

Frische Muscheln gründlich waschen, die Bärte entfernen, kaputte oder offene Muscheln beiseite tun. Weißwein, Wasser und Salz zum Kochen bringen, die Muscheln in den Topf geben, den Deckel auflegen. Nach 3 Minuten den Topfinhalt kräftig durchschütteln. Nach weiteren 3 Minuten sind die Muscheln gar und haben sich geöffnet. Die geschlossenen Muscheln sind wahrscheinlich schlecht und dürfen nicht verwendet werden. Aus den übrigen Schalen die Muscheln herauslösen.

Muscheln aus der Dose auf ein Sieb geben, mit kaltem Wasser überspülen, abtropfen lassen.

In einer Schüssel mit einer Mischung aus Sherry, Sojasoße, Essig, Zucker und frischem oder getrocknetem Ingwer übergießen. Die Zwiebel schälen, in kleine Würfel geschnitten darüber streuen. Gut als Vorspeise oder Katerhappen.

Muscheln Olivia
Schmeckt warm oder kalt

1,5 kg frische Muscheln
1 Bund Suppengrün
1 kleine Zwiebel
1/8 l trockener Weißwein
1/8 l Wasser
Salz
1 Knoblauchzehe
1 dünne Stange Lauch
2 Tomaten
2 EL Öl
4 EL schwarze Oliven
1 TL feingehackter, frischer Estragon
1 EL feingehackte Petersilie.

Die Muscheln gründlich waschen, die Bärte entfernen, alle schadhaften und offenen Exemplare beiseite tun. Das Suppengrün wie üblich putzen und grob zerschneiden. Die Zwiebel ungeschält vierteln. Zunächst Suppengrün, mit Zwiebel, Weißwein, Wasser und Salz bei schwacher Hitze 10 Minuten kochen. Dann die Muscheln zufügen, den Deckel auflegen. Nach 3 Minuten den Topfinhalt kräftig durchschütteln, damit die unteren Muscheln nach oben zu liegen kommen. Nach weiteren 3 Minuten sind sie gut. Die nicht geöffneten Muscheln müssen fortgeworfen werden, weil sie vielleicht schlecht sind. Aus den übrigen Muscheln das Innere herauslösen.
Den Sud durchsieben, ca. 1/4 l davon abmessen. Die Knoblauchzehe schälen und mit etwas Salz fein zerdrücken. Den Lauch putzen, waschen, in sehr feine Ringe schneiden. Die Tomaten waschen, achteln, die harten Stielansätze beiseite tun. Knoblauch, Lauch und Tomaten in einer Pfanne in heißem Öl 10 Minuten dünsten. Dann durchgesiebten Sud, Muscheln, Oliven und feingehackten Estragon dazugeben. Alles einmal durchkochen lassen und abschmecken. Zum Schluß die Petersilie über das duftende Gericht streuen. Dazu französisches Stangenbrot.

Schnecken nach Art der Klosterbrüder
Wer zweifelt, daß das ein Leckerbissen ist?

1 EL Butter
1 EL feingehackte Zwiebeln
1/2 TL Mehl
4 EL Weißwein
1/4 l Sahne
1 TL frischer, feingehackter Estragon
1 Pr zerriebener Beifuß
1 Dose Schnecken (ca. 24 Stück)
1 TL Zitronensaft, Salz
1 EL feingehackte Petersilie
evtl. 1 Knoblauchzehe

Kenner wissen diese lukullische Vorspeise mit Sicherheit zu schätzen, aber Sie sollten berücksichtigen, daß Schnecken nicht jedermanns Sache sind. Evtl. noch eine weitere Vorspeise bereithalten.
Die Butter in einem kleinen Topf zerlassen, dann die Zwiebelwürfel darin gut glasig dünsten. Mit Mehl überstäuben, mit Weißwein und Sahne ablöschen. Nicht zu stark kochen lassen, weil dann die Sahne gerinnt. Estragon, Beifuß, Schnekken, Zitronensaft und Salz zugeben, alles heiß werden lassen. Am besten zu Toast oder französischem Stangenweißbrot. Mit frischer Petersilie bestreut bald servieren. Wer will, kann natürlich das Gericht zusätzlich mit einer zerdrückten Knoblauchzehe würzen, doch finde ich, daß das den Estragongeschmack leicht übertönt.

Schnecken mit Kräuterbutter
Von Kennern sehr geschätzt

1 TL Öl
2 EL sehr fein geschnittene Zwiebelwürfel
2 zerdrückte Knoblauchzehen
125 g Butter
1 Eigelb
1/2 TL Worcestersoße
1 EL Kognak
2 EL feingehackte Petersilie
1 EL feingeschnittener Schnittlauch
1/2 TL feingehackter, frischer Dill
1 EL feingehacktes frisches oder
1 TL getrocknetes Basilikum
1/2 TL feinzerriebener Oregano
1 Msp feinzerriebener Thymian
1 Msp Curry
1 Msp Edelsüßpaprika
1 Msp weißer, frisch gemahlener Pfeffer, Salz
1 Dose Schnecken (ca. 24 Stück)

Natürlich können wir die Schnekken auch mit fix und fertig gekaufter Kräuterbutter präparieren, aber diese selbstgemachte ist unvergleichlich viel besser.
Das Öl im Topf erwärmen, Zwiebelwürfel und Knoblauch darin gut goldgelb dünsten. Nebenbei die Butter mit Eigelb, Worcestersoße und Kognak gut schaumig rühren. Die vorbereiteten Kräuter und die Zwiebelknoblauchmischung zugeben, gut verrühren und mit Curry, Paprika, Pfeffer und Salz abschmecken.
Die Schnecken in Häuschen stekken und jeweils mit einem Teelöffel Kräuterbutter verschliessen. Wahlweise in Schneckenpfannen oder auf einem Blech mit einer dikken Salzschicht im vorgeheizten Backofen (200° C/3) 10 Minuten heiß werden lassen. Mit französischem Weißbrot und Sekt ein Lekkerbissen.

Gänseleber Lukull
Abendimbiß für Feinschmecker

2 grosse Gänselebern
1 EL Mehl
1 mittelgrosse Zwiebel
2 säuerliche Äpfel
2 EL Öl
1/4 TL geriebener Majoran
1 Prise Muskat, Salz
2 EL trockener Sherry

Die Gänselebern von grünlichen Stellen sorgfältig befreien, waschen und in kleinfingerbreite Streifen schneiden. Mit Mehl bestäuben.
Die Zwiebel schälen und sorgfältig in kleine Würfelchen schneiden.
Die Äpfel schälen, vierteln, entkernen, in dünne Spalten schnitzeln.
Am besten in einer kunststoffbeschichteten Pfanne das Öl heiss werden lassen. In einem Pfannendrittel die Lebern, im zweiten die Zwiebelwürfel, im dritten Pfannenteil die Apfelschnitze ca. 3–5 Minuten braten. Alles mit Majoran, Muskat, Sherry und Salz würzen und gut abschmecken.
Dazu Kopfsalat, Toastbrot und ein leichtgekühlter Weißwein.

Bananen-Schinkenauflauf
Sehr beliebtes Schnellrezept

4 Bananen
etwas Curry
1 EL Zitronensaft
4 Scheiben gekochter Schinken
20 g Margarine
1/4 l Milch
125 g Schmelzkäse
1/4 TL feingeriebener Muskat
etwas feingeriebener, weißer Pfeffer
1 EL feingehackte Petersilie

Zunächst die Bananen schälen, mit Curry und Zitronensaft würzen, jeweils in eine von Schwarten befreite Scheibe Schinken wickeln.
Nebeneinander in eine gefettete Auflaufform legen.
Die Milch mit Schmelzkäse, Muskat und Pfeffer im kleinen Topf aufkochen. Dann die Petersilie zugeben und die dickflüssige heiße Soße über die Bananen gießen.
Im vorgeheizten Backofen (200° C/3) auf dem Rost auf der mittleren Schiene 25 Minuten backen und heiß mit Toast oder Stangenweißbrot und Salat servieren.

Soufflé Miramare
Vorspeise für Genießer

3 EL Butter
3 EL Mehl, 1/4 l Milch
etwas feingeriebener Muskat
1/2 TL Glutamat, 2 TL Curry
4 Eigelb
2 Beutel = 100 g feingeriebener Parmesankäse
4 Eiweiß
200 g Krabben
Fett für die Form

Die Butter im Topf zergehen lassen und das Mehl hell darin anschwitzen. Mit Milch ablöschen, also eine dicke Soße kochen. Muskat, Glutamat und Curry zugeben. Den Topf von der Kochstelle nehmen, die Masse mit Eigelb legieren und Reibkäse unterrühren. Steifgeschlagenes Eiweiß und die Krabben unterheben. Tiefgekühlte Krabben sollten aufgetaut sein. Dosenware muß kurz abgespült werden.
Den Boden, keinesfalls jedoch den Rand, einer Auflaufform fetten. Die schaumige Masse einfüllen, die Oberfläche glattstreichen.
Wichtig: Die Soufflémasse muß sofort nach der Fertigstellung auf dem Rost auf der untersten Schiene in den vorgeheizten Backofen (180 °C/2 1/2) eingeschoben werden. Nach genau 45 Minuten muß das Soufflé zu Tisch gebracht werden, sonst fällt es zusammen.
Die Eiermenge kann unbedenklich auf 5–6 Stück erhöht werden.

Kalifornische Quarkbällchen
Hübsch fürs Auge und gut für den Magen

250 g Magerquark
4 EL Tomatenketchup
200 g gehackte Wal- oder Haselnüsse,
1/2 TL Edelsüßpaprika
Salz
125 g Brunnenkresse
2 Tomaten
einige runde Pumpernickelscheiben oder kleine Salzbrezelchen

Den Quark mit Tomatenketchup und dem größeren Teil der Nüsse sowie Paprika und Salz verrühren und abschmecken. Mit einem Teelöffel walnussgroße Kugeln abstechen, diese mit feuchten Händen vorsichtig noch etwas nachformen, dann in den restlichen Nüssen wenden.
Eine Platte mit gewaschener, abgetropfter Brunnenkresse belegen, die Quarkkugeln darauf verteilen und mit Tomatenachteln und Pumpernickelscheiben oder Brezeln lustig bunt garnieren.

Königinpastetchen mit Geflügelfüllung
Festlich und beliebt

1/2 gegartes Hähnchen
30 g Margarine
2 EL Mehl, 1/4 l Wasser
1 Schuß Weißwein, 2–3 EL Sahne
Hühnerbrühwürfel für knapp 1/2 l
etwas feingeriebener Muskat,
etwas weißer, frischgemahlener Pfeffer, einige Tropfen Zitronensaft,
einige Tropfen Worcestersoße
1–2 Eigelb
4 fertige Blätterteigpastetchen
1/2 Zitrone

Das Hähnchen von Haut und Knochen befreien, das Fleisch in Würfel schneiden. Sie können natürlich stattdessen auch ein halbes gegartes kleines Suppenhuhn nehmen.
Aus Margarine, Mehl, Wasser und Weißwein eine helle Mehlschwitze bereiten. Mit Wein, Sahne, zerkrümeltem Hühnerbrühwürfel, Muskat, Pfeffer, Zitronensaft und Worcestersoße abschmecken. Dann das Geflügelfleisch darin heiß werden lassen.
Kurz vor dem Einfüllen in die Pasteten das Frikassee mit Eigelb legieren, es darf dann aber keinesfalls mehr kochen.
Die Pasteten auf dem Backblech in dem vorgeheizten Backofen (200°C/3) in ca. 6–8 Minuten heiß werden lassen. Großzügig mit dem Frikassee füllen. Mit Zitronenschnitzen garnieren. Worcestersoße dazu reichen.

Zwiebelpastete
Straßburger Spezialität

1 Packung Tiefkühl- Blätterteig (300 g)
Mehl zum Ausrollen
1 Eiweiß
750 g große Zwiebeln
3 EL Öl
1/2 TL weißer, gemahlener Pfeffer
Salz
100 g magerer, geräucherter Speck
100 g geriebener Emmentaler Käse
2 Eigelb
1/8 l süße oder saure Sahne
etwas feingeriebener Muskat oder 1 TL Kümmel

Mit jungem Wein eine beliebte Spezialität, die auch im badischen Raum häufig bereitet wird.
Den Blätterteig unverpackt auf bemehlter Unterlage auftauen lassen, dann zu einem Rechteck von 45 ×35 cm ausrollen. Auf ein mit Wasser benetztes Backblech legen, die Seiten hochbiegen und auf der randlosen Seite des Backblechs mit Hilfe von einem Streifen Alufolie festigen. Den Teigboden öfters mit einer Gabel einstechen, dann mit Eiweiß bepinseln.
Für den Belag die Zwiebeln schälen, halbieren, in Scheiben schneiden und in einer großen Pfanne in heißem Öl glasig dünsten. Mit Pfeffer und Salz würzen, den würfelig geschnittenen Speck unterrühren. Alles auf dem Teigboden verteilen, dann glatt streichen und mit Reibkäse bestreuen.
Für den Eiguß die Eigelb mit Sahne, Salz und Muskat oder Kümmel verschlagen. Auf die Pastete gießen.
Im vorgeheizten Backofen auf der untersten Schiene bei starker Hitze (220°C/4) etwa 25 Minuten backen und noch warm in Stücke schneiden.

Große Frühlingsrolle
Für dieses Rezept stand ein Chinese Pate

1 Packung Tiefkühlblätterteig (300 g)
Mehl zum Ausrollen
300 g gemischtes Hackfleisch
1 EL Öl
1 mittelgroße Dose Sojabohnenkeime
150 g Champignons
1 EL Zitronensaft
2–3 Eigelb
1 EL Sojasoße
1 TL Glutamat
etwas Salz
150–200 g grob geriebener Emmentaler Käse
1 Eigelb
2 EL Milch

Den Blätterteig nach Vorschrift unverpackt in ca. 20 Minuten auftauen lassen, dann blockartig auf bemehlter Arbeitsplatte zu einem Rechteck von ca. 35×45 cm ausrollen.
Während der Teig auftaut, das Hackfleisch in der Pfanne in heißem Öl braten, bis es krümelig wird. Von der Kochstelle nehmen. Mit Sojabohnenkeimen und geputzten, in Scheiben geschnittenen und mit Zitronensaft beträufelten Champignons sowie Eigelb, Sojasoße, Glutamat, Salz und Reibkäse vermischen. Die Masse auf den Teig verteilen. Dann die schmalen Ränder etwas einschlagen. Den Teig locker zu einem Strudel auf-

rollen. Am besten geht das mit Hilfe eines bemehlten Geschirrtuches, auf das Sie die Teigplatte vor dem Füllen legten.
Die Ränder mit Eigelb, das mit Milch verschlagen wurde, bepinseln, fest andrücken. Oben mit einer Gabel einige Luftlöcher einstechen.
Die Rolle vorsichtig auf ein mit Wasser benetztes Backblech geben und auf der zweitobersten Schiene im vorgeheizten Backofen (220°C / 5) 40 bis 45 Minuten backen.
Warm in breite Streifen schneiden.
Anstelle von Sojabohnenkeimen können Sie die Rolle auch mit der gleichen Menge feingewiegtem Sauerkraut oder Ananas-Weinkraut bereiten. Das Hackfleisch kann durch grobe Mettwurst ausgetauscht werden, dann alles nur schwach salzen.

Welsh rarebits
Berühmte Waliser Spezialität

4 Scheiben Toastbrot
50 g Butter oder Margarine
2 gestr. EL Mehl
gut 1/10 l (6 EL) Milch
gut 1/10 l möglichst dunkles Bier
weißer, gemahlener Pfeffer
Senfpulver, Salz
300 g feingeriebener Chesterkäse

Das Weißbrot rechtzeitig toasten, außerdem vier mittelgroße Teller vorwärmen.
Für die Käsemasse das Fett erhitzen. Das Mehl darin kurz anschwitzen, jedoch nicht bräunen, und mit Milch und Bier ablöschen. Würzig mit Pfeffer, Senfpulver, Salz und geriebenem Chester abschmekken. Heiß auf die Weißbrotscheiben geben. Wer will, kann die fertigen Toaste zusätzlich noch kurz unter dem Grill etwas anbräunen, unbedingt nötig ist das aber nicht.
»Welsh rarebit« heißt wörtlich übersetzt: »Waliser Leckerbissen«. Aus Unkenntnis werden die Toastscheiben aber oft als »Welsh rabbits«, nämlich »Waliser Kaninchen« bezeichnet.

Weitere Rezepte für Vorspeisen und Snacks finden Sie in diesem Buch:

Blätterteigrolle mit Käsefüllung s. S. 104
Eingelegte Champignons s. S. 140
Französisches Kräuteromelett s. S. 101
Genfer Käsepastete s. S. 105
Griechisches Mischgemüse s. S. 143
Italienischer Eiersalat s. S. 100
Käsesalat für Männer s. S. 105
Kerbelomelett s. S. 101
Kräuterquarkpastete s. S. 103
Polnische Eier s. S. 100
Quarkschinkenauflauf s. S. 104
Südfranzösische Pilzpfanne s. S. 143

Suppen für alle Gelegenheiten

Wenn wir in alten Kochbüchern aus der Zeit unserer Groß- oder Urgroßmütter blättern, so können wir feststellen, daß Suppen in früheren Zeiten weitaus größere Bedeutung hatten, als das heute der Fall ist. Da wurde stundenlang in einem großen Topf die Brühe gekocht, große Stücke Suppenfleisch, kombiniert mit Knochen verschiedener Art, aromatischen Gemüsen und mancherlei Gewürzen, brodelten gemächlich vor sich hin. Wer von uns nimmt sich heute noch dafür die Zeit?

Aber es ist nicht unsere Trägheit, die die Suppe von unserem Speisezettel zu verdrängen droht. Wesentlich größer ist die Sorge um die Kalorien. Das ist aber nur bedingt richtig. Wenn die Suppe als erster Gang einer Speisenfolge durch einen ölarmen Rohkostsalat ersetzt wird, dann mag das stimmen. Wenn wir aber anstelle eines gehaltvollen Abendessens uns mit einem Teller Suppe begnügen oder auch durch die Suppe vor dem Mittagessen nachher weniger vom Hauptgericht essen, dann kann die Suppe sogar Kalorien sparen helfen. Ich finde, daß ein Teller oder eine Tasse Suppe etwas außergewöhnlich Köstliches sein kann, besonders an kalten Wintertagen. Ich möchte aber auch nicht auf die aromatischen, eisgekühlten Sommersuppen verzichten, die wir durch die Küchen der Mittelmeerländer kennen. Die Zahl neuartiger Suppenrezepte ist groß, denn unser heutiges Repertoire reicht weit über die üblichen dicken Tomaten-, Hühner-, Gulasch- und Pilzsuppen hinaus. Sie finden unter den folgenden Rezepten sicherlich neue, für Sie interessante Vorschläge.

Denken Sie auch daran, daß fast alle, die in einer geselligen Runde am späten Abend zusammensitzen, sich über eine Tasse mit heißer, würziger Suppe freuen werden. Sie kann ja oft schon am Vormittag vorbereitet werden, so daß sie später nur noch aufgewärmt und legiert zu werden braucht.

Kalte Pfeffersoße mit Suppenfleisch Rezept S. 162
Indischer Pfeffertopf Rezept S. 124
Portugiesischer Pfefferfisch Rezept S. 114
Pfefferhuhn Rezept S. 135
Pfeffersteaks Rezept S. 120

Tarator

Kalte, bulgarische Gurkensuppe

2 Knoblauchzehen
2 EL Öl, 2 EL Zitronensaft
1 Gurke
1 Becher (200 g) Joghurt
1/8 l saure Sahne
je 1 EL feingehackte Petersilie, frischer Dill und Schnittlauch
1 Tasse Eiswürfel
Salz, weißer, frisch gemahlener Pfeffer
100 g grobgehackte Wal- oder Haselnüsse
evtl. 3 Knoblauchzehen

Für diese erfrischende Sommersuppe zunächst die Knoblauchzehen schälen, fein zerdrücken und mit Öl und Zitronensaft verrühren. Die Salatgurke schälen, wahlweise in dünne Scheibchen oder kleine Würfel schneiden. Wer es besonders eilig hat, kann sie auch in dünne Scheiben hobeln. Mit Joghurt, saurer Sahne, Petersilie, Dill und Schnittlauch an das Knoblauchöl geben. Dann die Eiswürfel, Salz und Pfeffer unterrühren und alles 10 Minuten an kühler Stelle durchziehen lassen. Abschmecken.
Die Nüsse werden separat zur Suppe gereicht und können nach Belieben mit feinzerdrückten Knoblauchzehen vermischt werden.

Ungarische Kräutersuppe

Kalte Suppe für heiße Sommertage

3 EL Öl
125 g Spinat
1 kleiner Kopf Salat
3/4 l Wasser
Hühnerbrühwürfel für 1 l
4 EL Kartoffelpüreeflocken
2 Knoblauchzehen
1 EL Zitronensaft
weißer, feingemahlener Pfeffer, Salz
je 3 EL frischer, feingehackter Dill und Petersilie
1 Becher (200 g) Joghurt
50 g grobgehackte Walnüsse

Das Öl im Topf erhitzen. Den gewaschenen, verlesenen Spinat und gewaschenen, grobzerschnittenen Kopfsalat darin andünsten. Mit Wasser auffüllen und 20 Minuten kochen. Dann den Brühwürfel hineinkrümeln und die Suppe mit Püreeflocken binden. Wahlweise im Mixer oder mit dem Messerstern des Handrührgerätes pürieren.
Mit feinzerdrückter Knoblauchzehe, Zitronensaft, Pfeffer und Salz würzen, kalt stellen.
Erst kurz vor dem Servieren Dill und Petersilie unterrühren. Den Joghurt in eine kleine Schale geben, mit den Nüssen bestreuen und separat zur Suppe reichen, damit jeder sich nach Belieben bedienen kann.

Brühe mit Fleischspätzle

Leicht bekömmlich, gut für Kranke

75 g Mehl
1 Ei
4 EL Wasser
1 EL sehr feingehackte Petersilie
einige Tropfen flüssige Zwiebelwürze
1/4 TL feinzerriebener Majoran
75 g Tatar
1 l Brühe
2–3 EL Kognak oder Sherry

Für die Fleischspätzle das Mehl mit Ei, Wasser, Salz, Petersilie, Zwiebelsaft und Majoran in eine Schüssel geben und am besten mit dem Elektroquirl verrühren. Dann das Fleisch dazugeben und den Teig nach Möglichkeit 20 Minuten quellen lassen.
Die Brühe zum Kochen bringen. Mit Hilfe des Spätzlehobels oder -siebs evtl. auch vom nassen Spätzlebrett, den Teig in die siedende Brühe geben. Alles entweder mit Sherry oder Kognak abschmecken und nach 2–3 Minuten servieren.
Dieses Rezept kann auch mit feingeschabter Leber abgewandelt werden.

Käsekräuterklößchen
Feine Suppeneinlage für Tomatensuppe oder klare Brühe

30 g Margarine
1 Ei
Salz
2 EL frische, feingehackte Kräuter (z.B. Petersilie, Schnittlauch, Kerbel, Estragon, Liebstöckel und Zitronenmelisse)
2 EL feingeriebener Parmesankäse
4–5 EL Paniermehl
1 Pr geriebener Muskat

Margarine mit Ei und Salz schaumig rühren, dann Kräuter, Käse und Paniermehl zugeben, so daß eine geschmeidige Masse entsteht. Für eine halbe Stunde zugedeckt in den Kühlschrank stellen.
Mit nassen Händen aus der Masse kleine Klößchen formen und in kochender Suppe in ca. 3 Minuten garziehen lassen.

Kerbelreissuppe mit Königsklößchen
Gut im Frühling oder Herbst

1 EL Öl
3 EL Langkornreis
1 l Wasser
Hühnerbrühwürfel für 1 l
1 EL Zitronensaft
1 ungebrühte Kalbsbratwurst oder 100 g Kalbsbrät
2 EL Sherry
100 g frischer, feingehackter Kerbel

Den Kerbel, den Sie für diese Suppe brauchen, ziehen Sie am besten in Ihrem eigenen Garten. Manchmal aber werden Sie auch das Glück haben, Kerbel auf Märkten zu finden.
Öl im Topf erhitzen, den Reis darin wenden, mit Wasser auffüllen. Den Hühnerbrühwürfel hineinkrümeln, Zitronensaft zufügen und alles 10 Minuten kochen lassen. Die Bratwurstmasse wie Klößchen in die kochende Suppe plumpsen lassen. Einige Minuten ziehen lassen. Dann die Suppe mit Sherry abschmekken und von der Kochstelle nehmen. Den Kerbel unterrühren, aber keinesfalls mehr kochen lassen, weil er sonst seine frischgrüne Farbe und sein gutes Aroma verlieren würde.

Geflügellebersuppe
Preiswert, sehr aparter Geschmack

3 EL Öl
1 kleine Zwiebel
2 EL Langkornreis
3/4 l Wasser
Hühnerbrühwürfel für 1 l
125 g Geflügelleber
1 Knoblauchzehe
1/2 TL feingeriebener Majoran
4 EL Sherry
je 2 EL frischer, feingehackter Kerbel und Petersilie

Das Öl im Topf erhitzen. Zwiebel schälen, fein würfeln, goldgelb darin andünsten. Den ungewaschenen Reis in der Zwiebelmischung wenden, mit Wasser auffüllen. 10 Minuten kochen lassen. Dann den Brühwürfel hineinkrümeln. Die Geflügelleber waschen, grüne Stellen entfernen und kleinschneiden. Die Knoblauchzehe schälen und am besten mit Hilfe der Knoblauchpresse fein zerdrücken. Leber, Knoblauch und Majoran an die Suppe geben. Alles 5 Minuten mitkochen lassen. Mit Sherry abschmecken, mit frischen Kräutern servieren.
Dieses Rezept kann auch mit Rehleber abgewandelt werden.

Chinesische Hühnersuppe

Leicht zuzubereiten – ausgesprochen beliebt

2 EL getrocknete chinesische Pilze
10 g Glasnudeln
1/2 tiefgekühltes Hähnchen
1 Zwiebel
1 l Wasser
Hühnerbrühwürfel für 1 l
1 Stückchen Muskatblüte
1/2 Stange Lauch
1 kleine Möhre
4 EL Tiefkühlerbsen
1 EL Sojasoße
1/2 TL Glutamat
1 TL Zitronensaft
1 Pr Zucker
1 Pr Selleriesalz

Zunächst die Pilze und Glasnudeln: Sie bekommen diese Zutaten heute in jedem Kaufhaus oder Feinkostgeschäft. Jedes für sich in kaltem Wasser einweichen. Das Hähnchen in Stücke schneiden, waschen und gefroren oder angetaut mit der geschälten Zwiebel, dem Wasser, Hühnerbrühwürfel und Muskatblüte in ca. 30 Minuten weich kochen. Die Brühe durchsieben, wieder in den Topf geben.
Den Lauch putzen, in ganz feine Ringe schneiden. Die Möhre putzen, in gleichmäßige dünne Stifte schneiden. Mit den Pilzen, den etwas zerschnittenen Glasnudeln, Tiefkühlerbsen, der Sojasoße, dem Glutamat, Zitronensaft, Zucker und Selleriesalz in die Brühe geben. 5 Minuten – bitte nicht länger, weil das Gemüse sonst den Biß verliert – in der Suppe kochen. Nebenher das Huhn von Haut und Knochen befreien, quer zur Faser in schmale, dünne Streifchen schneiden und zum Schluß in die Suppe geben. Abschmecken.

Lady Curzon Suppe moderne Art

Beliebte Spezialität für Feinschmecker

1 mittelgroße Dose klare Ochsenschwanzsuppe
1/8 l Sahne
1 TL Curry
1/2 TL Zitronensaft
1–2 EL Kognak

Ich vertrete die Interessen des World-Wildlife-Funds und nehme daher anstelle von Schildkrötensuppe klare Ochsenschwanzsuppe. Meinetwegen sollen die Schildkröten weiter leben. Die Suppe in einem Topf bis kurz vors Kochen bringen. Nebenbei die Sahne steif schlagen und mit Curry und Zitronensaft abschmecken.
Die Suppe mit Kognak vermischen und in Suppentassen füllen. Die Currysahne darauf verteilen und alles 2–3 Minuten übergrillen. Sie brauchen keine Sorge zu haben, Ihre Suppentassen gehen bei diesem kurzen Grillen nicht kaputt.

Londonderry-Suppe

Spezialität für Schlemmer

3 EL Butter oder Margarine
4 gestr. EL Mehl
3/4 l Wasser
1/8 l trockener Weißwein
1 mittelgroße Dose Champignons in Scheiben
Brühwürfel für 1 l
1 - 1 1/2 TL Curry
1/2 TL Zitronensaft
1/8 l Sahne

Für die Mehlschwitze zunächst die Butter oder Margarine im Topf schmelzen und das Mehl 2–3 Minuten unter Rühren darin anschwitzen. Unter heftigem Rühren mit möglichst heißem Wasser ablöschen. Weißwein, Champignons, fein zerkrümelten Brühwürfel zufügen. Alles zum Kochen bringen und 3–4 Minuten kochen lassen. Dann mit Curry und Zitronensaft abschmecken.
Die Sahne steif schlagen und unmittelbar vor dem Servieren unter die heiße Suppe heben.

Tomatensuppe mit Käse
(Foto s. S. 71)
Bewährtes Spätsommerrezept

60 g durchwachsener geräucherter Speck
1 große Zwiebel
1 EL Mehl
1 kg vollreife Tomaten
knapp 1/2 l Wasser
Brühwürfel für 1 l
1 Pr Zucker, 1 Msp Thymian
1 zerdrückte Knoblauchzehe
gemahlener weißer oder schwarzer Pfeffer, Salz
5 EL Sahne
50 g geriebener Gouda- oder Emmentaler Käse
2 EL feingehackte Petersilie

Zunächst den Speck würfeln und im Topf gut glasig braten. Nebenbei die Zwiebel schälen und grob zerschneiden, ebenfalls in den Topf geben. Die Tomaten waschen, vierteln, mit der Speckzwiebelmischung 5 Minuten andünsten. Wasser mit Brühwürfel, Zucker, Thymian und Knoblauch in den Topf geben und alles zugedeckt 10 Minuten leise kochen lassen. Durch ein Sieb passieren. Sie sparen Zeit, wenn Sie zuvor die Suppe im Mixer pürieren.

Dann die Suppe mit Pfeffer, Salz und Sahne abschmecken. Mit Reibkäse und Petersilie bestreut zu Tisch bringen. Die Suppe lässt sich sehr gut gefrieren, doch muß die Gewürzmenge in dem Fall etwas reduziert werden.

Gepfefferte Käsesuppe
Pikant und sättigend

1 Zwiebel
3 EL Margarine
3 EL Mehl
knapp 1 l Wasser
Brühwürfel für 1 l
200 g geriebener Emmentaler
grobgemahlener weißer Pfeffer
2 Eigelb
1/8 l Sahne
evtl. 100 g Mettwurst und
1 TL feingehackte Petersilie und je
1 Msp zerriebener Majoran,
Knoblauchsalz und Edelsüßpaprika

Die Zwiebel schälen, würfeln und in heißem Fett glasig anbraten. Das Mehl darüberstäuben, 1 Minute anschwitzen, dann am besten mit heißem Wasser ablöschen. Den Brühwürfel hineinkrümeln und 5 Minuten kochen lassen. Den Käse hineingeben und die Suppe mit Pfeffer gut scharf abschmecken. Eigelb mit Sahne verschlagen und unmittelbar vor dem Servieren zufügen. Die Suppe darf dann nicht mehr kochen.

Besonders lecker ist die Suppe mit Mettklößchen. Dafür die Mettwurst mit Petersilie und Gewürzen vermengen, mit nassen Händen kleine Klößchen formen und im leise siedenden Salzwasser garziehen lassen.

Käsekräutersuppe
Vitaminstoß gegen Frühjahrsmüdigkeit

2 EL (50 g) Margarine
4 gestr. EL Mehl
1 l Wasser
Hühnerbrühwürfel für 1 l
100 g feingeriebener Emmentaler
4 EL Sahne oder Kondensmilch
etwas feingeriebener Muskat
je 2 EL frische Petersilie, Kerbel, Schnittlauch und Zitronenmelisse
1 EL frischer Dill
je 1/2 TL frischer oder getrockneter Estragon und Basilikum
evtl. 1–2 Eigelb

Der Hauptanteil der Kräuter sollte unbedingt frisch sein, am besten ist es natürlich, wenn überhaupt nur frische Kräuter verwendet werden. Zunächst die Margarine schmelzen, das Mehl darin anschwitzen, mit heißem Wasser ablöschen, den Brühwürfel hineinkrümeln. Alles 2–3 Minuten unter Rühren aufkochen, dann mit Reibkäse und Sahne oder Kondensmilch und etwas Muskat abschmecken.

Die Kräuter verlesen, grobe Stiele entfernen, gut waschen und feinhacken. Unmittelbar vor dem Servieren unter die Suppe rühren, die zusätzlich noch mit Eigelb legiert werden kann.

Getrocknete Kräuter müssen kurz in der heißen Suppe ziehen, damit sie ihr Aroma voll entfalten können.

Griechische Dillrahmsuppe
Diese leichte Suppe kann warm oder kalt gegessen werden

3 EL Öl
3 EL Mehl
gut 1/2 l Wasser
1/4 l Sahne
Brühwürfel für 3/4 l
1/2 Glas Senfgurken (100 g)
1/2 Lorbeerblatt
1 TL Zitronensaft
Salz
6–8 EL frischer Dill oder
4 TL getrocknete Dillspitzen

In heißem Öl das Mehl anschwitzen, mit Wasser und Sahne ablöschen. Den Brühwürfel hineinkrümeln, kleingeschnittene Senfgurken, Lorbeerblatt, Zitronensaft und Salz zufügen. Die Suppe 5 Minuten kochen lassen. Dann reichlich kleingehackten Dill unterrühren und die Suppe sogleich servieren.
Für mich ist dies eine der besten Suppen der Welt.

Legierte Kerbelrahmsuppe
Macht Müde munter und Kranke gesund

40 g Margarine
4 gestr. EL Mehl
3/4 l Wasser
1/8 l Sahne oder Kondensmilch
1 Schuß Weißwein
Hühnerbrühwürfel für 1 l
1 EL Zitronensaft
etwas feingeriebener Muskat
evtl. 1 Möhre
2 Eigelb
100 g feingehackter, frischer Kerbel
2 Toastbrotscheiben
20 g Butter
2 EL feingeriebener Parmesan

Die Margarine im Topf zergehen lassen und das Mehl darin anschwitzen. Mit Wasser, Sahne und Weißwein ablöschen und mit Hühnerbrühwürfel, Zitronensaft und Muskat würzen. Evtl. eine geputzte, in dünne Scheiben geschnittene Möhre zufügen. Alles 3 Minuten kochen lassen. Von der Kochstelle nehmen, mit Eigelb legieren und den frischen, sehr fein gehackten Kerbel darunterrühren. Nicht mehr kochen lassen.
Während der Suppenbereitung das Toastbrot in Würfel schneiden, in einer kunststoffbeschichteten Pfanne in Butter goldbraun braten, mit Parmesankäse bestreuen.
Die Suppe in Teller oder Tassen füllen, die Käsebröckchen separat dazureichen.

Russische Gurkensuppe
Blitzsuppe für eilige Schlemmer

1 große Dose Steinpilzsuppe
Wasser
1/4 Salatgurke
1/8 l Weißwein
1/4 l saure Sahne
Salz
1 EL frischer, feingehackter Borretsch
2 EL frischer, feingehackter Dill

Die Dosensuppe mit Wasser nach Vorschrift verdünnen und zum Kochen bringen. Die Salatgurke schälen und in möglichst kleine Würfelchen schneiden. 2 Minuten mitkochen lassen, die Würfel sollen noch etwas Biß behalten. Suppe mit Wein, Sahne und Salz abschmekken. Die Kräuter erst unmittelbar vor dem Servieren unterrühren.

Avocadocremesuppe
Bei allen Gästen eine beliebte Neuheit

1/2 l Wasser
Hühnerbrühwürfel für 3/4 l
gut 1/8 l Sahne
1 Schuß herber Weißwein
1 EL Zitronensaft
etwas weißer, frisch gemahlener Pfeffer, evtl. Salz
1 Becher (200 g) Joghurt
2 Avocados
1 Bund Schnittlauch

Wasser mit Hühnerbrühwürfel aufkochen, dann Sahne, Wein, Zitronensaft, Pfeffer und evtl. Salz hinzugeben. Alles heiß werden lassen. Den Topf von der Kochstelle nehmen und den Joghurt darunterschlagen.
Die Avocados schälen, in Würfel schneiden. Einige schöne Würfel zurückbehalten, den Rest in die Suppe geben. Wahlweise mit dem Mixer oder Messerstern pürieren oder schnell durch ein Sieb streichen. Nochmals abschmecken, dann alles mit feingeschnittenem Schnittlauch und Avocadowürfeln bestreut zu Tisch bringen.

Bunte Krabbensuppe
Als Mitternachtssuppe sehr beliebt

1 kleine Zwiebel
1/2 rote Paprikaschote
1 Stückchen Sellerie
1 dünne Stange Lauch
50 g gekochter Schinken
2 EL Öl
3/4 l Wasser
Hühnerbrühwürfel für 3/4 l
2 Tomaten
200 g Krabben (Tiefkühl- oder Dosenware)
3 EL Sherry oder Kognak
1 Msp Safran
1 EL feingehackte Zitronenmelisse oder Petersilie

Die Zwiebel schälen und würfeln. Paprikaschote putzen, waschen, in schmale Streifen schneiden. Den Sellerie ebenfalls putzen, waschen, würfeln. Den Lauch der Länge nach halbieren, waschen, in schmale Streifen schneiden. Den Schinken von Schwarte befreien, in Streifen schneiden.
In einem Topf in heißem Öl zunächst die Zwiebel goldgelb andünsten. Dann das übrige Gemüse und den Schinken bei schwacher Hitze 10 Minuten dünsten. Mit Wasser auffüllen. Brühwürfel und die geschälten, gewürfelten Tomaten und kalt abgespülten Krabben in die Suppe geben. Mit Sherry oder Kognak und Safran abschmecken. Unmittelbar vor dem Servieren mit frischen Kräutern bestreuen.

Sterntalersuppe
Macht großen und kleinen Kindern bestimmt Freude

750 g Möhren
3/4 l Wasser
Brühwürfel für 1 l
einige Safranfäden oder
1 Msp gemahlener Safran
3 EL Margarine
4 gestr. EL Mehl
2 EL Sahne
etwas feingeriebener Muskat
etwas weißer, gemahlener Pfeffer
evtl Salz
1–2 Eigelb
1 EL feingehackte Petersilie

Möhren waschen und putzen, im unzerschnittenen Zustand in 3/4 l Wasser mit Brühwürfel und Safran ca. 20 Minuten garen. Eine Möhre herausnehmen und in Scheiben schneiden, die übrigen Möhren mit dem Kochwasser im Mixer zerkleinern oder mit dem Stampfer durch ein Sieb streichen.
Dann aus Margarine und Mehl eine helle Schwitze bereiten, mit der Möhrenbrühe ablöschen und mit Sahne, Muskat, Pfeffer und evtl. noch etwas Salz abschmecken. Einmal aufkochen lassen. Dann von der Kochstelle nehmen und mit Eigelb legieren.
Auf Teller füllen, die Möhrenscheiben darauf verteilen, mit Petersilie bestreuen.

Zwiebelcremesuppe
Verwandte der Pariser Zwiebelsuppe

500 g Zwiebeln
2 EL Öl
2 EL Mehl
gut 1/2 l Wasser
gut 1/8 l Sahne
Brühwürfel für 1 l
2 EL Kognak oder Sherry
feingemahlener, weißer Pfeffer
1 Msp Cayenne
50 g gesalzene, geröstete Erdnüsse

Die Zwiebeln schälen, grob zerkleinern und in einem Topf in heißem Öl hell andünsten. Das Mehl darüberstäuben, mit Wasser und Sahne ablöschen. Brühwürfel hineinkrümeln. Mit dem Kognak oder Sherry, Pfeffer und Cayenne abschmecken. Die Suppe 10 Minuten durchkochen lassen, dann wahlweise im Mixer pürieren, mit dem Messerstern zerkleinern oder durch ein Sieb streichen. Auf Teller oder in Tassen füllen und mit Erdnüssen bestreuen.

Französische Zwiebelsuppe
Gar nicht teuer und so beliebt

400 g große Zwiebeln
20 g Margarine
1 gestr. EL Mehl
3/4 bis 1 l Wasser
Brühwürfel für 1 l
Salz, weißer, gemahlener Pfeffer
4 EL trockener Weißwein
4 Scheiben Weißbrot
30 g Butter oder Margarine
8 EL geriebener Emmentaler Käse
evtl. Worcestersoße und Kognak

Eine Pariser Spezialität, die die kleinen Bistros rund um die früheren Markthallen im Zentrum der Weltstadt berühmt gemacht hat. Heute hat diese Suppe Liebhaber auf der ganzen Welt. Zwiebeln schälen und am besten mit der Küchenmaschine oder dem Gurkenhobel in dünne Ringe schneiden. In Margarine unter häufigem Rühren goldgelb andünsten, mit Mehl bestäuben, mit Wasser ablöschen und mit zerkrümeltem Brühwürfel, Salz und Pfeffer abschmecken. Mindestens 20 Minuten kochen lassen. Dann mit Weißwein abschmecken. Kenner würzen die Suppe ausserdem noch mit etwas Worcestersoße und einem Schuß edlem Kognak. Die Suppe sollte jetzt relativ dünnflüssig sein und wird traditionsgemäß in irdene Portionsschälchen verteilt. Aber zur Not können Sie sich mit einer feuerfesten Jenaer Glasschüssel behelfen.
Das unzerschnittene Brot in einer Pfanne in Butter oder Margarine schön goldbraun braten und die Suppe damit bedecken. Dann den Reibkäse darüberstreuen. Achtung, keinen Parmesan verwenden, höchstens zum Teil, da er nicht schmelzen würde. Nun im heißen Backofen oder unter dem Grill die Suppe gratinieren, bis die Oberfläche sich goldgelb färbt.

Budapester Paprikasuppe
(Foto s. S. 107)
Vorzüglicher Mitternachtsimbiß

2 Paprikaschoten (rot und grün)
1 EL Öl
150 g Hackfleisch vom Schwein
3 EL Grieß
1 l Wasser
Brühwürfel für 1 l
1/2 TL Edelsüßpaprika
Salz
50 g geriebener Parmesankäse

Zunächst die Paprikaschoten von Stielen und Kernen befreien, waschen und in möglichst feine Streifen schneiden. Das Öl im Topf erhitzen, das Hackfleisch zufügen und braten, bis es krümelig wird. Dadurch bekommt die Suppe einen besonders würzigen Geschmack.
Dann Grieß und Paprikaschoten zufügen, ab und zu umrühren. Nach 3–5 Minuten Wasser, zerkrümelten Brühwürfel, Paprikapulver und Salz zugeben. Zugedeckt 5 Minuten kochen lassen. Den Käse kurz vor dem Servieren unterrühren und die Suppe nochmals abschmecken.

Gulaschsuppe
Eine der beliebtesten Suppen

375 g Rindfleisch (Schulter)
1 EL Öl
375 g große Zwiebeln
1 EL Edelsüßpaprika
1/2 TL Kümmel
1 Msp feinzerriebener Majoran
3 EL Tomatenmark
1 EL Mehl
gut 1 l Wasser
Brühwürfel für 1 l
4 Kartoffeln
Salz

Das Rindfleisch von Fett und Sehnen befreien, in kleine Würfel schneiden und bei starker Hitze in heißem Öl im Schmortopf 10 Minuten bräunen. Die Zwiebeln schälen, würfeln, zufügen, ebenfalls bräunen. Dann Paprika, Kümmel, Majoran, Tomatenmark, Mehl und Wasser hinzugeben. Den Brühwürfel hinein krümeln und alles zugedeckt 30 Minuten kochen. Inzwischen die Kartoffeln schälen, würfelig schneiden. Ebenfalls in die Suppe geben und sie nochmals 30 bis 40 Minuten kochen lassen. Evtl. zwischendurch etwas Flüssigkeit nachfüllen. Die Suppe abschmekken. Gut mit Kümmel- oder Knoblauchbrot.

Balkansuppe
Als Vorsuppe oder leichtes Mittagessen

1 große Zwiebel
4 Paprikawürstchen
1 EL Öl
1 Packung Tiefkühl-Balkangemüse (300 g)
3/4 l Wasser
Brühwürfel für 3/4 l
1 zerdrückte Knoblauchzehe
4 EL Tomatenketchup
1/8 l Sahne
1 TL Edelsüßpaprika
einige Tropfen Tabasco
1 Msp Thymian
2 EL feingeschnittener Schnittlauch

Die Zwiebel schälen, würfeln. Die Paprikawürstchen vom Darm befreien, in dünne Scheiben schneiden. Zwiebel und Würstchen zusammen in einen Topf mit heißem Öl geben, unter Rühren 5 Minuten anbraten. Dann das Mais-Erbsen-Paprika-Gemüse, Wasser, zerkrümelten Brühwürfel und Knoblauchzehe zugeben. Alles zusammen 10 Minuten kochen.
Den Tomatenketchup mit Sahne, Paprika, Tabasco und Thymian verrühren, kurz vor dem Verzehr in die Suppe geben. Mit Schnittlauch bestreuen.

Rezepte für Fischsuppen und Muschelcremesuppe finden Sie auf den Seiten 115f

Schnellgerichte aus Eiern, Quark und Käse

Eier, Käse und Quark (Topfen) sind die Lieblinge der Schnellküche. Alle drei sind ausgesprochen preisgünstige Eiweißspender.
Eier sind besonders für den Kleinhaushalt praktisch. Sie sind leicht zu bevorraten, und im Handumdrehen haben wir daraus schmackhafte Speisen bereitet. Mit dem gekochten Frühstücksei, dem Spiegel- und Rührei alleine ist es allerdings auf die Dauer nicht getan, das wird auch dem anspruchslosesten Esser bald langweilig. Besonders mit frischen Kräutern, zum Beispiel Petersilie und Kerbel, gibt es eine Menge feiner Eierspeisen. Von den übrigen Gewürzen sei vor allen Dingen der Pfeffer genannt. Ich selbst ziehe Curry als Eigewürz vor. Eier in einer würzigen Currysoße oder in Kapern- oder Kräutersoße sind preiswerte und sehr praktische, schmackhafte Schnellrezepte.
Der Konsum von Quark steigt in deutschsprachigen Ländern von Jahr zu Jahr. Quark ist einer der wertvollsten Eiweiß-Lieferanten, ganz besonders wenn wir den preisgünstigen Magerquark kaufen. Aber nur mit Salz oder Zucker abgeschmeckt wird Quark bald langweilig. Gewiß können wir schon fix und fertig gewürzte Quarkmischungen kaufen: Paprika-, Zwiebel-, Kräuter- oder auch Fruchtquark. Aber wer sich die geringe Mühe macht, den Quark selbst mit etwas frischer Milch und Gewürzen zu verrühren, der wird den Unterschied bald merken. Mit Kümmel, Kräutern, Käse, mit Kapern, Paprika oder Curry gemischt schmeckt Quark immer wieder anders und gut. Wir können ihn als Brotaufstrich oder zu Pellkartoffeln essen. Und nicht zu vergessen: Quark für Pasteten und Aufläufe. Sie werden bald erkennen, daß sich all die genannten Rezepte vorzüglich abwandeln lassen, daß Quark vielfältigste Geschmacksnuancen zeigen kann.
Käse wird uns bereits vom Produzenten in unterschiedlicher Geschmacksvariation angeboten. Mit Kümmel, Kumin, Pfefferkörnern, mit Kirschwasser, Knoblauch und Kräutern: die Reihe läßt sich beliebig fortsetzen. Es gibt wenig Nahrungsmittel, die sich so vielseitig in der Küche verwenden lassen wie Käse. Zum Kochen verarbeiten wir hauptsächlich Hartkäse, den würzigen alten Parmesan aus Italien, Emmentaler und Greyerzer aus der Schweiz, Edamer und Gouda aus Holland. Käsefondue ist inzwischen beinahe ein Schweizer Nationalessen geworden; durch Gewürze kann es immer wieder anders schmecken. Sie finden in diesem Buch das Rezept für Zwiebelfondue, eine sehr pikante Version. Wer ein wenig Phantasie besitzt, wird außerdem eigene Rezepte erfinden.

Italienischer Eiersalat

Schnell und preisgünstig

6–8 Eier
1/2 Packung Tiefkühlerbsen und Karotten (150 g)
15 gefüllte grüne Oliven
4 Sardellenfilets
3 EL Olivenöl
2 EL Zitronensaft
1/2 TL mittelscharfer Senf
etwas frischgemahlener, weißer Pfeffer
1 Pr Zucker
1/2 TL Selleriesalz
1/2 TL feingeriebenes, getrocknetes Basilikum
1/2 TL getrocknete Dillspitzen
1 Msp Oregano
1 Stückchen Meerrettich

Die Eier 6 bis 8 Minuten hart kochen, abschrecken, schälen, achteln. Das Tiefkühlgemüse nach Vorschrift mit einer Tasse Wasser 8 Minuten garen. Die Oliven in Scheiben schneiden. Die Sardellen fein hacken. Mit Öl, Zitronensaft, Senf, Pfeffer, Zucker, Selleriesalz, Basilikum, Dill und Oregano mischen. Eier, Gemüse und Oliven abwechselnd bunt durcheinander in eine Schale füllen, die Marinade darübergießen. Zum Schluß den geschälten Meerrettich locker über den Salat reiben. Mit französischem Stangenweißbrot und Senfbutter zu Tisch bringen.

Eier in Dillsoße

Bringt für wenig Geld Abwechslung in den Speiseplan

8 Eier
1 kleine Zwiebel
3 EL (40 g) Margarine
4 EL (40 g) Mehl
1/4 l Milch
knapp 1/4 l Wasser
4 EL Sahne oder Kondensmilch
Brühwürfel für 1/4 l
Salz
1 EL Zitronensaft
4 EL feingehackter, frischer Dill
einige Tropfen Worcestersoße

Die Eier 6–8 Minuten hart kochen, abschrecken und schälen. Die Zwiebel schälen, in kleine Würfelchen schneiden, in heißer Margarine im Topf hell andünsten. Das Mehl zugeben, anschwitzen, mit Milch, Wasser und Sahne oder Kondensmilch ablöschen. 3–4 Minuten kochen. Den Brühwürfel hineinkrümeln und die Soße mit Salz, Zitronensaft, Dill und Worcestersoße würzig abschmecken. Die Eier ganz oder halbiert hineingeben.

Wichtig: Dillsoße verliert durch langes Stehen die frischgrüne Farbe und muß darum gleich serviert werden. Am besten schmecken dazu Pellkartoffeln und Kopfsalat mit Gurkenwürfeln und Tomatenachteln.

Polnische Eier

Auch wenn es unwahrscheinlich klingt, dieses Rezept stimmt

4 hartgekochte Eier
2 EL Öl
1 TL Zitronensaft
1/2 TL Salz
je 2 EL frische feingehackte Petersilie und Dill
je 1 Msp. Estragon, Fenchel und Basilikum
2 EL Paniermehl
1 EL Parmesan
1 EL geriebener Emmentaler
20 g Butter
1 kg Salz

Zugegeben, dies Rezept hört sich sehr ungewöhnlich an, doch ist die Zubereitung einfacher, als Sie denken. Obendrein eine glänzende Verwertung für übrig gebliebene Ostereier, die meistens nach den Festtagen wenig Anklang finden.

Die hartgekochten Eier mit der Schale mit einem Messer der Länge nach halbieren und das Innere herauslösen, ohne die Schale zu zerbröckeln. Das Innere feinhacken. Mit Öl, Zitronensaft, Salz und den frischen Kräutern herzhaft abschmecken, wieder in die Eischalen geben. Paniermehl mit Käse mischen, daraufstreuen, je ein Butterflöckchen obenauf geben.

Flache, feuerfeste Form mit einem dicken Bett Salz bestreuen, dahinein die gefüllten Eihälften geben. Im Backofen (200°C / 3) 15 bis 20 Minuten überbacken und als Vorspeise oder zum Abendbrot mit einem mit Senfbutter bestrichenen Kräkker servieren.

Teufelseier

Als Vorspeise oder Beilage

8 Eier
4 EL Mayonnaise
1 EL Zitronensaft
1 EL scharfer Senf
einige Tropfen Tabasco
3 EL frischer, feingehackter Kerbel oder Petersilie
1/8 l Sahne

Die Eier 6–8 Minuten hart kochen, abschrecken, schälen und halbieren. Aus Mayonnaise, Zitronensaft, Senf, Tabasco und feingehackten Kräutern eine scharfe Soße rühren. Die Sahne steif schlagen, unter die Soße heben. Dann über die Eier gießen. Entweder mit Toast als Vorspeise oder zu Neuen, mit Petersilie bestreuten Kartoffeln und Salat als Mittagessen servieren.

Französisches Kräuteromelett

Leichtes, leckeres Schnellgericht

8 Eiweiß
1/2 TL Salz
8 Eigelb
8 EL frische, feingehackte Kräuter (viel Petersilie, Kerbel, Zitronenmelisse und Schnittlauch, etwas Basilikum und Estragon)
60 g Butter
2 EL feingeriebener Parmesan
1 Tomate

Zunächst den Backofen vorheizen (200°C/3). Eiweiß mit Salz steif schlagen, Eigelb und Kräuter unterschlagen. Die Butter in zwei Pfannen zergehen lassen, dann die Eimasse darauf verteilen. Dann den Deckel auflegen und die Omeletts bei mäßiger Hitze langsam backen. Nach 2 Minuten die Deckel abnehmen. Den Käse auf die Omeletts streuen. Die Pfannen so hoch wie möglich in den Backofen stellen, dadurch garen sie gleichmäßiger. Die Omeletts auf eine vorgewärmte Platte gleiten lassen und dabei gleichzeitig die eine Hälfte über die andere klappen. Mit Tomatenachteln garnieren.

Kerbelomelett

Ein typisches Mairezept

100 g frischer Kerbel
8 Eier
8 EL Milch
Salz, etwas feingemahlener weißer Pfeffer
1 Msp feingeriebene Zitronenschale
60 g Butter oder Margarine

Den Kerbel verlesen und die harten Stengel beiseite tun. Waschen, gut abtropfen lassen, dann am besten mit dem Wiegemesser sehr fein zerkleinern.
Die Eier mit Milch, Salz, Pfeffer und Zitronenschale zerschlagen, den Kerbel zufügen. Das Fett in zwei kunststoffbeschichteten Pfannen heiß werden lassen. Die Eimasse in die Pfannen geben. Bei nicht zu starker Hitze langsam braten. Wenn die Unterseite fest wird, die Pfannen kräftig hin und her schütteln. Dadurch bekommen die Omelettes die typische länglich-ovale Form. Auf eine vorgewärmte Platte gleiten lassen, dabei gleichzeitig die eine Hälfte über die andere klappen. Kerbelomelett kann als Vorspeise oder mit Bratkartoffeln und Salat als Hauptgericht gegessen werden.

Würzige Quarkzubereitungen
Mit Neuen Kartoffeln ein Festessen

500 g Quark
ca. 1/4 l Milch
1 TL Salz

4 kleine Zwiebeln
1 Bund Radieschen
2 EL frische, feingehackte Kräuter (Petersilie, Schnittlauch, Dill, Kerbel)

1 TL Curry
1 EL Zitronensaft
1/2 saurer Apfel
2 Matjesfilets
1 EL Kapern
2 EL Tomatenketchup
1 TL Edelsüßpaprika
1 Msp Cayennepfeffer

Neue Kartoffen, als Pellkartoffeln in der Schale gegart und mit Butter, Salz, Schnittkäse und Quarkdips serviert, das ist ein Essen für Kenner.
Den Quark mit Milch und Salz verrühren, auf 4 Schüsseln verteilen. Drei der Zwiebeln fein hacken, die vierte in Ringe schneiden.
Zu der ersten Quarkportion einen Teil Zwiebelwürfel, gewaschene, in Scheiben geschnittene Radieschen und die Kräuter geben.
Die zweite Quarkportion mit einigen Zwiebelwürfeln, Curry, Zitronensaft und geschältem, feingeriebenem Apfel verrühren.
In die dritte Quarkportion Zwiebelringe, Matjesstreifen und Kapern geben.
Die übrigen Zwiebelwürfel, Tomatenketchup, Paprika und Cayennepfeffer zur letzten Quarkportion geben.
Alle Soßen gut abschmecken.

Kümmelquark
Selbst gemacht doch am allerbesten

250 g Quark
6–8 EL Milch oder Sahne
1–2 TL Kümmel
1/2 TL Salz
evtl. 2 EL Leinöl

Kümmelquark ist ein herzhafter Brotaufstrich und als Beigabe zu Neuen Kartoffeln sollten Sie von diesem Rezept gleich die doppelte Portion bereiten. Mit Salat eine schnelle, gut bekömmliche Mahlzeit.
Quark mit Milch glattrühren. Den Kümmel mit einem Mörser, Metallgewichten oder, wenn beides fehlt, mit einem Marmeladeglas auf harter Unterlage etwas zerkleinern, damit sich das Aroma besser verteilt. Kümmel, Salz und nach Belieben Leinöl an den Quark geben und vor dem Servieren möglichst 30 Minuten durchziehen lassen.

Liptauer Käse
Süddeutsche Spezialität

3 EL Kapern
1–2 Zwiebeln
500 g Sahnequark
125 g Butter
3 TL Edelsüßpaprika
Salz, weißer, frischgemahlener Pfeffer

Die Kapern fein hacken. Die Zwiebeln schälen, sehr sorgfältig in kleine Würfelchen schneiden. Dann den Quark mit weicher Butter gut verrühren. Paprika, Salz, Pfeffer, Kapern und Zwiebeln unterrühren. Alles nochmals gut abschmecken und möglichst in ein irdenes Gefäß füllen. Schmeckt am besten zu Laugenbrezeln und jungem Wein.

Salbeikäse
Eine Überraschung für Ihre nächste Käseparty

1 EL frische, feingehackte Salbeiblätter
2–3 EL Sahne
2 Karees Gervais
2 Beutel = 80 g feingeriebener Parmesankäse
evtl. etwas feingeriebene Zitronenschale

Die Salbeiblätter mit Sahne, Gervais und Parmesankäse zu einer dick-cremeartigen Masse verrühren. Wer will, gibt außerdem noch etwas Zitronenschale hinzu.

Bambali

Lustiger Name für ein Champignon-Quarksoufflé

125 g kleine Champignons
1 EL Zitronensaft
250 g Magerquark
1/8 l saure Sahne
1/2 TL feingeriebene Zitronenschale
1 TL Selleriesalz
1 Msp Edelsüßpaprika
2 Eigelb, 3 Eiweiß
Fett für die Form
noch 1 Eiweiß
1/8 l saure Sahne
2–3 EL feinblättrige Mandeln

Die Champignons putzen, gut waschen und in Scheibchen schneiden. Mit Zitronensaft marinieren.
Den Quark mit Sahne, Zitronenschale, Selleriesalz, Paprika und Eigelb verrühren, dann die Pilze daruntergeben. Das Eiweiß steif schlagen und unterheben. Die Masse nochmals abschmecken, dann in eine kleine gefettete Auflaufform geben.
Im gut vorgeheizten Backofen (200°C / 3) auf dem Rost, unterste Schiene, ca. 25 Minuten backen.
Inzwischen das letzte Eiweiß steif schlagen, mit saurer Sahne vermischen, auf den Auflauf geben. Die Mandelblättchen daraufstreuen. Alles nochmals 10 Minuten backen, dann heiß am besten mit Tomatensoße zu Tisch bringen.
Das doppelte Rezept ergibt mit Bratkartoffeln und Salat auch eine gut sättigende Hauptmahlzeit.

Kräuterquark-Pastete

Für hungrige Mäuler schnell bereitet

1 Packung
Tiefkühlblätterteig (300 g)
Mehl zum Ausrollen
1 Zwiebel
8 EL möglichst frische, feingehackte Kräuter (Basilikum, Bohnenkraut, Borretsch, Dill, Estragon, Kerbel, Liebstöckel, Majoran, Minze, Pimpernelle, Sauerampfer, Schnittlauch, Thymian und Zitronenmelisse, gemischt nach Wahl)
750 g Magerquark
3 Eier
etwas Knoblauchsaft, Selleriesalz

Den Blätterteig nach Vorschrift in 20 Minuten unverpackt auftauen lassen und blockartig auf bemehltem Arbeitstisch zu einem Rechteck von ca. 30×45 cm ausrollen. Die Zwiebel schälen und fein hakken. Mit Kräutern, Quark, Eiern, Knoblauchsaft und Selleriesalz verrühren. Etwas vom Eigelb zurückbehalten. Die Quarkmischung der Länge nach auf das mittlere Teigdrittel streichen. Die kurzen Enden einschlagen, dann die beiden langen Seiten über die Quarkfülle schlagen. Die Ränder mit dem zurückbehaltenen Eigelb, das mit Wasser verrührt wurde, bepinseln und fest andrücken. Oben einige Luftlöcher mit einer Gabel einstechen, so daß die Feuchtigkeit entweichen kann.
Die Pastete vorsichtig auf ein kaltabgespültes Blech geben und auf der zweitobersten Schiene im gut vorgeheizten Backofen (220°C / 5) ca. 40 Minuten backen.
Warm in dreifingerbreite Streifen schneiden und mit würziger Tomatensoße und grünem Salat auf den Tisch stellen.

Kräuterquarkkeulchen

Als leichtes Mittagessen oder zum Abendbrot

500 g Magerquark
2 Eier
5 EL = 100 g Paniermehl
1 TL Selleriesalz
je 2 EL frische, feingehackte Petersilie, Dill und Schnittlauch
je 1 EL frisches, feingehacktes Basilikum, Zitronenmelisse und Borretsch
etwas Thymian, Oregano und Pimpernelle
Öl oder Plattenfett zum Braten

Den Quark mit Eiern und feinem, hellen Paniermehl sowie Selleriesalz verrühren. Bitte keinen Sahnequark nehmen, dann werden die Keulchen später zu weich. Die gehackten Kräuter unterrühren.
Zunächst mit dem Löffel, dann mit feuchten Händen Frikadellen formen und in einer kunststoffbeschichteten Pfanne in heißem Fett braten. Dabei die Pfanne ab und zu hin und her rütteln, denn die Quarkkeulchen neigen sonst zum Festkleben. Vorsichtig wenden.

Quark-Schinkenauflauf

Eine aparte Quarkverwertung

200 g gekochter Schinken
50 g magerer, geräucherter Speck
500 g Quark
1/8 l Milch, 3 Eigelb
3 EL Grieß
2 TL Backpulver
2 EL feingehackte Petersilie
1 TL Edelsüßpaprika, Salz
3 Eiweiß
1 EL Margarine
1 Tomate, 1/2 grüne Paprikaschote
1 Beutel = 50 g feingeriebener Parmesan

Zunächst den Schinken und Speck von den Schwarten befreien. Den Schinken in Streifen, den Speck in kleine Würfel schneiden.

Dann Quark mit Milch, Eigelb, Grieß, Backpulver, Petersilie, Paprika und Salz in eine Schüssel geben und alles rasch mit dem Elektroquirl verrühren. Schinken und Speck zufügen. Eiweiß steif schlagen und unterheben. Die Masse abschmekken und in eine gefettete Auflaufform geben, die Oberfläche glattstreichen. Tomate und Paprikaschote waschen, abtrocknen. Die Tomate in Scheiben, die Paprikaschote in Streifen schneiden und damit den Auflauf hübsch garnieren. Zum Schluß den Reibkäse darüberstreuen.

Im gut vorgeheizten Backofen (200°C / 3) auf dem Rost auf der untersten Schiene ca. 30 Minuten backen und warm zu Tisch bringen.

Blätterteigrolle mit Käsequarkfüllung

Preiswert, sättigend, beliebt

1 Packung
Tiefkühlblätterteig (300 g)
Mehl zum Ausrollen
125 g Magerquark
125 g geriebener Emmentaler Käse
2 Eigelb
1 EL feingehackte Petersilie
1/4 TL Edelsüßpaprika
etwas weißer Pfeffer, Salz
125 g gekochter Schinken
3 Eiweiß
noch 1 Eigelb
2 EL Milch oder Wasser
1 EL Kümmel

Den Blätterteig nach Vorschrift unverpackt ca. 20 Minuten auftauen lassen und dann auf bemehlter Unterlage zu einem Rechteck von ca. 40×60 cm ausrollen.

Für die Füllung den Quark mit Käse, Eigelb, Petersilie, Paprika, Pfeffer und Salz in einer Schüssel kurz verrühren. Den Schinken von Fett und Schwarten befreien, klein würfeln und zufügen. Eiweiß zu steifem Schnee schlagen und unter die Masse heben.

Die Füllung auf den Teig streichen. Eigelb mit Milch oder Wasser verschlagen, die Teigenden damit bepinseln. Beide kurzen Seiten etwas auf die Füllung einschlagen, dann die Pastete locker, wie eine Schnecke aufrollen. Die Enden fest zudrücken. Die Oberfläche mit dem restlichen Eigelb bepinseln, mit Kümmel bestreuen. Mit der Gabel einstechen

Auf einem mit Wasser benetzten Backblech auf der mittleren Schiene im vorgeheizten Backofen (220°C / 5) 35–40 Minuten goldbraun backen. In breite Streifen aufschneiden.

Gut mit Tomatensoße und Kopfsalat.

Käsesalat für Männer

. . . aber natürlich darf »Sie« auch mitessen

3 EL Öl
1 1/2 EL Weißweinessig
2 EL Tomatenketchup
2 EL Mayonnaise
2 EL Sahne
1 EL scharfer Senf
2 EL Kirschwasser oder Zwetschgengeist
3–4 Spritzer Tabasco
1/4 TL weißer, feingemahlener Pfeffer
1/4 TL Edelsüßpaprika
Salz
250 g Emmentaler
1 Bund Schnittlauch
evtl. einige Tomaten oder Tomaten-Paprika

Bereiten Sie zunächst eine würzig-scharfe Salatsoße: Öl mit Essig, dem Tomatenketchup, Mayonnaise, Sahne, Senf, Obstgeist, Tabasco, Pfeffer und Salz mischen und scharf abschmecken.
Den Käse von der Rinde befreien, wahlweise in Stifte oder Würfel schneiden und etwas in der Soße durchziehen lassen.
Mit Schnittlauch bestreut servieren. Wer will, kann außerdem noch einige Tomaten oder Tomaten-Paprika an die Mischung schneiden.

Genfer Käsepastete

Ideale Gästebewirtung

Für den Teig:
250 g Mehl
125 g Margarine
3–4 EL lauwarmes Wasser
1/2 TL Salz
2 EL Mehl
1 EL Margarine
Für den Belag:
250 g geriebener Emmentaler Käse
2 Eier
gut 1/8 l Milch
Salz, gemahlener weißer Pfeffer, feingeriebener Muskat

Für den Teig zunächst das Mehl auf ein Backbrett geben, Margarine in Stückchen darauf verteilen. Das Wasser in die Mitte in eine Vertiefung geben, dann Salz zufügen. Mit kühlen Händen alles rasch zu einem geschmeidigen Teig verkneten.
Auf bemehlter Unterlage nicht zu dünn ausrollen. Boden und ca. zweifingerhoch den Rand einer gefetteten Springform von etwa 28 cm Durchmesser damit auskleiden. Einige Male mit der Gabel einstechen. Für den Belag den Reibkäse mit Eiern, Milch, Salz, Pfeffer und Muskat in eine Schüssel geben, alles gut verrühren. Die cremige Masse auf den Teig gießen.
Im gut vorgeheizten Backofen (200°C/3) auf dem Rost auf der untersten Schiene ca. 40 Minuten backen.
Am besten warm mit grünem Salat und Weißwein oder Bier zu Tisch bringen. Die Pastete wird wie eine Torte aufgeschnitten.
Für Picknicks oder zum Gefrieren können Sie natürlich auch Torteletttförmchen verwenden und kleine Pastetchen backen.

Gebackene Käsescheiben
Preiswert, schnell und sättigend

4 ca. 1 cm dicke Scheiben Käse (alter Edamer oder Emmentaler)
Edelsüßpaprika
1 Ei
2 EL Mehl
4 EL gesiebtes Paniermehl
Öl oder Plattenfett zum Braten

Dies ist eine in Studentenkreisen ausserordentlich beliebte Spezialität, sie ist nicht teuer, nährstoffreich und schmeckt vorzüglich.
Zunächst die Teller vorwärmen, denn wenn später die gebackenen Käsescheiben von kalten Tellern serviert werden, würden sie zu schnell kalt. Den Käse von der Rinde befreien, der Reihe nach in Paprikapulver, zerschlagenem Ei, Mehl, nochmals in zerschlagenem Ei und schließlich in Paniermehl wenden. Dabei darauf achten, daß auch die Seitenkanten gut benetzt werden.
Das Fett in einer kunststoffbeschichteten Pfanne erhitzen, die Käsescheiben sogleich nach dem Panieren hineingeben und goldgelb braten. Vorsichtig wenden, denn wenn die Panade verletzt wird, fließt der Käse heraus. Niedrige Brattemperatur wählen.
Gut mit frisch gekochten Pellkartoffeln und Kopfsalat.

Zwiebelfondue
Empfehlenswerte Fonduevariation

2 Zwiebeln
50 g durchwachsener geräucherter Speck
400 g Greyerzer Käse
200 g Emmentaler Käse
3 TL Speisestärke
3/10 l spritziger herber Weißwein
1 TL Zitronensaft
1 Gläschen = 50 ccm Kirschwasser
etwas feingeriebener Muskat
1 Msp weißer, frischgemahlener Pfeffer
1 Beutel Röstzwiebeln

Die Zwiebeln schälen, fein würfeln. Speck ebenfalls klein schneiden und als erstes in der Fonduepfanne gut glasig braten. Dann die Zwiebeln darin goldgelb rösten. Den grob geriebenen Käse, Stärke, Wein und Zitronensaft in den Fonduetopf geben. Alles unter Rühren auf dem Rechaud erhitzen. Wenn die Masse zu brodeln beginnt, mit Kirschwasser, Muskat und Pfeffer abschmecken. Die gut gerösteten, knusprigen, dunkelbraunen Zwiebeln im allerletzten Moment über die heiße Käsemasse streuen.
Die Käsemasse wird mit Hilfe von Brotbröckchen nach und nach aus dem Topf getunkt. Rechnen Sie dafür 150–200 g Weißbrot pro Person. Außerdem gibt es Kirschwasser und heißen schwarzen Tee dazu.

Weitere Rezepte mit Eiern, Quark und Käse finden Sie in diesem Buch.

Creme Caramel s. S. 169
Englische Eiercreme s. S. 80
Gepfefferte Käsesuppe s. S. 94
Griechischer Salat s. S. 76
Große Frühlingsrolle s. S. 86
Holländischer Eiersalat s. S. 80
Käsekräuterklößchen s. S. 92
Käsekräutersuppe s. S. 94
Kalifornische Quarkbällchen s. S. 85
Quarkspeise Lukull s. S. 169
Soufflé Miramare s. S. 85
Welsh Rarebits s. S. 87
Zabaione s. S. 169

PAPRIKA
ungarisch

Leberrisotto Rezept S. 154
Szegediner Gulasch Rezept S. 125
Paprikaschnitzel Rezept S. 122
Budapester Paprikasuppe Rezept S. 98

Allerlei aus Fluß und Meer

Zarte Matjesheringe, appetitlich auf Eiswürfeln angerichtet, mit frisch geschnittenen Zwiebelringen, Apfelstückchen und saurer Sahne kombiniert, dazu eine Schüssel mit dampfenden Neuen Kartoffeln und leicht gekühlte Butter, wem würde bei diesem Anblick nicht das Wasser im Munde zusammenlaufen? Was noch vor einem halben Jahrhundert als „Arme-Leute-Essen" abgestempelt wurde, ist inzwischen zu einem anerkannten Luxus-Essen geworden. Obwohl Fangmethoden und Transport-Möglichkeiten verbessert wurden, preiswerter wurde der Fisch leider nicht. Im Gegenteil. Die nahegelegenen Fischgründe sind teilweise leergefischt, die Wege der Fischflotten sind weiter, der Konsum steigt.

Daß Fisch nicht nur als Bratfisch paniert oder mit Zwiebeln und Äpfeln in saurer Sahne zubereitet werden muß, sollen Ihnen die folgenden Rezepte zeigen. Es sind aparte Variationen für eingelegte Heringe, die alle den Vorteil haben, sich längere Zeit zu halten; ausserdem bewährte Methoden, nach denen Sie mühelos Fisch im Ofen bereiten können, schmackhafte Fischfrikassee-Variationen, die durch die Verwendung verschiedener Gewürze immer wieder einen neuen Geschmack aufweisen und leicht bekömmlich sind.

Schließlich seien Ihnen noch die Geheimnisse eines guten *Fischsuds* verraten. Nach diesem Rezept können Sie gleichermaßen Forellen, Karpfen, Schleien, Hechte und Huchen wie Rotbarsch, Kabeljau, Schellfisch oder Seelachs garen. Rechnen Sie als Garzeit für den Kochfisch je nach Größe zwischen 12 und 20 Minuten. Ein Kochfisch sollte gerade eben gar sein, keinesfalls übergar. Lassen sich die Rükkenflossen leicht herausziehen, ist der Fisch mit Sicherheit gut.

Ein gutes, würziges Aroma kann der Kochfisch aber nur bekommen, wenn der Sud lange genug gezogen hat. Darum verwenden die Gastronomen den Fischsud auch in der Regel 2 bis 3 Tage. Geben Sie also frühzeitig in einen großen Topf die entsprechende Wassermenge und pro Liter Wasser 1 EL Salz und 2 EL guten Weinessig. Geben Sie außerdem etwas Suppengrün, also Möhre, Sellerie, Lauch und evtl. Petersilienwurzeln in den Topf. Ferner sollten an Gewürzen nicht fehlen: Zitronenschale, etwas Zwiebel, vielleicht eine Knoblauchzehe, 1 oder 2 Gewürznelken, ein Lorbeerblatt, etwa 1 TL Senfkörner, einige Piment- und Pfefferkörner, die Sie nach Möglichkeit zuvor etwas zerdrücken, damit sich das Aroma besser mitteilt. Nehmen Sie aus Ihrem Garten etwas frische Zitronenmelisse, Petersilie, Estragon, vielleicht einige grüne Fenchelzweiglein, ein Blättchen Liebstöckel. Zur Not können Sie natürlich getrocknete Kräuter verwenden.

Lassen Sie das alles im Salzwasser mindestens 20 Minuten ziehen, ehe Sie den Fisch hineingeben.

Wer Schwierigkeiten hat, den Fisch später heil wieder aus dem Topf zu nehmen, kann ihn zuvor auf ein nasses Geschirrtuch geben, dessen Enden dann kreuzweise über dem Topfdeckel verknotet werden. Die Fischtöpfe aus Großmutters Zeiten sind heute ja kaum mehr zu bekommen und würden vielleicht auch zuviel Platz in unseren Schränken einnehmen.

Burgunderheringe
Zu Pellkartoffeln oder Bauernbrot

8 Matjesfilets
2 große rote Zwiebeln
gut 1/8 l Burgunder
gut 1/8 l Rotweinessig
150 g Zucker
2 Lorbeerblätter
2 Gewürznelken
1 EL grobzerquetschte Pfefferkörner
1 TL Senfkörner

Die Matjesfilets von restlichen Gräten befreien und 2 Stunden wässern. Die Zwiebeln schälen, in feine Ringe schneiden, mit Rotwein, Essig, Zucker, Lorbeerblättern, Gewürznelken, Pfeffer- und Senfkörnern zugedeckt im Topf kochen, bis die Zwiebeln vollkommen weich sind. Abkühlen lassen, dann abwechselnd mit den Heringfilets in einen Steintopf schichten.
Die Heringe schmecken am besten, wenn sie an kühler Stelle 8–10 Tage in der Burgundermarinade gelegen haben.

Bremer Heringstopf
Empfehlenswerte Variation eingelegter Heringe

6 Salzheringe
2 mittelgroße Möhren
Salz
2 süß-sauer eingelegte Gurken
2 Zwiebeln
2 kleine Äpfel
1/4 l Weißwein
1/4 l Sahne
1 1/2 TL Senfkörner
1 TL Zucker
einige Wacholderbeeren

Achten Sie beim Einkauf darauf, daß Sie nach Möglichkeit drei »Milchner« bekommen. Die Heringe von Häuten und Gräten befreien, gut 1 Stunde wässern und diagonal in etwa daumenbreite Streifen schneiden. Die Milchner durch ein Haarsieb streichen. Die Möhren waschen, dünn schälen, im unzerschnittenen Zustand in Salzwasser knapp garen. Auskühlen lassen und in dünne Scheibchen schneiden.
Gurken würfeln. Dann die Zwiebeln schälen, halbieren und in dünne Scheibchen schneiden. Die Äpfel waschen, schälen, vierteln, entkernen und in dünne Schnitze schneiden.
Aus dem durchgestrichenen Milchner, Weißwein, Sahne, Senfkörnern, Zucker und zerdrückten Wacholderbeeren eine würzige Soße rühren. Die Heringe, mit Möhren, Gurken, Zwiebeln und Äpfeln zugedeckt an kühler Stelle 3–4 Tage darin ziehen lassen.
Dazu Pellkartoffeln, Butter und ein kühles Helles.

Silberheringe
Pikante Katerhappen

1 kg Bismarkheringe
1 Glas Tomaten-Paprika
2 Zwiebeln
1/4 l Weißweinessig
1/8 l Wasser
3 EL Öl
1 EL Zucker
1 TL Salz
je 6 Piment- und Pfefferkörner
12 Senfkörner
2 Lorbeerblätter
1 Bund frischer Dill

Die Heringe diagonal in ca. 2 fingerbreite Streifen schneiden. Tomaten-Paprika abtropfen lassen, evtl. kleinschneiden. Die Zwiebeln schälen, in dünne Ringe schneiden. Mit Essig, Wasser, Öl, Zucker, Salz, Piment-, Pfeffer- und Senfkörnern sowie den Lorbeerblättern bei schwacher Hitze 10 Minuten kochen. Erkalten lassen. Inzwischen die Heringe und Paprikaschoten abwechselnd in ein Steingut- oder Glasgefäß schichten, dann den Gewürzsud darübergießen. Gewaschenes Dillgrün obenauf legen.
Dieser Heringstopf sollte vor dem Verzehr mindestens 3–4 Tage durchziehen.

Hamburger Matjesschmaus
Ideales Frühsommeressen

500 g grüne Bohnen
etwas Bohnenkraut, Salz
1 Pr Zucker
8 Matjesfilets
1 Becher = 200 g Joghurt
2 mittelgroße Zwiebeln
je 1 EL feingehackte frische Petersilie, Schnittlauch und Dill
etwas Kerbel, Zitronenmelisse, Estragon, Bohnenkraut und Liebstöckel
2 EL Zitronensaft
2 kleine Tomaten
1/2 TL weißer, geschroteter Pfeffer

Die Bohnen waschen, von »Köpfchen und Schwänzchen« befreien, in Salzwasser mit Bohnenkraut und Zucker in ca. 10–15 Minuten gerade eben garen. Sie sollen noch etwas Biß haben. Abgießen und auskühlen lassen.
Die Matjesfilets ca. 1 Stunde unter fliessendem Wasser wässern, dann diagonal in fingerbreite Streifen schneiden. Den Joghurt mit Zwiebelringen, Kräutern und Zitronensaft verschlagen. Dann Bohnen mit Heringen und der Salatsoße vermischen, abschmecken. In eine Schüssel geben, mit Tomatenachteln garnieren und mit grob zerquetschtem Pfeffer bestreuen.
Dazu frisch gegarte Pellkartoffeln, Butter und ein gekühltes Helles.

Spanische Ofenmakrelen
Arbeitssparendes würziges Fischgericht

4 mittelgroße frische Makrelen
2 EL Essig, 4 EL Öl, Salz
4 Tomaten
2 Knoblauchzehen
2 Zwiebeln
1/2 TL feinzerriebener Rosmarin
1 EL frisches, feingehacktes Basilikum oder Zitronenmelisse
1 Zitrone

Die Makrelen putzen, waschen, abtropfen lassen und säuern. Das Fischfleisch auf den Bauchseiten mit diagonalen Schnitten jeweils 3–4 mal einschneiden, damit es besser durchgart. Innen und außen salzen. In eine mit Öl ausgepinselte flache Auflaufform legen. Die Tomaten waschen, vierteln und jeweils einen Tomatenschnitz in die Fischkerben drücken. Die Knoblauchzehen schälen, in Stiftchen schneiden. Jeweils einen Knoblauchstift in die Mitte der Tomatenviertel stecken. Die Zwiebeln schälen, in Ringe schneiden, auf dem Gericht verteilen. Alles mit Rosmarin würzen und mit Öl beträufeln.
Im gut vorgeheizten Backofen (200°C / 3) auf dem Rost auf der mittleren Schiene je nach Größe der Fische 20–35 Minuten garen. Das Gericht wird vor dem Servieren mit gehackten Kräutern und Zitronenachteln bunt garniert und am besten in der Form zu Tisch gebracht.

Schollenfilets in Senf-Sahnesoße
Zwar nicht unbedingt preiswert, doch sehr empfehlenswert

2 Packungen Tiefkühl-Schollenfilets (à 250 g)
4 EL Essig oder Zitronensaft
Salz
40 g Margarine und
4 gestr. EL = 40 g Mehl
oder 2 Päckchen Helle Soße gut 3/8 l Wasser
4 EL Sahne oder Kondensmilch
1 Schuß trockener Weißwein
1 TL Zitronensaft
1 Pr Zucker
2–3 EL Senf

Die Schollenfilets aus der Packung nehmen, mit Essig oder Zitronensaft begießen und 20 Minuten antauen lassen. Dann die Filets voneinander lösen, halbieren, zu kurzen Röllchen aufrollen und leicht salzen.
Für die Soße das Mehl in erlassenem Fett anschwitzen und mit Wasser aufgießen. Statt dessen können Sie auch Päckchensoße verwenden, dadurch wird der Kaloriengehalt des Gerichtes vermindert. Die Soße aufkochen, mit Sahne oder Kondensmilch, Weißwein, Zitronensaft, Zucker, Senf und Salz gut würzig abschmecken. Die gewürzten Fischröllchen aufrecht stehend in die Soße geben, den Deckel auflegen und alles bei mäßiger Hitze in ca. 7 Minuten garziehen lassen.

Forellen in Ingwer-Mandelsoße
Eine festliche Mahlzeit

4 Forellen
je 2 El Zitronensaft und Worcestersoße
Salz, Mehl zum Wenden
6–8 EL Öl
40 g Margarine
60 g Mandelblättchen
1/2 frische oder kandierte Ingwerknolle
3–4 EL Ingwersirup oder Brühe
gut 1/8 l Sahne
Salz, gemahlener weißer Pfeffer
1 Zitrone
1 Bund krause Petersilie

Tiefkühlforellen werden heute ausgesprochen preiswert angeboten. Nach diesem Rezept zubereitet, ergeben sie eine sehr aparte, festliche Mahlzeit, der niemand ihren günstigen Preis ansieht. Und außerdem: Nichts kann schiefgehen.
Gesäuberte Forellen, soweit es sich um Tiefkühlware handelt, sollten sie zuvor angetaut sein, mit Zitronensaft und Worcestersoße 20 Minuten marinieren. Dann salzen, in Mehl wenden und am besten in einer kunststoffbeschichteten Bratpfanne in heißem Öl von jeder Seite 5 Minuten fast gar braten. Dann die Forellen auf eine angewärmte Platte legen und das restliche Öl aus der Pfanne gießen.
Die Pfanne mit Küchenkrepp-Papier schnell auswischen. Nun die Margarine in die Pfanne geben und die Mandelblättchen hellbraun darin anbraten. Den in hauchdünne Scheibchen geschnittenen Ingwer, Ingwersirup oder Brühe, Sahne, Salz und Pfeffer nacheinander in die Pfanne geben, alles heiß werden lassen und die Forellen 5 Minuten in dieser schmackhaften Soße fertig garen lassen. Auf eine Platte geben, mit Zitronenachteln und einem Petersilienbüschel appetitlich garnieren.
Dazu Reis und Kopfsalat mit Dillsahnesoße.

Rotbarsch in Tomatensoße
Schnell und unkompliziert

2 Packungen Tiefkühl-Rotbarschfilet (à 400 g)
2 EL Essig oder Zitronensaft
1 kleine Zwiebel
40 g Margarine, 40 g Mehl
knapp 1/2 l Wasser
Brühwürfel für einen 1/2 l
1 kleine Dose Tomatenmark
4 EL Sahne oder Kondensmilch
1/2 TL feingerriebener Oregano
etwas feinzerriebener Rosmarin und Thymian, Salz
evtl. 1/2 Lorbeerblatt
1 EL feingehackte Petersilie

Das Fischfilet aus der Packung nehmen und mit Essig oder Zitronensaft beträufeln, ca. 30 Minuten antauen lassen. Dann mit einem scharfen Messer in gut 3 cm große Würfel schneiden. Die Zwiebel schälen, würfeln, in heißer Margarine hell andünsten. Das Mehl zufügen, kurz anschwitzen und alles mit Wasser ablöschen. Brühwürfel, Tomatenmark, Sahne oder Kondensmilch, Oregano, Rosmarin, Thymian und Salz zufügen. Wer will, gibt außerdem etwas Lorbeerblatt dazu. Nun das Fischfilet in die dicke, abgeschmeckte Soße geben und bei schwacher Hitze in 15 Minuten garziehen lassen. Das Lorbeerblatt herausfischen, alles vorsichtig einmal umrühren, damit der Fischsaft sich verteilt und mit Petersilie bestreut zu Salzkartoffeln und Salat reichen.

Makrelen in Senfsoße

Preiswert und schmackhaft

4 Makrelen
Saft von 2 Zitronen
Salz, Mehl zum Wenden
4–8 EL Öl zum Braten
Für die Soße und zum Garnieren:
1 mittelgroße Zwiebel
20 g Margarine
1 1/2 EL Mehl
1/4 l Brühe
1 TL Senfpulver
1 Pr Zucker
Salz
1 TL Zitronensaft
etwas frischer Estragon oder Schnittlauch
1 Zitrone

Eine Hamburger Spezialität, ausgesprochen preisgünstig und mit Neuen Kartoffeln und grünem Salat besonders lecker.
Makrelen verlieren ihren etwas penetranten Geruch, wenn Sie 1/2 Stunde vor dem Garen mit Zitronensaft marinieren. In den meisten Fällen wird der Fischhändler bereit sein, die Heringe zu schuppen und die Hauptgräten zu entfernen. Sie brauchen sie dann lediglich kurz zu waschen und marinieren. Erst kurz vor dem Braten salzen, da sie sonst trocken werden würden. In Mehl wenden und sofort in reichlich Öl am besten in einer kunststoffbeschichteten Bratpfanne braten. Dabei ab und zu die Pfanne schütteln, damit die Fische nicht festkleben.
Nebenbei für die Soße die Zwiebel schälen und kleinschneiden, in Margarine goldbraun braten. Mit Mehl bestäuben, mit Brühe ablöschen und mit Senf, Zucker, Salz und etwas Zitronensaft abschmecken. Die Fische auf eine vorgewärmte Platte geben, Soße darübergießen und alles mit kleingeschnittenen Kräutern und Zitronenachteln garnieren.

Fischfrikasse mit Curry

Leicht und schnell zubereitet

600 g frisches oder aufgetautes Rotbarschfilet
2 EL Essig, Salz
20 g Margarine
2 kleine Zwiebeln
1 EL Mehl, 1 TL Curry
je 1 Pr Zimt, geriebener Ingwer, Edelsüß-Paprika und Zucker, Salz
3 EL Sahne, 3 EL Wasser
2 EL trockener Weißwein
evtl. 1/2 saurer Apfel
1 EL Zitronensaft

Fischfilet mit Essig säuern und in ziemlich große Stücke zerteilen, salzen. Margarine in einer Jenaer Glasform zergehen lassen, die geschälten feinwürfelig geschnittenen Zwiebeln darin hell andünsten. Dann die Fischstücke darauflegen und alles bei schwacher Hitze auf dem Herd oder im vorgeheizten Backofen (200°C / 3) zugedeckt ca. 20 Minuten garen.
Inzwischen Mehl mit Curry, Zimt, Ingwer, Paprika und Zucker vermischen und mit Wasser und Sahne verrühren, unter stetigem Rühren kurz aufkochen lassen. Dann das Fischwasser aus der Jenaer Form und den Weißwein an die Soße geben. Evtl. einen halben, geschälten säuerlichen Apfel an die Soße reiben. Mit Zitronensaft und Salz abschmecken. Die Soße über die Fischstücke gießen und alles nochmals 5 Minuten unter dem Grill oder im Backofen gratinieren.

Ungarischer Karpfen
Eine Budapester Spezialität

2 große Zwiebeln
2 EL Schmalz oder Öl
1 rote Paprikaschote
3 Tomaten
6–8 Kartoffeln
2 EL Schmalz oder Öl
Salz, evtl. etwas Wasser
1 Karpfen von gut 1,5 kg
4 EL Essig
Salz
3 EL Mehl
2 EL Edelsüßpaprika
100 g geräucherter, durchwachsener Speck
1/4 l saure Sahne

Bitten Sie Ihren Fischhändler, den Karpfen für Sie der Länge nach zu halbieren, den Kopf abzutrennen und möglichst Schwanz, Flossen und Hauptgräten zu entfernen. Dann den Karpfen in etwa 5 cm breite Stücke schneiden.
Die Zwiebeln schälen, in Ringe schneiden. In einem Schmortopf in Schmalz oder Öl goldgelb braten. Die Paprikaschote von Stiel und Kernen befreien, waschen, kleinschneiden. Die Tomaten überbrühen, achteln. Das Gemüse zu den Zwiebeln geben und mit Deckel bei ganz schwacher Hitze langsam dünsten. Die Kartoffeln schälen, der Länge nach achteln, in einer Pfanne zunächst in Schmalz oder Öl anbraten, dann zum Gemüsepüree geben. Salz und etwas Wasser zugeben und zugedeckt in 30 Minuten vollends garen. Die Karpfenstücke waschen, säuern. Gut mit Küchenkrepp-Papier trockentupfen, salzen und in einer Mischung von Mehl und Paprika wenden. Den Speck in ganz dünne Scheiben schneiden, in der Bratpfanne auslassen und den Karpfen darin zunächst bei starker Hitze, dann bei mäßiger Hitze insgesamt 20 Minuten braten. Nun das restliche Mehl-Paprikagemisch mit einem Teil der sauren Sahne verrühren und die Kartoffel-Gemüsemischung damit abschmecken.
Das Gericht wird in drei Schüsseln zu Tisch gebracht: eine mit den würzigen Paprikakartoffeln, eine mit den knusprigen Fischtranchen, die dritte mit der sauren Sahne.

Portugiesischer Pfefferfisch
(Foto s. S. 89)
Dekorativ und schmackhaft

1 kleiner Schellfisch, Goldbarsch oder Kabeljau (ca. 1 kg)
3 EL Essig
Salz
2 TL mittelscharfer Senf
1/2 – 1 TL weißer, frisch gemahlener Pfeffer
je 1 grüne und rote Paprikaschote
4 Tomaten
2 EL Öl
1 EL Zitronensaft
1/8 l Weißwein
1 Zitrone

Den Fisch, es sollte sich nach Möglichkeit um Frischfisch mit Kopf handeln, putzen, waschen und mit Essig säuern. Nach 10 Minuten salzen, dann von innen und außen mit Senf bestreichen und mit reichlich Pfeffer würzen.
Die Paprikaschoten halbieren, alles Weiße und die Kerne herauslösen, waschen und kleinschneiden. Die Tomaten überbrühen, schälen, und vierteln. Das Gemüse in einem Topf in heißem Öl 10 Minuten anbraten. Dann den Fisch auf eine feuerfeste Platte geben, das Gemüse drumherum garnieren, mit Zitronensaft und Weißwein übergießen. Alles zusammen im vorgeheizten Backofen (200°C / 3) auf dem Rost, auf der zweituntersten Schiene 30 Minuten garen.
Zum Schluß mit Zitronenachteln garnieren.

Pikanter Fischtopf
Spart Zeit und schmeckt vorzüglich

1 Packung Tiefkühl-Rotbarschfilet (à 400 g)
2 EL Essig
Salz
20 g Margarine
8 Tomaten
40 g Margarine
2–3 EL Mehl
1/8 l Brühe
1/8 l Weißwein
1/2 Glas Tomatenpaprika
1 TL Edelsüßpaprika
einige Tropfen Tabasco
1 TL Worcestersoße
Salz
1 TL Zitronensaft
etwas frische Zitronenmelisse oder Petersilie

Schade, daß Fischfilet bei uns meistens nur paniert und dann in der Pfanne gebraten auf den Tisch kommt. Versuchen Sie einmal dieses schmackhafte, leicht bekömmliche Fischrezept, das außerdem schnell bereitet ist.

Tiefgekühltes Fischfilet nach Möglichkeit etwas antauen lassen, mit Essig säuern. Salzen und in eine mit reichlich Margarine gefettete Jenaer Glasform geben. Tomaten waschen, halbieren und auf den Fisch legen. Zugedeckt ohne weitere Flüssigkeitszugabe bei schwacher Hitze auf dem Herd oder im vorgeheizten Backofen (200°C / 3) ca. 20 Minuten garen. Alles herausnehmen. Warm stellen. Fischsud und Tomaten durch ein Sieb geben.

Im gleichen Topf das Mehl in heißer Margarine anschwitzen, mit Brühe, Weißwein und dem Fischtomatensud ablöschen. Tomatenpaprika und Gewürze hinzugeben, abschmecken. Dann vorsichtig die großzügig zerteilten Fischfiletstükke unter die schmackhafte Soße ziehen. Zum Schluß das Gericht mit gewaschener, feingehackter Zitronenmelisse – zur Not tut es natürlich auch Petersilie – bestreuen.

Mit Salzkartoffeln oder Reis und grünem Salat zu Tisch bringen.

Bretonische Fischsuppe
Bringt Urlaubserinnerungen in Ihr Haus

4 mittelgroße Zwiebeln
2 EL Öl
4–5 Kartoffeln, 1 l Wasser
Brühwürfel für 1 l, Salz
2 Lorbeerblätter
1/2 TL feinzerriebener Thymian
2 EL Zitronensaft
600–800 g frische Seefische (Kabeljau, Schellfisch, Rotbarsch, Seeaal, Makrele etc. gemischt)
4 Scheiben Weißbrot
2 EL Schnittlauch
evtl. 1/8 l Weißwein und 4 EL Sahne und 2 Eigelb

Die Zwiebeln schälen und halbieren, im Öl hell andünsten. Kartoffeln schälen und vierteln. Mit dem Wasser, zerkrümeltem Brühwürfel, Lorbeerblättern, Thymian und Zitronensaft 15 Min. zugedeckt kochen. Inzwischen den Seefisch putzen, waschen, in große Stücke zerteilen. Dann zufügen und nochmals alles zusammen 10 Minuten kochen. Mit Salz abschmecken.

Das Weißbrot toasten, auf 4 Suppenteller verteilen und gehackten Schnittlauch daraufstreuen. Die dicken Bestandteile der Suppe mit einem Schaumlöffel herausnehmen und in eine vorgewärmte Schüssel geben. Den Sud noch einmal abschmecken und nach Belieben mit Wein, Sahne und Eigelb verfeinern. Über Toastscheiben geben.

Würzige Muschelcremesuppe
Spezialität aus der Provence

1 kg Muscheln
1/8 l trockener Weißwein
1/8 l Wasser
1 EL Zitronensaft
1 große Zwiebel
1 dünne Stange Lauch
1/2 Fenchelknolle
4 Tomaten
2 Knoblauchzehen
2 EL Öl
1 EL Mehl
1 EL Kognak
1 Msp feingeriebener Thymian
1 Pr Safran
Wasser
Brühwürfel für 1/2 l
1/8 l Sahne
Salz
weißer, frisch gemahlener Pfeffer
2 EL feingeschnittener Schnittlauch

Zunächst die frischen Muscheln, die wir im Binnenland während der Monate mit »r« in Fischgeschäften zu kaufen bekommen, gründlich waschen und die Bärte entfernen. Kaputte oder offene Muscheln wegwerfen, sie könnten schlecht sein.
Weißwein mit Wasser und Zitronensaft in einem Topf passender Größe zum Kochen bringen, dann die Muscheln hinzugeben, den Deckel auflegen. Nach 3 Minuten einmal kräftig durchschütteln, nach 6 Minuten sind die Muscheln offen und fertig. Herausnehmen, abkühlen lassen, aus den Schalen lösen. Den Sud durchsieben.
Während die Muscheln garen, die Zwiebel schälen und in Ringe schneiden. Lauch putzen, waschen, fein schneiden. Die Fenchelknolle waschen und am besten mit dem Gurkenhobel in dünne Ringe hobeln. Die Tomaten überbrühen, schälen, vierteln, den harten Stielansatz dabei herausschneiden. Die Knoblauchzehen zerdrücken. Das Gemüse im Topf im heißen Öl 5 Minuten andünsten. Das Mehl darüberstreuen. Dann Kognak, Thymian und Safran zugeben. Den Sud zu gut 3/4 l auffüllen, mit dem zerkrümelten Brühwürfel an die Suppe geben. Alles 5 Minuten durchkochen. Die ausgelösten Muscheln, Sahne, Salz und Pfeffer in den Topf geben, die cremige Suppe abschmecken. Mit Schnittlauch bestreut zu Tisch geben.
Gut dazu ist frisch aufgebackenes französisches Stangenweißbrot.

Weitere Fisch-, Muschel- und Krabbenrezepte finden Sie in diesem Buch

Muscheln in Sherrysoße s. S. 82
Muscheln Olivia s. S. 83
Soufflé Miramare s. S. 85
Sylter Fischsalat s. S. 79
Thunfischsalat mit Sellerie s. S. 79

Coq au vin Rezept S. 135

Würzige Fleisch-, Geflügel- und Wildgerichte

Gemahlener Pfeffer, der vielleicht schon länger als ein Jahr im Gläschen über dem Herd sein Dasein fristet, ist meistens nur noch scharf, selten aromatisch. Weit besser wird gegrilltes oder gebratenes Fleisch, wenn wir den Pfeffer erst im letzten Moment darüber mahlen, also ganz frisch zerkleinert verwenden. Experten haben zwei Pfeffermühlen: die eine für den weißen, besonders aromatischen, aber auch teuren Pfeffer, die zweite für den noch unreif geernteten schwarzen Pfeffer. Als Grundregel gilt: schwarzer Pfeffer für dunkles Fleisch, also die meisten Wildgerichte und Rindfleisch. Weißer Pfeffer für helles Fleisch, besonders für Hammel-, Lamm- und Schweinefleischgerichte. Bei Kalb- und Geflügelgerichten verzichte ich auf den Pfeffer, denn ich finde, damit würde der zarte Eigengeschmack übertönt. Grüner Pfeffer ist recht scharf und daher auch vorzugsweise für dunkle Fleischsorten zu empfehlen.

Was über Pfeffer gesagt wurde, gilt im allgemeinen auch für die übrigen Gewürze. Scharfe Gewürze, wie Paprika, Piment, Nelken, Koriander, Meerrettich und Wacholderbeeren, nehmen wir vornehmlich für dunkle Fleischarten. Die lieblichen Gewürze, besonders Kräuter, wie Petersilie, Rosmarin, Estragon, Dill oder Salbei, sind die richtige Ergänzung für weiße Fleischarten. Senf, so wurde inzwischen durch wissenschaftliche Forschungen festgestellt, hilft, das Fett schneller zu verdauen. Wir bekommen damit eine Bestätigung für die alte Regel, daß fettes Fleisch am besten mit Senf kombiniert wird. Typische Beispiele dafür sind Bratwürstchen, Schweinshaxen oder Kasseler Rippenspeer.

Wie instinktiv richtig in vieler Hinsicht unsere Vorfahren zu würzen verstanden, sehen wir auch an den Wildgewürzen. Wir brauchen uns ja nur vorzustellen, wo sich das Wild aufhält, dann fällt einem ein, was am besten dazu passt: Wacholderbeeren, Preiselbeeren und Thymian, vielleicht auch duftender Rosmarin, außerdem dunkler Rotwein.

Glutamat ist eine Bereicherung aus der chinesischen Küche, es vermag den Eigengeschmack der verschiedenen Fleischsorten stärker hervorzuheben. 1/2 TL für etwa 500 g Fleisch kann nie schaden. Gute Erfahrung habe ich auch mit Fleischzartmachern gemacht. Dieses weiße Pulver aus der mittelamerikanischen Küche vermag Wunder zu wirken. Rauchsalz sollte dagegen kritisch betrachtet werden. Laut Aufschrift soll es uns den natureigenen Geschmack und Geruch vom Grillholz vermitteln. Doch warum zum Ersatz greifen, wenn wir die Möglichkeit haben, im Sommer unsere Steaks über Buchen- oder gar Rebholz zu grillen? Für die eilige Köchin gibt es neuerdings Würzmischungen, die auf verschiedene Fleischarten abgestimmt sind. Fein gemahlen werden sie für helles, dunkles- oder Hackfleisch angeboten, in unzerkleinerter Form für Sauerbraten oder für Wildbeizen. Sie schmekken immer gleich, das ist Vor- und Nachteil in einem. Natürlich sparen wir dadurch Zeit. Aber für die Expertin kommen solche Fertigmischungen eigentlich nur ausnahmsweise in Betracht.

Kalbsschnitzel mit Kräutern
Für die nächste Einladung ausprobieren

4 Kalbsschnitzel
4 EL Öl, 2 EL Zitronensaft
1 El Mehl, Salz
40 g Butter
je 4 EL Weißwein und Sahne
2 EL feingehackte Petersilie
1 EL feingeschnittener Schnittlauch
1 TL frischer, feingehackter Dill
etwas feinzerriebenes, getrocknetes Bohnenkraut, Basilikum, Thymian und Oregano
2 EL Kognak
1 Tomate

Die Kalbsschnitzel mit Öl beträufelt zugedeckt in einer Schüssel 2 Tage im Kühlschrank ablagern. Aus der Schüssel nehmen, abtropfen lassen und mit Zitronensaft beträufeln. Die Haut an den Rändern einkerben, damit die Schnitzel in der Pfanne flach liegen bleiben. Das Marinieröl in der Pfanne erhitzen, die leicht mit Mehl gepuderten Schnitzel hineingeben. Erst bei starker Hitze von jeder Seite 1 Minute anbraten, dann bei schwacher Hitze insgesamt noch ca. 8–10 Minuten braten. Salzen und auf eine vorgewärmte Platte geben. Das Öl aus der Pfanne gießen.
Die Butter mit Weißwein, Sahne, Kräutern und Kognak, sowie einigen Tropfen Zitronensaft schnell in der Pfanne heiß werden lassen. Über die Schnitzel gießen. Je mit einem Tomatenviertel garnieren.

Pfeffersteaks (Foto s. S. 89)
Beliebtes Männeressen

4 abgelagerte Filetsteaks
1 EL Zitronensaft
4 TL grobzerquetschter, weißer oder schwarzer Pfeffer
2 EL Öl
Salz
4 EL Kognak oder Armagnac

Die gut abgelagerten Steaks, sie sollten nach Möglichkeit 2 1/2 bis 3 cm dick sein, an den Rändern etwas einkerben, dann mit Zitronensaft leicht beträufeln. Nach 5 Minuten mit Küchenkrepp-Papier trocken tupfen und mit grobzerquetschtem Pfeffer gut würzen.
Am besten in einer eisernen Pfanne mit dickem Boden das Öl erhitzen und die Steaks darin nach Geschmack rot, rosa oder durch braten. Erst dann salzen. Auf Teller geben, den vorgewärmten Kognak oder Armagnac darübergeben, anzünden.
Dabei Steaks wenden, so daß die Steaks beidseitig mit der aromatischen Flüssigkeit benetzt werden.

Serbische Schnitzel

(Foto s. S. 107)

Preisgünstig und pikant

4 Schweineschnitzel
1 EL Zitronensaft
3 EL Öl
schwarzer, frischgemahlener Pfeffer, Salz
1 TL Edelsüßpaprika
2 Zwiebeln
1–2 Knoblauchzehen
je 1 grüne und rote Paprikaschote
4 Tomaten
2 EL Mehl
1/4 l Wasser
Brühwürfel für 1/4 l
etwas Rosenpaprika
1 Pr Zucker
1/8 l saure Sahne oder Joghurt

Die Schweineschnitzel an den Rändern etwas einkerben, damit sie sich nicht in der Pfanne wölben, mit der geschlossenen Faust etwas klopfen und mit Zitronensaft beträufeln. Nach 5 Minuten mit Küchenkrepp-Papier trockentupfen, in einer großen Pfanne in heißem Öl von beiden Seiten rasch anbraten. Dann bei mäßiger Hitze von beiden Seiten insgesamt 10 Minuten braten. Mit Pfeffer, Paprika und Salz würzen, herausnehmen und warm stellen.

Während die Schnitzel braten, die Zwiebel schälen und am besten mit dem Gurkenhobel in feine Ringe schneiden. Die Knoblauchzehen schälen und zerdrücken. Sie können statt dessen auch flüssigen Knoblauchsaft nehmen. Die Paprikaschoten halbieren, alle weißen Teile und Kerne herauslösen, waschen und ebenfalls in feine Streifen hobeln. Die Tomaten überbrühen, schälen, vierteln, dabei die harten Ansätze zurücklassen. Das Gemüse in den verbliebenen Pfannensatz geben, bei starker Hitze 3 Minuten schmoren. Nun das Mehl und Wasser, den zerkrümelten Brühwürfel, Paprika, Zucker und Salz zugeben. Alles bei starker Hitze 5 Minuten schmoren. Das Gemüse soll noch etwas Biß behalten. Die Schnitzel mit dem ausgetretenen Bratensaft kurz in der Gemüsesoße erwärmen. Auf eine Platte geben. Die Gemüsesoße mit Sahne oder Joghurt verrühren, nicht mehr kochen lassen. Abschmecken und über das Fleisch häufen.

Dazu gibt es Reis.

Schweineschnitzel Husarenart

4 Schweineschnitzel
Salz,
schwarzer, gemahlener Pfeffer
1 Prise Cayenne
1/2 TL Majoran
2 EL Mehl
3 EL Öl
je 1 grüne und rote Paprikaschote
1/4 l Wasser
Brühwürfel für 1/4 l
2 EL feingehackte Petersilie

Die Schweineschnitzel an den Rändern einkerben, damit sie sich nicht in der Pfanne wölben, dann mit einer Mischung von Salz, Pfeffer, Cayenne, Majoran und Mehl würzen.

Das Öl in der Pfanne erhitzen und das Fleisch zunächst bei sehr starker Hitze von beiden Seiten kurz anbraten, dann die Hitze reduzieren.

Nebenbei die Paprikaschoten von Stielansätzen und Kernen befreien, waschen, in möglichst schmale Ringe oder Streifen schneiden und zufügen. Mitbraten lassen. Dann das Wasser und den fein zerkrümelten Brühwürfel zur Fleischgemüsemischung geben und alles zugedeckt 15 Minuten schmoren lassen.

Die Soße nochmals abschmecken.

Das Gericht auf eine Platte geben und mit Petersilie bestreuen. Butternudeln und Tomatensalat sind aparte Ergänzungen dazu.

Saltimbocca alla Romana
Römische Delikatesse

8 kleine, dünne Kalbsschnitzel (Unterschale)
1 EL Zitronensaft
8 Salbeiblätter
4 Scheiben roher Schinken
1 EL Öl
1 EL Margarine
gut 1/8 l trockener Weißwein
Salz, 2 EL Butter

»Spring in den Mund«, so müßte dieses vorzügliche römische Schnitzel wörtlich übersetzt heißen. Es gehört zu den Spezialitäten der internationalen Feinschmekkerküche.
Die abgelagerten Kalbsschnitzel an den Rändern leicht einkerben, damit sie sich nicht in der Pfanne werfen, dann mit der Faust oder einer Flasche leicht klopfen und mit Zitronensaft marinieren. Jeweils 2 gewaschene Salbeiblätter und eine halbe Scheibe Schinken auf die Schnitzel legen und mit einem Hölzchen befestigen.
In einer kunststoffbeschichteten Pfanne Öl und Margarine erhitzen, die Schnitzel zunächst mit der Schinkenseite, dann mit der unbelegten Seite nach unten liegend braten. Den Weißwein aufgießen, etwas einkochen lassen. Das Fleisch mäßig salzen, denn meistens ist der rohe Schinken recht salzig. Kurz vor dem Servieren die Butter in der Soße schmelzen lassen.

Schweinsfilets in Preiselbeersoße
Schnellgericht für Sonntage

500–600 g Schweinsfilets
2 EL Öl, Salz, schwarzer, frischgemahlener Pfeffer
1 1/2 EL Mehl
gut 1/8 l dunkler, herber Rotwein
1 kleines Glas Preiselbeeren
1 Msp feingeriebener Ingwer
1 Msp feingeriebene Orangenschale
4 Pfirsichhälften (aus der Dose)

Die Schweinsfilets häuten, in gut daumendicke Scheiben schneiden. Wieder in die ursprünglich runde Form zurechtdrücken, nach Belieben mit einem dicken Baumwollfaden umbinden.
In einer großen Bratpfanne in heißem Öl rasch von beiden Seiten anbraten, dann die Hitze reduzieren, den Faden losbinden und die einzelnen Medaillons gerade eben durchbraten. Mit Salz und Pfeffer würzen, auf eine vorgewärmte Platte geben und warmstellen.
Im restlichen Bratfett bei starker Hitze unter Rühren das Mehl gut dunkel bräunen. Mit Rotwein ablöschen. Die Preiselbeeren, Ingwer, Orangenschale, etwas Salz und Pfeffer zugeben, die Soße abschmecken und über das Fleisch gießen.
Die Pfanne schnell mit einem Stück Küchenkrepp-Papier säubern und die Pfirsichhälften mit etwas Sirup darin erhitzen, auf die Medaillons legen.

Paprikaschnitzel
Schnell und immer beliebt

Kalbs- oder Schweineschnitzel
2 EL Zitronensaft
4 EL Öl
1 EL Edelsüßpaprika
Salz
1 EL Mehl
1/8 l Sahne oder Kondensmilch
1/8 l Brühe oder Wasser
evtl. 1/2 Glas Tomaten-Paprika

Die Kalbsschnitzel sollten möglichst einige Tage abgelagert sein, Schweineschnitzel können Sie auch frisch braten. Wählen Sie am besten Schnitzel aus der Unterschale. Die Schnitzel mit etwas Zitronensaft marinieren, dann bleiben sie später schön saftig. Die Ränder rundherum einkerben, damit sich das Fleisch nicht in der Pfanne wirft. Nach 5 Minuten mit Küchenkrepp-Papier abtupfen. In heißem Öl in der Pfanne zunächst bei starker Hitze je Seite 1 Minute scharf anbraten, dann die Hitze reduzieren und die Schnitzel insgesamt 5–8 weitere Minuten braten. Mit Paprika und Mehl bestäuben, salzen. Mit Sahne oder Kondensmilch und Brühe oder Wasser ablöschen, nochmals alles kurz aufkochen lassen und abschmecken.
Wer will, fügt zum Schluß in Streifen geschnittenen Tomatenpaprika an die Soße.
Mit Nudeln, Reis oder Salzkartoffeln und Salat ein schmackhaftes Essen.

Kalbsgeschnetzeltes in Orangensoße
Apart und schnell

400–500 g Kalbfleisch in Scheiben (von der Keule oder dem Schlegel)
2 EL Zitronensaft, 3 EL Öl
1 1/2 EL Mehl, 1/8 l Brühe
knapp 1/8 l herber Weißwein
4 EL Sahne, Salz
1 große oder 2 kleine Orangen

Das Kalbfleisch möglichst 20 Minuten ins Frosterfach legen, weil es sich dann viel besser schnetzeln läßt. Mit einem scharfen Messer in kleinfingerdicke Streifen schneiden. Mit Zitronensaft 10 Minuten marinieren.
Das Öl in einer großen Pfanne erhitzen, Fleisch hinzugeben und bei sehr starker Hitze unter stetigem Rühren nur so lange braten, bis die Oberfläche nicht mehr rot aussieht. Das Fleisch aus der Pfanne nehmen und beiseite stellen. Im restlichen Fett das Mehl anschwitzen, mit Brühe, Weißwein, Sahne und dem ausgetretenen Fleischsaft ablöschen, salzen. Die Orange waschen, abtrocknen, etwas von der Schale fein abreiben und in die Soße geben. Dann die Orangen schälen, mit einem Sägemesser in Würfel schneiden, die Kerne beiseitetun und das Fruchtfleisch in die Soße geben. Wenn alles gut heiß ist, das Fleisch für 1–2 Minuten in der Soße aufwärmen. Es darf aber nicht kochen, sonst wird es hart.

Süß-pikantes Schweinegeschnetzeltes
Sicherlich hat ein Chinese bei der Erfindung dieser Spezialität Pate gestanden
Für den Teig:

2 Eier
2 EL Mehl
4 EL Wasser
Salz
Für das Gemisch:
600 g Schweineschulter in knapp gulaschgroßen Würfeln
4 EL Öl
2 Paprikaschoten, am besten rot und grün
2–3 Scheiben Ananas (Dose)
1/8 l Wasser
1/8 l milder Essig
4 EL Zucker
2 EL Sirup
Salz
3 Tomaten
2 EL Speisestärke
etwas Wasser

Zunächst die Eier mit Mehl, Wasser und Salz zu einem dickflüssigen Teig verrühren. Das gewürfelte Fleisch darin wenden und in einer großen Pfanne in heißem Öl unter stetigem Wenden bei starker Hitze 3 Minuten anbraten. Herausnehmen und abtropfen lassen.
Die Paprikaschoten von Stielen und Kernen befreien, waschen in schmale Streifen schneiden, im restlichen Öl 3 Minuten braten. Die Ananasringe in Würfel schneiden. Mit dem Wasser, Essig, Zucker, Sirup und Salz zum Gemüse geben und erwärmen. Die Tomaten mit kochendem Wasser überbrühen, schälen, vierteln und zufügen. Alles zugedeckt 5 Minuten schmoren. Dann das Fleisch zugeben, und bei milder Hitze alles zugedeckt 15 Minuten weichschmoren lassen.
Zwischendurch evtl. noch etwas Wasser zugießen. Zum Schluß die Soße mit Speisestärke, die mit Wasser angerührt wurde, binden.
Abschmecken. Am besten passt weißer, körniger Reis dazu.

Indischer Pfeffertopf
(Foto s.S. 89)
Pikanter Luxuseintopf

2 mittelgroße Zwiebeln
3 EL Öl
200 g rohes Kasseler
200 g Hammelfleisch
1/2 Brathähnchen
1/2 l Wasser
Brühwürfel für 1 l
Salz
1 Msp zerriebener Thymian
1 Msp Cayenne
1 1/2 Tassen Langkornreis
3 Tassen Wasser
2 Kartoffeln
2 Möhren
1/2 Packung Tiefkühlbohnen (150 g)
150 g Tiefkühlkrabben oder Langustinos
weiße Pfefferkörner

Zwiebeln schälen und würfeln, in einem großen Topf in heißem Öl glasig braten. Kasseler und Hammelfleisch in Gulaschgröße würfeln. Das Brathähnchen waschen und in Stücke schneiden. Das kleingeschnittene Fleisch mit den Knochen im Topf 10 Minuten anbraten, dabei rühren. Wasser, zerkrümelten Brühwürfel, Salz, Thymian, und Cayenne zugeben, einen Deckel auflegen und alles 30 Minuten vorgaren. Dann den Reis, Wasser, geschälte, gewürfelte Kartoffeln und geschälte, kleingeschnittene Möhren zufügen. Bitte nicht rühren. Alles zusammen noch weitere 30 Minuten garen. 15 Minuten vor Ende der Garzeit die Bohnen und Krabben oder Langustinos zum Eintopf geben. Kurz vor dem Servieren die Knochen herausfischen alles vermischen und würzig mit Salz und frischgemahlenem, weißem Pfeffer abschmecken.

Gurken-Gulasch
Schnellrezept für Campingfreunde

1 große Dose Gulasch
1 Glas Senfgurken
1 kleines Glas Tomaten-Paprika
1 TL Edelsüßpaprika
etwas schwarzer, feingemahlener Pfeffer
4 EL Sahne oder Dosenmilch

Das Gulasch zusammen mit den abgetropften Gurken, die in Würfel geschnitten wurden, langsam bei mäßiger Hitze im Topf erwärmen. Inzwischen die Tomaten-Paprika abtropfen lassen und, falls nötig, in Streifen schneiden. Paprika, Pfeffer und Sahne unter das heiße Gericht rühren. Gut mit Champignonreis.

Orientpfanne
Bei groß und klein beliebt

4 Schweineschnitzel
2 EL Öl
Salz, etwas weißer, feingemahlener Pfeffer,
1 TL Mehl
1 TL Curry
1 Glas Weißwein
4 EL Sahne oder Kondensmilch
1 große Orange
evtl. 2 EL eingeweichte Sultaninen
2 EL Mandelstifte

Die Schnitzel 10 Minuten ins Frosterfach legen, so daß sie leicht gefrieren. Quer zur Faser in klein-fingerbreite Streifen schneiden. In einer großen Pfanne in heißem Öl unter stetigem Wenden 3–4 Minuten braten. Mit Salz und Pfeffer würzen, mit Mehl und Curry bestäuben. Weißwein und Sahne oder Kondensmilch zugießen. Die Orange schälen, mit einem Sägemesser in Würfel schneiden, die Kerne beiseite tun. An die heiße Fleischmischung geben. Alles abschmecken und in eine Schüssel füllen. Die abgetropften Sultaninen und Mandelstifte darüber streuen. Zu diesem schnellen Fleischgericht reichen wir Reis und junge Erbsen oder Eisbergsalat.

Szegediner Gulasch

(Foto s. S. 107)

Ein Essen, das von Männern geschätzt wird

600–800 g Schweinefleisch von der Schulter
30–40 g Schweineschmalz oder Margarine, 250 g Zwiebeln
2–3 EL Rosenpaprika, 1/2–1 TL Kümmel, 1 Knoblauchzehe
1/2 l Wasser, Salz
600 g Sauerkraut
gut 1/8 l saure Sahne
1 TL Speisestärke
evtl. 1 EL Tomatenmark
evtl. 6–8 gare Kartoffeln

Schweinefleisch in gulaschgroße Würfel schneiden. Schmalz oder Margarine im Schmortopf erhitzen, das Fleisch darin nicht zu dunkel anbraten. Zwiebeln schälen, grob zerkleinern, 5 Minuten mitbraten. Rosenpaprika darüberstäuben, die Temperatur reduzieren. Kümmel, zerdrückte Knoblauchzehe, Wasser, zerkrümelten Brühwürfel und Salz zufügen und das Fleisch 30 Minuten zugedeckt schmoren. Das Sauerkraut zerzupfen, auf das Fleisch geben und alles weitere 30 bis 40 Minuten garen. Saure Sahne, mit Stärke verrührt, an das Gericht geben. Abschmekken. Evtl. Tomatenmark zufügen. Wer will, kann 10 Minuten vor Ende der Garzeit vorgekochte, würfelig geschnittene Kartoffeln in den Topf geben und das Gulasch dann als Eintopf servieren.

Kalbfleisch-Currygulasch

Beliebtes Feinschmeckergericht

600–800 g Kalbfleisch (Schulter)
3 EL Öl
1 Zwiebel
2 Knoblauchzehen
2 EL Mehl
1/8 l Weißwein
1/4 l Wasser
Brühwürfel für 1/2 l
Salz, weißer Pfeffer
2 TL Curry
1 saurer Apfel
evtl. 2 EL geriebene Kokosnuß
1/8 l saure Sahne

Das Kalbfleisch am besten vom Metzger in gulaschgroße Würfel schneiden lassen. Im Schmortopf in heißem Öl anbraten. Nach etwa 10 Minuten die inzwischen geschälte, gewürfelte Zwiebel und die zerdrückten Knoblauchzehen dazugeben und 5 Minuten mit anbraten. Das Mehl darüber stäuben, alles mit Weißwein und Wasser ablöschen. Zerkrümelten Brühwürfel, Salz, Pfeffer und Curry in den Topf geben. Zugedeckt 1 Stunde schmoren lassen. Den Apfel schälen, mit der feinen Rohkostreibe direkt in den Topf reiben. Wer mag, kann außerdem Kokosnuß zufügen. Die saure Sahne erst unmittelbar vor dem Servieren unterrühren.

Am besten mit Reis und Chicoréesalat, der mit Orange vermischt wurde, servieren.

Kalbsmix in Currysoße

Delikatesse für Feinschmecker

300 g Kalbsnieren
300 g Kalbsfilet
1 EL Zitronensaft
1 mittelgroße Zwiebel
3 EL Öl
1 EL Mehl
1/8 l Weißwein
1 1/2–2 TL Curry
2 EL Kognak
1/4 l Sahne, Salz

Die Kalbsnieren putzen, in der Mitte der Länge nach aufschneiden. Harnröhren und Fett entfernen. In Scheiben oder Würfel schneiden, unter fließendem Wasser 20 Minuten wässern. Abtropfen lassen. Das Kalbsfilet putzen, in Scheibchen oder Würfel schneiden, mit Zitronensaft marinieren. Die Zwiebel schälen, fein würfeln.

Nun in einer großen Pfanne das Öl erhitzen. Nieren und Fleisch hineingeben, bei starker Hitze anbraten. Dann sogleich die Zwiebeln zugeben und alles unter Rühren braten. Nach 5 Minuten das Mehl darüberstäuben, mit Weißwein ablöschen. Curry, Kognak und Sahne zufügen, alles einmal aufkochen. Dann salzen und möglichst gleich zu Tisch bringen.

Gut mit Champignonreis und Kopfsalat. Stellen Sie außerdem eine kleine Schale mit Mandarin-Orangen (aus der Dose) und eine kleine Schale mit Mango-Chutney auf den Tisch.

Filetgulasch in Curryrahmsoße
(Foto s. S. 127)
Delikates Schnellgericht

600 g abgelagertes Rinderfilet
2 EL Mehl
1 EL Curry
1/4 TL weißer, gemahlener Pfeffer
1/4 TL Rosenpaprika
4 EL Öl
3 große Zwiebeln
2 grüne Paprikaschoten
150 g frische Champignons
1 TL Worcestersoße
knapp 1/4 l Sahne
1 EL Zitronensaft
Salz, evtl. Curry

Das Fleisch vom Metzger in fingerdicke Scheiben schneiden lassen, für 20 Minuten ins Frosterfach legen, dann in schmale Streifen schneiden. Das Mehl mit den Gewürzen mischen und das Fleisch darin wälzen. In einer sehr großen Pfanne das Öl erhitzen und unter stetigem Rühren das so vorbereitete Filet 3 Minuten bei starker Hitze darin braten. Aus der Pfanne nehmen, das restliche Öl in der Pfanne lassen. Die Zwiebeln schälen, in schmale Streifen oder in Würfel schneiden. Die Paprikaschoten von Stielansätzen und Kernen befreien, waschen und am besten mit Hilfe des Gurkenhobels ganz dünn hobeln. Die Champignons von Wurzelansätzen und braunen Stellen befreien, in dünne Scheibchen schneiden. Das Gemüse im restlichen Öl 10 Minuten schmoren. Sollte es anzubrennen drohen, etwas Wasser zugießen. Dann das Fleisch, die Worcestersoße und Sahne in die Pfanne geben, alles gut erhitzen und zum Schluß noch einmal mit Zitronensaft, Salz und Curry abschmecken. Schmeckt am besten mit Reis.

Kesselgulasch (Foto S. S. 127)
Ein ungarisches Eintopfgericht

200 g Zwiebeln
60 g Schweineschmalz
2 EL Edelsüßpaprika
4 EL Wasser
600 g würfelig geschnittenes Rindfleisch (Schulter oder Hüftdeckel)
1/2 TL Kümmel
Salz, evtl. etwas Wasser
8–10 Kartoffeln
je 3 grüne und rote Paprikaschoten
2 große Tomaten
1–2 EL Tomatenmark
1–2 Knoblauchzehen
1 l Wasser
Brühwürfel für 1 l

Dies ist ein Originalrezept aus Ungarn. Es wurde mir in Budapest in einem kleinen schwarzen Eisenkessel serviert und schmeckte so vorzüglich, daß ich den Koch um sein Rezept bat. Die Zwiebeln schälen, grob zerschneiden und im Schmortopf mit Schweineschmalz glasig dünsten. Den Topf einen Moment von der Kochstelle nehmen, Paprika hineingeben, umrühren und dann mit etwas Wasser ablöschen. Der Paprika soll heiß werden, darf aber nicht verbrennen. Dann das Fleisch mit Kümmel und Salz in den Topf geben, den Deckel auflegen und alles bei mäßiger Hitze im eigenen Saft schmoren. Unter Umständen zwischendurch etwas Wasser aufgießen. Inzwischen die Kartoffeln schälen und würfeln. Paprikaschoten von Stielansätzen befreien, waschen, grob zerschneiden. Die Tomaten mit kochendem Wasser überbrühen, schälen, achteln. Nach 30 Minuten Schmorzeit Kartoffeln und Gemüse, Tomatenmark, geschälte Knoblauchzehen, Wasser und Brühwürfel dazugeben und das Gericht bei mäßiger Hitze noch mindestens 60 Minuten langsam garen. Abschmecken und am besten im Topf servieren.

Filetgulasch in Curryrahmsoße Rezept S. 126
Kesselgulasch Rezept S. 126
Dillfrikassee Rezept S. 129

Dillfrikassee (Foto s. S. 127)
Sehr aparte Lammfleischverwertung

600 g Lammfleisch (Schulter)
1 Bund Suppengrün
1 Zwiebel
2 Knoblauchzehen
1 TL Pfefferkörner
1/2 TL feingeriebener Majoran
einige Petersilienzweiglein, Salz
1/8 l Weißwein
knapp 1 l Wasser
3 EL Margarine
3 EL Mehl
1/8 l saure Sahne
4 EL frischer, feingehackter Dill
1 TL Zitronensaft

Das Lammfleisch mit geputztem Suppengrün, geschälter Zwiebel und Knoblauchzehen, Pfefferkörnern, Majoran, Petersilie, Salz, Weißwein und Wasser 75 Minuten zugedeckt garen.
Kurz vor Ende der Kochzeit die Margarine im Topf zerlassen, das Mehl darin anschwitzen. Mit 3/4 l durchgesiebter, gut entfetteter Fleischbrühe aus dem Fleischtopf ablöschen. 5 Minuten kochen lassen. Das Lammfleisch aus dem Topf nehmen, in gulaschgroße Würfel schneiden und in die Soße geben. Alles abschmecken. Den Topf von der Kochstelle nehmen und saure Sahne, Zitronensaft und Dill unterrühren.
Ein leichtes schmackhaftes Essen, zu dem Safranreis oder Butternudeln gleich gut passen.

Lamm-Curry
Gut für Monatsende

800 g Lammschulter
4 große Zwiebeln
1 zerdrückte Knoblauchzehe
2 EL Öl
2 EL Mehl
2–3 TL Curry
1/4 l Wasser, Brühwürfel für 1/2 l
1/8 l Sahne
2 EL Zitronensaft
1 kleine Dose Ananas in Stücken
Salz
50 g Mandelstifte

Das Lammfleisch vom sichtbaren Fett befreien und in knapp gulaschgroße Würfel schneiden. Die Zwiebeln schälen, grob zerschneiden. Das Fleisch mit Zwiebeln und Knoblauch im Schmortopf in heißem Öl 15 Minuten anbraten. Dann Mehl und Curry darüber stäuben, mit Wasser ablöschen. Den Brühwürfel hineinkrümeln, nun den Deckel auflegen. 60 Minuten das Fleisch weichschmoren. Nun Sahne, Zitronensaft und Ananasstückchen in den Topf geben, das Gericht abschmecken.
Nebenbei in einer kleinen Pfanne die Mandelstifte in Butter goldbraun rösten. Sie werden im letzten Moment über das duftende Lammgericht gegeben.
Gut mit Ofenkartoffeln vom Blech oder Butternudeln und Gurkensalat.

Stiphado
Herzhafte Gulaschvariation

4 EL Öl
600 g Rindfleisch in Würfel (Schulter)
800 g große Zwiebeln
2 Knoblauchzehen, 3 EL Öl
1 mittelgroße Dose geschälte Tomaten, evtl. 1/8 l Wasser
1 Glas Rotwein, 1 TL Zucker
2 Nelken, 1 Msp Zimt
1 Msp geriebener Thymian
schwarzer Pfeffer, Salz

Wer dieses Gericht kocht, darf keine Eile haben. Es wird nämlich umso besser, desto länger es kocht. Überschüssiges Fett vom Rindfleisch entfernen. Die Zwiebeln schälen und vierteln. Knoblauchzehen zerdrücken.
Zunächst das Fleisch in einem Schmortopf mit dickem Boden im heißen Öl bei starker Hitze scharf anbraten, dann die Hitze reduzieren, damit die Außenkanten vom Fleisch langsam bräunen. Nach ca. 15 Minuten Zwiebeln und Knoblauch zufügen. Weitere 10 Minuten braten. Die grobzerschnittenen Tomaten mit dem Saft, evtl. etwas Wasser, Rotwein, Zucker, Nelken, Zimt, Thymian, Pfeffer und Salz zur Fleisch-Zwiebelmischung geben. Alles zum Kochen bringen, dann zugedeckt bei ganz *schwacher* Hitze ca. 2 Stunden garschmoren. Vor dem Servieren noch einmal abschmecken, Nelken herausfischen.

Kalbshaxen in Zitronensoße
Italienische Spezialität

4 Scheiben Kalbshaxe, jeweils gut 2 cm dick
1 EL Zitronensaft
2 EL Mehl
3 EL Öl
1 Stückchen Sellerie
1/8 l trockener Weißwein
1/4 l Wasser
Brühwürfel für 1/2 l
Salz, weißer, frischgemahlener Pfeffer
1 kleine Zwiebel
1 Nelke
1 Msp Zimt
1 Stückchen Zitronenschale
2 EL frische, feingehackte Zitronenmelisse
1 Zitrone

Bitten Sie Ihren Metzger, für Sie die Kalbshaxe entsprechend zurechtzuschneiden. Am besten ist es, wenn die Knochen dabei mit der Säge zerteilt werden. Das Fleisch mit Zitronensaft beträufelt über Nacht im Kühlschrank marinieren. Aber zur Not können Sie es auch am gleichen Tag zubereiten. Vor dem Braten das Mehl über das Fleisch stäuben.
Dann das Öl im Schmortopf erhitzen und die Haxenscheiben von beiden Seiten mittelbraun darin anbraten. Nebenbei den Sellerie putzen und in kleine Würfelchen schneiden oder grob mit der Rohkostreibe reiben. Zum Fleisch geben, 3 Minuten mitdünsten. Dann alles mit Weißwein und Wasser ablöschen. Den zerkrümelten Brühwürfel, Salz, Pfeffer, die mit der Nelke bespickte, geschälte Zwiebel, Zimt und Zitronenschale in den Topf geben. Einen Deckel auflegen und alles gut 60 Minuten weich schmoren. Dann die Zwiebel mit der Nelke herausfischen. Die Soße nochmals abschmecken. Kurz vor dem Servieren die Zitronenmelisse unterrühren. Die Zitrone ähnlich wie eine Orange schälen, so daß alles Weiße entfernt ist, dann in kleine Würfelchen schneiden und über das fertige Gericht streuen. Das gibt ihm eine aparte, frische Note.
Gut mit Petersilienkartoffeln oder grünen Nudeln und Feldsalat.

Pikantes Bratwurstallerlei
Schnell und beliebt

16–24 kleine Nürnberger Bratwürstchen
4 EL Wasser
2 EL Öl
1/2 Glas eingelegte Senfgurkenwürfel
1/2 Glas Tomaten-Paprika
1 Päckchen Instant-Bratensoße
knapp 1/4 l Wasser
4 EL Sahne oder Kondensmilch
4 EL Tomatenketchup
Salz, Pfeffer

Das ist eine leckere Bratwurstpfanne. Die Würstchen, falls nicht schon vom Metzger gebrüht, mit kochendem Wasser übergießen. Dann in einer Pfanne mit Wasser und Öl bei mäßiger Hitze zugedeckt anbraten, nach 5 Minuten den Deckel abnehmen und die Würstchen schön braun braten. Abgetropfte Gurkenwürfel und Paprikastreifen zufügen. Bratensoße mit Wasser verrührt zugeben, ebenso Sahne oder Kondensmilch, Tomatenketchup, Salz und Pfeffer. Alles gut heiß werden lassen und sogleich zu Tisch bringen.

Mexikanische Pfefferfrikadellen
(Foto s.S. 89)
Für alle, die gerne scharf essen

1 Zwiebel
1 EL Öl
1 Brötchen
400 g gemischtes Hackfleisch
1 Ei
1 TL Salz
1 TL Edelsüßpaprika
je 1 Msp Cayenne
gemahlener schwarzer Pfeffer
gemahlener Piment
2 EL Öl
2 EL Mehl
1/4 l Brühe
1/8 l Rotwein
2 EL Tomatenmark
1 Packung
Tiefkühlgemüse»Mexikanischer Garten« (300 g)
Salz

Ein pikantes Essen, zu dem ein gut gekühltes Bier besonders gut munden wird. Bei Gästen sehr beliebt. Es kann direkt aus dem Topf serviert werden, in dem es zubereitet wurde.

Zwiebel schälen und kleinschneiden. In einer Pfanne in heißem Öl goldbraun braten. Brötchen in kaltem Wasser einweichen, gut ausdrücken. Zwiebel, Brötchen, Hackfleisch, Ei, Salz, Paprika, Cayenne, Pfeffer, Piment miteinander zu einem geschmeidigen Hackfleischteig vermischen und mit nassen Händen gut walnußgroße Bällchen daraus formen.

In einem Topf das Öl erhitzen, die Klößchen rundherum gut braun darin anbraten. Ist der Topf sehr klein, am besten in zwei oder drei Portionen braten. Zwischendurch den Topf immer wieder etwas schütteln, damit die Klößchen nicht am Topfboden festkleben. Nun die Klößchen aus dem Topf nehmen, das Mehl im restlichen Fett bräunen. Mit Brühe und Rotwein ablöschen, aufkochen lassen, mit Tomatenmark und Tiefkühlgemüse mischen, salzen. 8 bis 10 Minuten bei schwacher Hitze garen. Dann die Klößchen unter die Mischung geben und alles noch einmal abschmecken. Wer die Soße besonders scharf haben möchte, gibt noch etwas Tabasco, Paprika und evtl. etwas Knoblauch dazu.

Mit körnigem, weißen Reis oder frischem Stangenweißbrot eine schnelle, sättigende Mahlzeit.

Čevapčiči
Ideale Partybewirtung

1 Zwiebel
1 feinzerdrückte Knoblauchzehe
1 EL Schmalz oder Öl
500 g Hackfleisch vom Rind
1 Eiweiß, 1 TL Edelsüßpaprika
1 TL Salz
Öl oder Schmalz zum Braten

Die Zwiebel schälen, sorgfältig in kleine Würfelchen schneiden. Mit der Knoblauchzehe in einer Pfanne in heißem Schmalz oder Öl goldgelb braten. Abgekühlt mit Hackfleisch, Eiweiß, Paprika und Salz vermischen. Gut daumendicke, etwa 5 cm lange Würstchen daraus formen. Mit nassen Händen wird die Oberfläche besonders glatt. Auf ein Kunststoffbrett geben, mit Folie zudecken und 4–6 Stunden in den Kühlschrank stellen. Das Aroma der Gewürze verteilt sich auf diese Weise gleichmäßig im Fleischteig. 10 Min. vor dem Braten in die Küche stellen. Portionsweise am besten in einer kunststoffbeschichteten Pfanne in heißem Öl braten, dabei die Pfanne immer wieder hin und her rütteln.

Čevapčiči werden traditionsgemäß mit reichlich frischgeschnittenen Zwiebelwürfeln, eingelegten Tomaten-Paprika, Weißkrautsalat und Pommes Frites gegessen. Jeder Gast würzt sich sein Fleisch nach Belieben mit Paprikapulver, Kümmel oder geschrotetem Pfeffer.

Schinkenpastete
Ideales Gästeessen

1 Paket Tiefkühlblätterteig (300 g)
Mehl zum Ausrollen
400 g gekochter Schinken
2 Brötchen
1 Beutel = 40 g geriebener Parmesankäse
3 Eier
1 Eiweiß
6 EL frische, feingehackte gemischte Kräuter (Petersilie Schnittlauch, Kerbel Zitronenmelisse, Borretsch, etwas Majoran und Rosmarin etc.)
1 kleine Zwiebel
Selleriesalz
etwas feingeriebenes Muskat, Salz
1 Eigelb, 1 EL Wasser

Den Tiefkühlblätterteig nach Vorschrift unverpackt in ca. 20 Minuten auftauen lassen und blockartig auf bemehlter Unterlage zu einem Rechteck von ca. 35 × 45 cm ausrollen.
Den Schinken von Schwarten befreien und kleinhacken. Die Brötchen in kaltem Wasser einweichen, ausdrücken und zerzupfen. Alles mit Reibkäse, Eiern, feingehackten Kräutern, geschälter, kleingewürfelter Zwiebel, Selleriesalz, Muskat und Salz vermischen. Die Masse auf das mittlere Drittel des Teiges geben, dann die schmalen Enden etwas einschlagen und die beiden langen Seiten darüberklappen. Die Kanten mit etwas Eigelb, das mit Wasser verquirlt wurde, befeuchten und fest andrücken. Die Oberfläche ebenfalls mit Ei-Wasser bepinseln, dann einige Male mit der Gabel einstechen, damit die Luft entweichen kann.
Im gut vorgeheizten Backofen (220°C / 4) auf der obersten Schiene 40–45 Minuten goldgelb backen.
Wahlweise mit Kerbel-, Tomaten- oder Champignonsoße und grünem Salat zu Tisch bringen.

Paprika-Sahneschinken
Aromatisches Schnellgericht

8 Scheiben gekochter Schinken
knapp 1/4 l dunkler, trockener Rotwein
1 Zwiebel
1 EL Öl
1 TL Rosenpaprika
1/2 TL Edelsüßpaprika
1 TL Mehl
4 EL echter Vermouth
1/4 l Sahne
2 EL Tomatenmark
Salz
1 TL Fondor

Die Schinkenscheiben von Fett und Schwarten befreien, mit Rotwein übergießen und ziehen lassen. In der Zwischenzeit die Zwiebel schälen, würfeln, in Öl gut glasig dünsten. Paprika und Mehl darüberstäuben, mit Vermouth und dem überschüssigen Rotwein ablöschen. Auf die Hälfte einkochen lassen. Die Sahne schlagen, die Hälfte unter die heiße Soße ziehen. Dann die Soße mit Tomatenmark, Salz und Fondor abschmecken und die Schinkenscheiben darin heiß werden lassen. Von der Kochstelle nehmen und die restliche Sahne unterziehen.
Schmeckt sehr gut zu Butternudeln und jungen Erbsen.

Dillburger

Spezialität aus den USA

500 g gemischtes Hackfleisch
1 1/2 TL getrocknete Dillspitzen
oder 1 1/2 EL frischer, feingehackter Dill
Salz
2 EL Öl
1 EL Butter
2 EL Zitronensaft
2 EL Worcestersoße
schwarzer, gemahlener Pfeffer
1 Tomate, einige Dillzweiglein

Das Hackfleisch mit Dill und Salz vermischen, zu vier Frikadellen ausformen. Die Oberflächen mit etwas Wasser benetzen, die Frikadellen zwischen zwei Brettchen ziemlich flach drücken. Am besten in einer kunststoffbeschichteten Pfanne das Öl heiß werden lassen, dann die Frikadellen bei ziemlich starker Hitze anbraten, bei mäßiger Hitze durchbraten.

Zum Schluß jeweils ein Stückchen Butter auf den Dillburgern schmelzen lassen. Mit Zitronensaft, Worcestersoße und Pfeffer würzen.

Tomatenachtel und Dillzweiglein zum Garnieren.

Gut mit Béchamelkartoffeln und Bohnengemüse.

Schweinsfilet im Schlafrock

Ein bewährter Gästeschmaus

1 Paket Tiefkühl-Blätterteig (300 g)
1 großes Schweinsfilet
1 EL Öl
1/2 TL weißer, gemahlener Pfeffer
1/4 TL feingemahlener Rosmarin
1 TL Salz
2 TL Senf
1 kleine Dose Leberpastete
100 g Champignons
1 EL Zitronensaft
3 dünne Scheiben gekochter Schinken
2 EL Mehl
1 Eigelb
2 EL Wasser oder Milch

Zunächst den Blätterteig nach Vorschrift in ca. 20 Minuten auftauen lassen. Dann den Backofen vorheizen (220 C / 5).

Das Schweinsfilet in einer Pfanne in heißem Öl bei starker Hitze in ca. 5 Minuten rundherum kräftig anbraten. Mit Pfeffer, Rosmarin, Salz würzen, mit Senf bestreichen. Die Champignons waschen, von Stielansätzen und faulen Stellen befreien, fein hacken und mit Zitronensaft beträufeln, mit der Leberpastete mischen. Rundherum das Filet mit dieser Masse bestreichen. Dann die von Schwarten befreiten Schinkenscheiben herumwickeln.

Den blockartigen Blätterteig auf bemehlter Unterlage zu einem Rechteck passender Größe (ca. 30 × 50 cm) ausrollen. Das vorbereitete Filet darauflegen. Die Teigenden mit Eigelb, das mit Wasser oder Milch verschlagen wurde, bepinseln. Dann den Teig über das Filet schlagen und die Enden und Nahtstellen fest zudrücken. Einige Male mit der Gabel einstechen, damit die Luft entweichen kann. Nun die Pastete mit der übrigen Eigelbmilch bepinseln. Auf ein mit kaltem Wasser benetztes Blech legen.

So hoch wie möglich im Backofen 40 Minuten goldgelb backen. Heiß in gut daumenbreite Scheiben schneiden.

Gut mit Waldorfsalat und einer würzigen Currymandelsoße.

Kalbsleber Melba
Delikates Schnellrezept

4 Pfirsichhälften (Dose)
4 rote Kirschen (Dose)
1 Tasse Pfirsichsirup (Dose)
2 EL Zitronensaft
4 Scheiben Kalbsleber
1 EL Mehl
2 EL Öl
Salz,
weißer, feingemahlener Pfeffer
1 Zwiebel
1 EL Margarine
1 EL Mehl
2 EL gehackte Petersilie
1 Msp feinzerriebener Thymian
1/2 TL feingehackter, frischer Estragon
1/2 TL feingehackter, getrockneter Salbei
knapp 1/8 l Weißwein
2 EL Madeira oder Sherry
1/8 l Sahne

Die Pfirsichhälften mit den Kirschen in einem kleinen Topf im Sirup und Zitronensaft heiß werden lassen.
Die Kalbsleber evtl. häuten, mit Küchenkrepp-Papier trockentupfen, dann in Mehl wenden. In heißem Öl in einer kunststoffbeschichteten Pfanne von beiden Seiten je 3 Minuten knapp durchbraten. Salzen und pfeffern. Auf eine vorgewärmte Platte geben und warmstellen.
Die Zwiebel in kleine Würfelchen schneiden. Dann die Margarine zum restlichen Fett in die Pfanne geben, die Zwiebelwürfel darin bräunen. Mit Mehl bestäuben, dieses ebenfalls bräunen. Petersilie, Thymian, Estragon, Salbei, Weißwein, Madeira oder Sherry und Sahne nach und nach in die Pfanne geben, alles vermischen und etwas einkochen lassen. Mit Salz und Pfeffer abschmecken und über die Leberschnitten gießen. Obenauf die abgetropften, heißen Pfirsiche, mit den Kirschen garnieren.

Paprikaleber (Foto s. S. 107)
Bewährte Variation

100 g durchwachsener Speck
2 Zwiebeln
je 1 grüne und rote Paprikaschote
300–400 g Leber
1 EL Mehl
1/4 l Brühe
1/2 TL Rosenpaprika
Salz, Pfeffer
1 EL Tomatenmark
evtl. 1 feinzerdrückte Knoblauchzehe
1 Schuß Rotwein

Dies ist ein sehr schmackhaftes und gesundes Lebergericht. Es ist auch gar nicht notwendig, dafür teure Kalbsleber zu kaufen. Junge Rinder- oder gute Schweineleber, vor der Verarbeitung 10 Minuten in Milch gelegt, ist sehr gut dafür zu verwenden.
Den Speck in kleine Würfel schneiden und bei schwacher Hitze glasig braten. Inzwischen die Zwiebeln schälen und wahlweise in Ringe oder Würfel schneiden. An den Speck geben. Paprikaschoten waschen, von Stielansätzen und Kernen befreien und – am besten mit dem Gurkenhobel – in dünne Streifen schneiden. Ebenfalls mitbraten. Leber in kleinfingerdicke Streifen schneiden, dabei Röhren und Häute zurücklassen. Wenn das Gemüse fast gar ist, in eine Pfanne geben und nun alles bei starker Hitze durchbraten. Mit Mehl bestäuben, mit Brühe ablöschen. Dann mit Gewürzen und Rotwein abschmekken. Bald servieren, weil Leber durch langes Stehen hart werden würde.
Wer es besonders gut meint, gibt zum Schluß noch etwas Sahne oder Kondensmilch an das Gericht. Am besten schmeckts mit Reis oder frisch aufgebackenem Stangenweißbrot und Salat.

Coq au vin (Foto s. S. 117)
Berühmte französische Spezialität

50 g durchwachsener, geräucherter Speck
4–5 Zwiebeln
40 g Margarine
1/2 l dunkler Burgunder
1 Knoblauchzehe
1/2 Lorbeerblatt
Salz
1 Hähnchen
1 EL Öl
1 Msp schwarzer Pfeffer
1 Msp weißer Pfeffer
1 Msp Cayenne
1 EL Mehl
2–3 EL Kognak
1 kleine Dose (125 g) Champignons
4 dünne Scheiben durchwachsener, geräucherter Speck
10 g Butter

Coq au Vin, also Hähnchen in Rotweinsoße, ist ein festliches Gericht, das nicht nur Franzosen mundet. Den Speck würfeln. Die Zwiebeln schälen, klein schneiden. Beides im Schmortopf in heißer Margarine hell braten. Mit Burgunder aufgießen, würzen. Das Hähnchen waschen, mit der Küchenschere in 4–6 Stücke teilen, abtrocknen und salzen. In einer Pfanne in heißem Öl braten, bis es rundherum schön braun ist, dann mit Pfeffer und Cayenne würzen. Nun zunächst die Hühnerkeulenteile in die Rotweinsoße geben, nach 5 Minuten die übrigen Fleischstücke. Zugedeckt 20 bis 30 Minuten schmoren lassen, die Zeit richtet sich natürlich nach Alter und Größe des Hähnchens.
Fleischstücke aus der Soße nehmen, warm stellen. Die Soße mit kalt angerührtem Mehl binden, das Lorbeerblatt herausnehmen. Mit Kognak und Salz abschmecken, das Hähnchen wieder hineingeben und aufwärmen. In der Pfanne die abgetropften Pilze und den Speck in der Butter kurz erhitzen, auf dem Hühnerfleischtopf verteilen. Möglichst im Topf zu Tisch bringen.
Gut mit Zucchinigemüse, Kopfsalat oder Feldsalat und Reis oder Kartoffelpüree. Als Getränk Burgunderwein.

Pfefferhuhn (Foto s. S. 89)
Sehr würziges Hühnergericht

1 großes, tiefgekühltes Brathuhn
Salz, Edelsüßpaprika
weißer, frischgemahlener Pfeffer
3 EL Mehl
4 EL Öl
1 Zwiebel
6 Tomaten
1 Knoblauchzehe
1/2 TL zerriebener Oregano
1 TL Edelsüßpaprika
1/8 l Wasser
1/8 l Rotwein
2 EL Kognak

Tiefgekühltes Huhn nach Vorschrift ohne Umhüllung auftauen lassen. In vier Teile zerlegen, kurz waschen, mit Küchenkrepp-Papier trockentupfen. Mit Salz, Paprika und Pfeffer würzen und mit Mehl bestäuben. Dann zunächst bei scharfer Hitze in einer tiefen Pfanne oder im Schmortopf in heißem Öl anbraten. Die Tomaten überbrühen, schälen, kleinschneiden, dabei die harten Stücke zurückbehalten. Mit der zerdrückten Knoblauchzehe, Oregano, Paprika, Wasser, Rotwein und etwas Salz zum gebräunten Huhn geben. Einen Deckel auflegen und alles 25 Minuten schmoren. Dann die Soße mit Kognak abschmecken.
Mit gedünsteten Erbsen servieren.

Florentiner Huhn

Sehr beliebtes, würziges Hühnergericht

2 kleine Hühnchen oder 1 großes Huhn (mit der Leber)
2 EL Zitronensaft
2 Zwiebeln
1–2 Knoblauchzehen
4–6 Tomaten
1 kleine grüne Paprikaschote
3 EL Öl
1/8 l trockener Weißwein
1/8–1/4 l Wasser
Brühwürfel für 1/4 l
Salz
1/2 TL feinzerriebener Rosmarin
1 TL feinzerriebenes Basilikum
1 Msp zerriebener Thymian
1/2 Lorbeerblatt
2–3 EL Tomatenmark
2 EL Kognak

Das Huhn – falls tiefgekühlt, sollte es aufgetaut sein – in jeweils vier Teile zerschneiden. Rasch waschen, mit Küchenkrepp-Papier trockentupfen. Mit Zitronensaft marinieren.

Inzwischen die Zwiebeln schälen, kleinwürfelig schneiden. Die Knoblauchzehen schälen und zerdrükken. Tomaten mit kochendem Wasser überbrühen, schälen und klein schneiden. Die Paprikaschote putzen, waschen, in schmale Streifen schneiden.

Nun das Huhn im Schmortopf in heißem Öl bei starker Hitze gut braun anbraten. Die Hühnerlebern, Zwiebeln, Knoblauch, Tomaten und Paprika hinzugeben und alles kurz mitbraten. Mit Wein und Wasser ablöschen. Mit zerkrümeltem Brühwürfel, Salz, Rosmarin, Basilikum, Thymian, Lorbeerblatt und Tomatenmark gut würzen.

Das Huhn sollte zur Hälfte mit würziger Soße bedeckt sein. Zugedeckt 30 Minuten weich schmoren, nach der halben Garzeit einmal wenden und evtl. Wasser zugießen. Zum Schluß die Soße mit Kognak abschmecken.

Vorzüglich mit Butternudeln und Salat.

Ungarisches Paprikahuhn

Preiswerte und sehr beliebte Gästebewirtung

2 mittelgroße frische oder tiefgekühlte Hühnchen
4 EL Mehl
2 EL Paprika
1/2 TL Salz
1/2 TL Selleriesalz
4 EL Öl
40 g Butter
4 EL Weiß- oder Rotwein

Tiefgekühlte Hühnchen ohne Verpackung auftauen lassen. Dann die Hühner mit einer kräftigen Küchenschere halbieren, waschen und mit Küchenkrepp-Papier rundherum trockentupfen. Mehl mit Paprika, Salz und Selleriesalz vermischen und die Hühnerhälften darin wenden. Am einfachsten ist es, wenn Sie dafür die Mehlgewürzmischung in einen kleinen Plastikbeutel geben, dann nacheinander je eine Hühnerhälfte hineingeben, den Beutel oben zuhalten und kräftig schütteln.

In einer Bratpfanne in heißem Öl in ca. 10 Minuten rundherum schön braun anbraten. Dann in eine Auflaufform geben, das restliche Bratfett, die Butter und den Wein dazugeben. Ohne Deckel im vorgeheizten Backofen (200°C / 3) weitere 30 Minuten knusprig braun backen.

Mit Petersilienkartoffeln und Tomatensalat fürwahr ein Festtagsschmaus.

Chinesisches Hühnergeschnetzeltes
Leichtes apartes Schnellgericht

8 halbe, tiefgekühlte Hühnerbrüstchen
1 EL Speisestärke
1 TL Glutamat
1 kleine Zwiebel
4 EL Öl
1 EL eingelegte grüne Pfefferkörner
1 Bambusschößling aus der Dose
1 kleine Dose Wasserkastanien
Salz
1 Msp weißer gemahlener Pfeffer
1 zerdrückte Knoblauchzehe
1 Schuß Sherry
6 geschälte Paranüsse

Die Hühnerbrüstchen im noch gefrorenen Zustand quer zur Faser in halb-fingerdicke Streifen schneiden. In einer Mischung von Stärke und Glutamat wenden. Die Zwiebel schälen, klein würfeln und in einer großen kunststoffbeschichteten Pfanne in Öl glasig braten. Das Hühnerfleisch zugeben und, unter stetigem Wenden, 3 Minuten braten. Nicht länger, denn dann wird es trocken. Herausnehmen. Die Pfefferkörner, den in dünne Stifte geschnittenen Bambusschößling und die halbierten Wasserkastanien in der Pfanne erhitzen. Das Hühnerfleisch, Salz, Pfeffer, Knoblauchzehe und Sherry, ebenfalls in die Pfanne geben, so daß alles heiß und würzig wird. Die Paranüsse 5 Minuten in kochendes Salzwasser geben, damit sie, wenn wir sie anschließend in dünne Scheiben schneiden, nicht zerspringen.
Das Hühnergeschnetzelte in eine Schüssel geben, die feingeschnittenen Nüsse darüberstreuen und mit körnigem Reis und jungen Erbsen zu Tisch bringen.

Putengeschnetzeltes in Estragonsoße
Schnellrezept für Gäste

600 g Putenfleisch (Keule oder Brust)
2 EL Zitronensaft
2 EL Mehl
3 EL Margarine oder Öl
4 EL frische, feingehackte Estragonblätter
2 EL Kognak
1/8 l trockener Weißwein
2 EL Sherry oder Madeira
1/8 l Sahne
Salz
1/2 TL Glutamat

Frisches Putenfleisch für 10 Minuten ins Frosterfach legen, damit es sich besser schneiden läßt. Tiefgekühltes Putenfleisch hingegen nicht ganz auftauen lassen. Dann mit einem scharfen Messer in knapp kleinfingerdicke Streifen schneiden. Das Fleisch mit Zitronensaft beträufeln. Mit Mehl bestäuben und in heißem Fett in einer großen Pfanne unter stetigem Rühren in 4 Minuten hell braten, jedoch nicht bräunen. Aus der Pfanne nehmen.
Dann die Estragonblätter, den Kognak, Weißwein, Sherry oder Madeira, Sahne, Salz Glutamat der Reihe nach in die Pfanne geben. Wenn alles heiß ist, das Fleisch mit dem ausgetretenen Fleischsaft wieder hineingeben. Heiß werden lassen, nach Möglichkeit aber nicht kochen lassen. Am besten sofort zu Tisch bringen, denn wenn es lange steht, wird das Putenfleisch hart und trocken.
Gut mit leuchtend gelbem Safranreis und Tomatensalat.

Flambierte Rehschnitzel
Für Kenner und Könner

2 EL Öl
8 kleine Rehschnitzel (Keule)
2 EL Gin
Salz, schwarzer, feingemahlener Pfeffer
1 EL Butter
2 EL Mehl
1 TL Wacholderbeeren
1/8 l trockener, dunkler Rotwein
1/8 l Sahne
1 EL Pilzpulver
1 Msp zerriebener Thymian
50 g durchwachsener Speck
125 g kleine Champignons
1 TL Zitronensaft
1/4 Glas Silberzwiebeln
1 EL feingehackte Petersilie

Wenn Sie dieses Gericht heiß zu Tisch bringen möchten, sollten Sie nach Möglichkeit gleichzeitig in zwei Pfannen arbeiten. Das Öl in einer Pfanne erhitzen, die gehäuteten, leicht geklopften Rehschnitzel zunächst bei starker Hitze von beiden Seiten jeweils 1/2 Minute scharf anbraten, damit sich die Poren schließen und das Fleisch saftig bleibt. Dann bei mäßiger Hitze jeweils 2 Minuten knapp durchbraten. Mit Gin übergießen, mit einem langen Streichholz anzünden. Die Schnitzel auf eine vorgewärmte Platte geben, würzen und warmhalten.
Dann die Butter in die Pfanne geben, das Mehl zufügen und bräunen. Zerdrückte Wacholderbeeren, Rotwein, Sahne Pilzpulver und Thymian zufügen und alles mit Salz und Pfeffer abschmecken.
In der zweiten Pfanne gleichzeitig den in Streifen geschnittenen Speck auslassen. Die Champignons putzen, waschen, in dünne Scheibchen schneiden und mit Zitronensaft beträufelt zufügen. Bei starker Hitze braten. Die Silberzwiebeln dazugeben, alles salzen. Dann auf den Schnitzeln verteilen. Die Soße am besten extra dazu reichen. Außerdem gibt es Spätzle und Rotkohl.

Gespickte Hasenkeulen in grüner Pfeffersoße
Ein preisgünstiger Festtagsschmaus

2 gespickte Hasenhinterkeulen
3 EL Öl
3 EL Butterschmalz
Salz
1 Päckchen Tiefkühl-Suppengrün (45 g)
1/8 l Wasser
1/8 l Rotwein
1 TL eingelegte grüne Pfefferkörner
2 EL Johannisbeergelee
2 gestr. EL Mehl
gut 1/8 l Sahne
2 EL Pilzpulver oder gemahlene Steinpilze

Tiefgekühlte Hasenkeulen müssen vor der Zubereitung ohne Umhüllung unbedingt vollkommen aufgetaut werden. Frische Hasenkeulen sollten auf jeden Fall einige Tage abgehangen sein. Das Fleisch waschen, mit Küchenkrepp-Papier abtrocknen Öl und Butterschmalz im Schmortopf erhitzen. Das Fleisch zunächst bei starker Hitze rundherum scharf darin anbraten, dann die Hitze reduzieren. Die Hasenkeulen müssen gut braun sein, ehe sie gesalzen werden, weil sonst später die Soße nicht schön dunkel wird und das Fleisch austrocknen würde. Das Suppengrün, Wasser, Rotwein, Pfefferkörner und Johannisbeergelee in den Topf geben, einen Deckel auflegen und die Keulen eine gute Stunde weich

schmoren. Das Fleisch muß sich leicht vom Knochen lösen lassen, dann ist es gar. Die Keulen auf eine vorgewärmte Platte geben und im Backofen (100°C / 1 1/2) warm halten. Das Mehl mit Sahne und Pilzpulver oder gemahlenen Pilzen verrühren, an die Soße geben. Kurz aufkochen lassen und abschmekken. Die Soße separat dazu reichen.
Klassisch dazu sind Rotkohl oder Rosenkohl und Kartoffelpüree oder Kartoffelkroketten.

Gebeizte Rehkeule in Sahnesoße
Köstlicher Sonntagsbraten

1 kg Rehbraten (Schlegel oder Keule)
1/2 l trockener Rotwein
4 EL Rotweinessig
1 Zwiebel
1 Möhre
1 Stückchen Sellerie
4 Wacholderbeeren
1 TL Pfefferkörner
1 Lorbeerblatt
1/2 TL Thymian
1 Msp feingeriebener Ingwer
100 g fetter Speck
1 EL Pilzpulver
Salz
1/4 l Wasser
1/4 l Sahne
2 EL Mehl
2 EL Johannisbeergelee oder Preiselbeeren

Das Rehfleisch häuten, waschen, trocknen. Rotwein und Essig mit geschälter, halbierter Zwiebel, geputzter Möhre und Sellerie, Wacholderbeeren, den Pfefferkörnern, Lorbeerblatt, Thymian und Ingwer aufkochen und abkühlen lassen. Über das Rehfleisch geben und dieses 2–5 Tage darin marinieren. Das Fleisch herausnehmen und mit Küchenkrepp-Papier trokkentupfen.
Den Speck würfelig schneiden, im Schmortopf auslassen, die Speckgrieben herausfischen. Dann das Fleisch im heißen Fett unter gelegentlichem Wenden 15 Minuten gut braun braten. Mit Pilzpulver und Salz würzen. Einen Teil der Marinade und Wasser aufgießen, das Fleisch zugedeckt gut 75 Minuten schmoren lassen. Evtl. zwischendurch noch etwas Marinade zugeben. Den Braten herausnehmen, auf dem Schneidbrett etwas abkühlen lassen, damit der Bratensaft sich setzt. Inzwischen den Bratenfond durchsieben. Die Sahne mit Mehl verrühren, die Soße damit binden. Zum Schluß das Johannisbeergelee, es kann auch durch Preiselbeeren ersetzt werden, an die Soße geben. Den Braten dazu reichen.
Dazu gibt es Rotkohl und Spätzle.

Weitere Rezepte mit Fleisch, Geflügel und Wild finden Sie in diesem Buch

Bananen-Schinkenauflauf s. S. 84
Bauernsalat s. S. 77
Brühe mit Fleischspätzle s. S. 91
Chinesische Hühnersuppe s. S. 93
Debrecziner Nudeltopf s. S. 152
Gänseleber Lukull s. S. 84
Geflügellebersuppe s. S. 92
Geflügelsalat Waldorf-Art s. S. 78
Große Frühlingsrolle s. S. 86
Gulaschsuppe s. S. 98
Kalbsleberpastete s. S. 81
Kalifornischer Geflügelsalat s. S. 78
Ochsenmaulsalat mit grüner Pfeffersoße s. S. 76
Putencocktail s. S. 78
Rindfleischsalat s. S. 77
Wildsalat s. S. 77

Aparte Salat- und Gemüsevorschläge

Grundregel Nr. 1 für einen guten grünen Salat ist, daß das Salatblatt möglichst gut abgetropft, ja beinahe trocken ist, wenn es mit Salatsoße benetzt wird. Sonst wird die Soße durch Wasser verdünnt, verliert an Geschmack, wird fade. Grundregel Nr. 2 ist die gute Salatsoße. Da dürfen wir nicht sparen. Reichlich Öl. Ob geschmacksneutrales Sonnenblumen-, Mais- oder Weizenkeimöl oder das südliche Olivenöl ist Geschmackssache. Wählen können Sie auch bei der Säurezugabe, die wesentlich sparsamer als die Ölmenge bemessen sein sollte: Frischer Zitronensaft, Weißwein-, Rotwein-, Obstweinessig oder gewürzter Kräuteressig, möglicherweise auch mehrere Säureträger gemischt.

An Gewürzen stehen an erster Stelle: die Prise Zucker und Salz. Sehr gute Erfahrungen habe ich mit Selleriesalz gemacht, das dem Salat gleichzeitig eine aparte Note verleiht. Pfeffer gebe ich nur selten an grünen Blattsalat. Zum Tomaten-, Bohnen- oder Gurkensalat ist er aber ein Muß. Selten verzichte ich auf die mehr oder weniger große Messerspitze Senf und nie auf reichlich Kräuter. Natürlich schmecken die frischen Kräuter im Salat am allerbesten. Bei getrockneter Ware müssen wir den Kräutern Zeit zum Ausquellen geben, so daß sie ihr Aroma entwickeln können.

Klassische Salatkräuter sind neben reichlich Petersilie vor allen Dingen Zitronenmelisse, Estragon und Dill, in Maßen auch Schnittlauch, Pimpernell und natürlich Basilikum, welches grünen Blatt- und Tomatensalaten ein unvergeßliches Aroma verleiht. Borretsch, er wird auch Gurkenkraut genannt, ist natürlich in erster Linie für Gurkensalat gedacht. Fein gewiegt ist er aber auch für Blattsalat sehr gut. Mann sollte nicht allzu oft die gleichen Kräuterkombinationen nehmen. Verwenden Sie einmal etwas Liebstöckel, der wie alle Kräuter fein zerkleinert werden muß.

Gemüse, die wertvolle Vitamine und Mineralstoffe enthalten, werden oft durch unfachgemäße Zubereitung verdorben. Beherzigen wir den Grundsatz: zunächst putzen, dann waschen und erst dann zerkleinern. Beim Garen gilt die Regel: nur so lang wie unbedingt nötig und so kurz wie möglich. Dünsten oder dämpfen sind auf jeden Fall dem Kochen in reichlich Flüssigkeit vorzuziehen. Wir sollten dann nur noch etwas Butter, Öl oder Margarine und die passenden Kräuter oder Gewürze zufügen.

Würzanleitungen für Gemüse

Lassen Sie jeweils nur ein Gewürz dominieren, wählen Sie keinesfalls immer alle zugleich.

Auberginen:	Cayenne, Oregano, Edelsüßpaprika, weißer Pfeffer, Zwiebeln, Basilikum, Rosmarin
Blumenkohl:	Muskat, Muskatblüte, Zitronenmelisse, Petersilie
Bohnen:	Knoblauch, Oregano, schwarzer Pfeffer, Zwiebeln, Bohnenkraut, Petersilie
Broccoli:	Muskat, Muskatblüte, weißer Pfeffer, Zitronensaft, Zitronenmelisse
Chicorée:	Muskat, Muskatblüte, Orangenschale, Tomatenmark, Basilikum, Petersilie, Zitronensaft
Chinakohl:	Ingwer, weißer Pfeffer, Zitronensaft, Kerbel, Meerrettich, Petersilie
Dicke Bohnen:	Weißer Pfeffer, Zitronensaft, Zwiebeln, Bohnenkraut, Petersilie, Zitronenmelisse
Erbsen:	Zitronensaft, Basilikum, Dill, Petersilie, Zitronenmelisse, Curry, Meerrettich
Grünkohl:	Schwarzer Pfeffer, Zwiebeln
Gurken:	Anis, Fenchel, Ingwer, Edelsüßpaprika, weißer Pfeffer, Zitronensaft, Borretsch, Dill, Schnittlauch
Kohlrabi:	Muskat, Muskatblüte, weißer Pfeffer, Zitronensaft, -melisse
Lauch:	Muskat, Muskatblüte, Liebstöckel, Zitronensaft
Möhren:	Anis, Fenchel, Ingwer, Kümmel, weißer Pfeffer, Zitronensaft, Petersilie, Thymian, Zitronenmelisse, Zucker
Paprika:	Cayennepfeffer, Knoblauch, Edelsüßpaprika, Piment, Zitronensaft, Zwiebeln, Oregano, Liebstöckel, Rosmarin, Thymian
Pilze:	Ingwer, Knoblauch, Muskat, weißer Pfeffer, Zitronensaft, Zwiebeln, Petersilie
Rosenkohl:	Knoblauch, Muskat, Muskatblüte, schwarzer Pfeffer, Zitronensaft, Zwiebeln
Rotkohl:	Lorbeerblatt, Nelke, Zwiebel, Zitronensaft, Essig, Zucker
Sauerkraut:	Kümmel, weißer Pfeffer, Wacholderbeeren, Apfel, Ananas, Trauben, Zwiebeln
Sellerie:	Anis, Ingwer, Muskat, Muskatblüte, weißer Pfeffer, Zitronensaft, Schnittlauch, Petersilie
Spinat:	Knoblauch, weißer Pfeffer, Muskat, Zitronensaft, Zwiebel
Tomaten:	Kapern, Knoblauch, Oregano, Paprika, schwarzer Pfeffer, Zitronensaft, Zwiebeln, Dill, Basilikum, Liebstöckel, Petersilie, Rosmarin, Schnittlauch, Thymian, Zitronenmelisse
Weißkohl:	Kümmel, weißer Pfeffer, Senf, Muskat
Wirsing:	Muskat, weißer Pfeffer
Zucchini:	Ingwer, Knoblauch, Muskat, Oregano, Edelsüßpaprika, weißer Pfeffer, Zitronenschale, Zitronensaft, Zwiebeln

Der Eigengeschmack aller Gemüse kann durch Glutamat gesteigert werden. Rechnen Sie 1 TL pro kg Gemüse.

Eingelegte Champignons
Sehr beliebt zum Cocktail oder als Beilage

Gut 1 kg kleine Champignons
2 EL Zitronensaft
Salz
1/2 l Weißweinessig
1/4 l Wasser
5 EL Zucker, 1 TL Salz
1 TL Worcestersoße
einige frische Estragonzweige
einige Dillblüten
einige Blätter Zitronenmelisse
Schale von 1/4 Zitrone
2 Lorbeerblätter
einige rote Peperoni
150 g kleine Zwiebelchen

Die Champignons von Wurzelansätzen befreien, halbieren, waschen und mit Zitronensaft beträufeln. In einen Topf mit kochendem Salzwasser geben, 3 Minuten kochen und auf einem Sieb abtropfen lassen.
Nun aus Weißweinessig, Wasser, Zucker, Salz und Worcestersoße einen Sud bereiten. Diesen zunächst 10 Minuten ohne, dann 3 Minuten mit den Pilzen aufkochen. Die Pilze mit dem Sud in einen großen Steintopf oder ein Glas geben. Zwischendurch nach und nach Estragon, Dillblüten, Zitronenmelisse, Stückchen der Zitronenschale, Lorbeerblätter, Peperonistückchen und geschälte, halbierte Zwiebelchen mit einfüllen. Das Glas zubinden und 14 Tage an kühler Stelle durchziehen lassen.

Chinesische Erbsen
Erlesene asiatische Gemüsekombination

250 g kleine Zwiebelchen
2 EL Öl
1 TL Senfkörner
1 Becher (200 g) Joghurt
1 Packung Tiefkühl-Erbsen (300 g)
200 g kleine Champignons
1 EL Zitronensaft
1 TL Curry
evtl. 1/2 TL Kurkuma
Salz
2 EL feingehackte Petersilie

Die Zwiebelchen schälen. Kleine werden unzerschnitten im heißen Öl angebraten, größere Zwiebeln müssen halbiert oder geviertelt werden. Senfkörner, verschlagenen Joghurt und die gefrorenen Tiefkühlerbsen dazu geben. 10 Minuten mit Deckel garen. Inzwischen die Champignons putzen, waschen und in dünne Scheibchen schneiden. Mit Zitronensaft beträufeln, damit sie nicht braun werden. Dann mit dem Gemüse noch 5 Minuten dünsten. Alles mit Curry, evtl. Kurkuma und Salz abschmekken. Mit Petersilie bestreut zu Hühnergerichten reichen.

Chinakohlsalat
Willkommene Abwechslung im Winter

1 kleiner Chinakohl
2 große Möhren
4 EL Zitronensaft
1/2 TL Selleriesalz
1/2 Becher (100 g) Joghurt
4 EL Sahne
50 g Boursinkäse
1 TL scharfer Senf
1 zerdrückte Knoblauchzehe
2 EL feingehackte Petersilie

Chinakohl können wir während der Wintermonate kaufen. Da er an sich keinen sehr ausgeprägten Geschmack hat, muß der Salat durch die übrigen Zutaten schmackhaft gemacht werden.
Den Chinakohl putzen, und in knapp kleinfingerdicke Streifen schneiden, rasch waschen und sehr gründlich abtropfen lassen. Die Möhren putzen, waschen, mit der groben Rohkostreibe reiben. Chinakohl und Möhren mischen, mit Zitronensaft und Selleriesalz marinieren.
Aus Joghurt, Sahne, Käse, Senf, Knoblauch und etwas Petersilie eine schmackhafte Salatsoße rühren, über den Salat gießen. Mit der restlichen Petersilie bestreuen.

Griechisches Mischgemüse
Schmeckt warm und kalt, darum gleich große Portionen kochen.

je 1/4 l herber Weißwein, l Wasser
1/8 l Olivenöl
Saft von 3 Zitronen
3 zerdrückte Knoblauchzehen
1 EL weiße, geschrotete Pfefferkörner, 1 Lorbeerblatt
1 TL getrocknetes Basilikum
1/2 TL Thymian
1/2 TL Glutamat, 500 g Zucchini
je 2 rote und grüne Paprikaschoten
250 g kleine frische Zwiebeln
250 g kleine Champignons
1 Stückchen Sellerie oder
4 Stangen Bleichsellerie
Hühnerbrühwürfel für 1 l

Weißwein, Wasser, Öl, Zitronensaft und die Gewürze bei mäßiger Hitze 30 Minuten ziehen lassen. Inzwischen die Zucchini waschen, in kleinfingerdicke Scheiben schneiden. Paprikaschoten von Stielen und Kernen befreien, waschen, vierteln. Bohnen und Zwiebeln waschen. Die Champignons putzen, waschen, halbieren. Den Sellerie putzen, waschen und in Stücke schneiden, Das Gemüse in einen Topf geben, den würzigen Sud darübersieben und den Hühnerbrühwürfel hineinkrümeln. Bei mäßiger Hitze wieder zum Kochen bringen und, ohne zu rühren, 20 Minuten zugedeckt garen. Abschmecken und warm, lauwarm oder eisgekühlt zu Tisch bringen.

Südfranzösische Pilzpfanne
Sommerlicher Festtagsschmaus

800 g Waldpilze
1 große Zwiebel
1 Knoblauchzehe
je 100 g gekochter und roher Schinken
3 EL Öl
1/2 TL Oregano
1 Msp Thymian
1 Msp Rosmarin
1/8 l Sahne
2 fleischige Tomaten
evtl. 1 EL Tomatenmark
Salz, schwarzer, feingemahlener Pfeffer
2 EL feingehackte Petersilie

Die Pilze, Sie können dafür wahlweise Steinpilze, Pfifferlinge, Birkenpilze, Maronen, Waldchampignons, Rreizker, Rothäubchen u.a. nehmen, von Wurzelansätzen und faulen Stellen befreien, sehr gründlich waschen und in Scheiben schneiden. Die Zwiebel schälen und würfeln, die Knoblauchzehe zerdrücken. Den Schinken von Schwarten befreien und in Streifen schneiden.

Alle diese Zutaten in einer großen Pfanne unter Rühren in heißem Öl 10 Minuten braten. Dann Oregano, Thymian, Rosmarin, Sahne, geschälte, zerschnittene Tomaten, evtl. Tomatenmark, Salz und Pfeffer an das Gericht geben. Gut würzig abschmecken.

Mit Petersilie bestreut wahlweise mit Toast als Vorspeise reichen oder als Beigabe zu Braten und Pommes Frites.

Zur Abwechslung können Sie auch einmal ein Stückchen Sellerie reiben und mit dem Pilzgemüse braten.

Spinatsalat
Sehr vitamin- und eisenhaltig

250 g zarter Treibhausspinat
2 EL Öl
1 1/2 EL Essig
1 kleine Zwiebel
Salz
1/2 TL Zucker
1/2 TL Senf
schwarzer Pfeffer

Spinatsalat aus zartem Treibhausspinat ist wahrlich eine Delikatesse. Aus Freilandspinat zubereitet, schmeckt er allerdings wie Ziegenfutter.

Den Spinat verlesen, die Stiele etwas abschneiden, mehrere Male gründlich waschen, dann sehr gut abtropfen lassen. Aus Öl, Essig, geschälter, feingewürfelter Zwiebel, Salz, Zucker, Senf und Pfeffer eine würzige Marinade mischen und den Salat im letzten Moment vor Tisch daruntermischen. Gut als Vorspeise oder zu Kartoffelpüree und Frikadellen.

Überbackene Tomaten
Wahlweise als Beilage oder Vorspeise

250 g frische Champignons
1 EL Zitronensaft
1 große Knoblauchzehe
1 EL frisches feingehacktes Basilikum
1 EL Öl
1 EL Butter
Salz, weißer, feingemahlener Pfeffer
4 große Tomaten
etwas Zucker
8 EL Paniermehl
2 EL Öl
Fett für die Form
1 EL Parmesankäse

Die Champignons von Wurzeln und faulen Stellen befreien, gründlich waschen, in Scheiben schneiden und mit Zitronensaft beträufeln. Die Knoblauchzehe zerdrükken, mit Basilikum und Öl in eine Pfanne geben und hell braten. Dann die Butter und die Pilze zufügen. Ca. 3 Minuten braten, mit Salz und Pfeffer würzen.
Die Tomaten waschen, abtrocknen, quer zur Hauptachse halbieren. Leicht mit Zucker und Pfeffer würzen, jedoch nicht salzen. Das Paniermehl mit Öl vermischen, auf die Schnittflächen geben. Eine flache, feuerfeste Form ausfetten, zunächst die Pilzmischung hineingeben, dann die Tomaten. Im vorgeheizten Backofen (200°C / 3) auf dem Rost auf der zweitobersten Schiene 20 Minuten backen. 5 Minuten vor Ende der Backzeit den Reibkäse auf die Tomaten streuen. In der Form zu Tisch bringen.

Tomatensalat italienische Art
Schmeckt denen, die auch Pizza mögen

500 g fleischige Tomaten
Salz, weißer oder schwarzer frischgemahlener Pfeffer
1 Pr Zucker
1 große grüne Frühlingszwiebel
1 EL feingeschnittener Schnittlauch
1 TL frischer oder getrockneter Oregano
3 EL Olivenöl
1 EL Zitronensaft oder Essig
einige grüne Salatblätter
ein Stückchen frische Gurke

Die Tomaten waschen, abtrocknen, quer zur Hauptachse in gleichmäßige, nicht zu dünne Scheiben schneiden und bergartig auf eine runde Platte geben. Mit Salz, Pfeffer und Zucker würzen. Die Zwiebel feinhacken, mit Schnittlauch, Oregano, Öl und Zitronensaft vermischen, über den Tomatensalat gießen. 1/2 Stunde an kühler Stelle durchziehen lassen, jedoch nicht umrühren.
Den Rand der Platte mit frischen Salatblättern und darauf etwas grobgeraffelter Salatgurke garnieren.
Gut dazu Vollkornbrot mit Butterkäse.

Eingelegte Rote Bete
Altrussisches Rezept

1 kg kleine Rote Beten
Salz
gut 1/4 l Rotweinessig
1 TL Salz
3 EL Zucker
1 EL grobzerdrückte, schwarze oder weiße Pfefferkörner
2 Lorbeerblätter
1 Stückchen Meerrettich

Die Roten Beten gründlich waschen, Wurzeln und Blattansätze aber nicht entfernen, damit sie nicht ausbluten. Mit Wasser bedeckt am besten im Schnellkochtopf 10 Minuten garen, sonst dauert es ca. 1 Stunde. Sie können stattdessen auch die Roten Beten im Backofen garen.
Die Schale abziehen und die Roten Beten in Stifte oder Scheiben schneiden.
Den Essig mit Salz, Zucker, Pfefferkörnern und Lorbeerblättern zum Kochen bringen, dann über die Roten Beten gießen. Den Meerrettich schälen, am besten unmittelbar in das Gefäß reiben, alles einmal umrühren. Nach 24 Stunden können die Roten Beten als Beilage zu Suppenfleisch oder Braten oder als Salat gegessen werden.

Bunter Kartoffelsalat Rezept S. 150
Kartoffelauflauf Rezept S. 150

Gefüllte Zucchini neapolitanische Art

Sehr gut geeignet zum Tiefkühlen

1 Zwiebel
2 EL Öl
400 g gemischtes Hackfleisch
1 Brötchen
1 Ei
1 TL Salz
1 TL feingeriebenes Basilikum
1/2 TL zerriebener Thymian
4 kleine Zucchini
Salz
1 Dose geschälte Tomaten
1 TL feingeriebener Oregano
1 Beutel (50 g) Parmesan
50 g geriebener Emmentaler Käse

Die Zwiebel feinwürfelig schneiden in einer Pfanne hell andünsten. Dann das Hackfleisch zufügen und braten, bis es krümelig ist. Das Brötchen in kaltem Wasser einweichen, ausdrücken, feinzerzupfen. Mit Ei, Salz, Basilikum, Thymian und dem abgekühlten Hackfleisch vermengen, abschmecken.
Die gewaschenen, ungeschälten Zucchini der Länge nach halbieren, in kochendem Salzwasser 5 Minuten vorgaren. Herausnehmen, mit einem Teelöffel etwas vom inneren Fruchtfleisch herausschaben. Nebeneinander mit der Schnittfläche nach oben in eine große, rechteckige, flache Auflaufform geben. Die Hackfleischmasse darauf verteilen.
Die geschälten Tomaten aus der Dose mit dem Messer oder im Mixer etwas zerkleinern, mit Oregano, Salz und Pfeffer abschmecken und über die gefüllten Zucchini gießen. Dann alles mit gemischtem Reibkäse bestreuen.
Im gut vorgeheizten Backofen (200 C / 3) auf dem Rost auf der mittleren Schiene 30 Minuten backen.
Dazu gibt es grüne Nudeln.

Mexikanischer Paprikaauflauf

Anerkannt gute Bewirtung für wenig Geld

4 kleine grüne Paprikaschoten
Salz
2 Zwiebeln
1 EL Öl
200 g milder Käse, z. B. Butterkäse oder Bel Paese
8–12 Oliven
Salz
10 g Margarine
4 Eier
1/8 l Milch
50 g Mehl
2 TL Backpulver
1/2 TL Salz
je 1 Msp Muskat und Cayenne

Ein leckeres Abendbrotgericht, das sehr gut schon am Vormittag vorbereitet werden kann, so daß Sie es abends nur noch in den Backofen zu schieben brauchen.
Paprikaschoten waschen, quer halbieren, von Kernen und Stielansätzen befreien. In Salzwasser 5 Minuten vorgaren. Abtropfen lassen und in eine gefettete, flache feuerfeste Form geben. Zwiebeln schälen, klein schneiden und in Öl hell anbraten. Käse in Würfel schneiden, mit kleingeschnittenen Oliven und den Zwiebeln mischen und in die Paprikahälften geben.
Eier mit Milch, Mehl, Backpulver und Gewürzen verschlagen, über die Schoten geben.
Auf dem Rost auf der zweituntersten Schiene im vorgeheizten Backofen (200°C / 3) 30 Minuten backen und in der Form zu Tisch bringen.
Dazu Toast oder französisches Stangenweißbrot und ein gut gekühltes Helles.

Mexikanischer Bohnentopf

Herzhafter Eintopf

2 große Zwiebeln
2 Paprikaschoten
6–8 Kartoffeln
4 EL Öl
1 mittelgroße Dose braune Bohnen
etwas Wasser
Brühwürfel für 1/2 l
1 EL frisches, feingehacktes Bohnenkraut oder 1 TL getrocknetes Bohnenkraut
4 Mettwürstchen
1 kleine Dose Mais
Salz, einige Tropfen Tabasco
2 EL feingehackte Petersilie.

Die Zwiebeln schälen, in Ringe schneiden. Die Paprikaschoten putzen, in grobe Stücke zerschneiden. Kartoffeln schälen und würfeln. Das Gemüse in Öl andünsten, nach 5 Minuten das Bohnenwasser, etwas Wasser, den zerkrümelten Brühwürfel und das Bohnenkraut zugeben. Die Mettwürstchen obenauf legen. Mit geschlossenem Deckel 25 Minuten garen. Dann die Bohnen und den Mais unter den Eintopf rühren, alles mit Salz und Tabasco abschmecken. Mit Petersilie bestreut zu Tisch bringen.

Irish Stew

Berühmter irischer Eintopf

500 g Hammelfleisch in Würfeln (von der Schulter oder Keule)
2 EL Öl
1/2 TL gemahlener schwarzer Pfeffer
1/2 TL Oregano oder Majoran
1/2 TL Senfkörner
500 g große Zwiebeln
250 g Möhren
250 g Weißkohl
6–8 Kartoffeln
1 Stückchen Sellerie oder 1 TL Selleriesalz
gut 3/4 l Wasser
Brühwürfel für 1 l
Salz
2 EL feingehackte frische oder tiefgekühlte Petersilie

Dieser Eintopf wird um so besser, je langsamer er gart. Das Hammelfleisch am besten gleich vom Metzger in Würfel schneiden lassen. Sichtbares Fett ablösen. Dann das Fleisch mit Öl, Pfeffer, Oregano oder Majoran und Senfkörnern in einer zugedeckten Schüssel 2–4 Tage im Kühlschrank marinieren. Ab und zu einmal umrühren, damit sich das Aroma der Gewürze gut verteilt.
Die Zwiebeln schälen und grob zerschneiden. Möhren putzen, waschen, in Scheibchen schneiden. Den Kohl waschen und um den Strunk herum in Streifen schneiden. Die Kartoffeln schälen und in Würfel schneiden. Sellerie putzen und fein würfeln. Nun alle Zutaten in bunt gemischter Reihenfolge in eine große feuerfeste Form aus Ton oder Glas schichten. Die oberste Schicht soll aus Kartoffeln bestehen.
Das Wasser erhitzen, den Brühwürfel und evtl. das Selleriesalz darin auflösen, über die Eintopfmischung gießen. Wahlweise auf dem Herd bei ganz schwacher Hitze oder besser noch im Backofen (180°C/3) zugedeckt ca. 3 Stunden garen. Bitte keinesfalls zwischendurch umrühren, dann brennt der Eintopf an. Abschmekken und mit Petersilie bestreut direkt in der Form zu Tisch bringen.

Weitere Rezepte für Gemüseverwertung finden Sie in diesem Buch:

Avocadocremesuppe s. S. 96
Bauernsalat s.S. 77
Bunter Gemüsereis s. S. 152
Gefüllte Avocados s. S. 81
Griechischer Salat s. S. 76
Grüner Nudeltopf s. S. 152
Heiße Olivenvorspeise s.S. 82
Orangen-Avocado-Vorspeise s. S. 82
Pariser Zwiebelsuppe s. S. 97
Pußtatomaten s. S. 81
Ratsherrensalat s. S. 76
Roher Champignonsalat s. S. 75
Russische Gurkensuppe s. S. 95
Sterntalersuppe s. S. 96
Tarator s. S. 91
Tomatensülze s. S. 75
Zwiebelcremesuppe s. S. 97

Beliebte Beilagen

Kartoffeln dominieren als Beilage auf unseren Eßtischen. Wir essen beinahe zehnmal soviel davon wie Nudeln oder Reis. Über Salzkartoffeln, Bratkartoffeln, Kartoffelpüree, allenfalls noch über Kartoffelklöße oder Kartoffelsalat geht allerdings das Repertoire der Rezepte kaum hinaus. Und dabei ist es so einfach, die übrigens sehr eiweißhaltige Kartoffel zu variieren. Die Schwedinnen geben im Frühsommer einige grob zerschnittene Dillzweige auf die Salzkartoffeln, sie werden mitgegart und geben dem Gericht ein köstliches Aroma. Das können wir auch mit Majoran, Kümmel oder Oregano probieren. Salzkartoffeln, mit viel feingehackter Petersilie bestreut, sind eine bekannte Beilage. Probieren wir es doch auch einmal mit Basilikum, mit Kerbel oder Zitronenmelisse!

Kartoffelreste schmecken nicht nur aufgebraten. In Scheiben geschnitten können wir sie in einer hellen Mehlschwitze aufwärmen, die je nach Zugabe von Kapern, Curry, Tomatenmark oder Kräutern, zum Beispiel Dill oder Petersilie, ihren Geschmack verändert. Oder wir rösten zunächst einige Zwiebeln würzig an, bereiten dann eine helle Soße und lassen darin die Kartoffeln warm werden.

Ähnlich gut wie die Kartoffel vertragen sich auch Nudeln mit allerlei Kräutern, ein gutes Beispiel dafür ist das Rezept für den bunten Nudeltopf.

Reis, der an sich fast geschmacksneutral ist, bekommt in Verbindung mit Kräutern erst einen aparten Geschmack.

Curryreis ist uns allen bekannt, ein bewährtes Rezept finden Sie auf Seite 153. Wichtig ist, daß der Curry nicht erst vor dem Servieren dem Reis zugefügt wird, sondern sein Aroma früh entfalten kann. Auf gleiche Art können Sie Safranreis bereiten, der in Spanien sehr populär ist und durch die leuchtend gelbe Farbe ein Menü farbig belebt. Gut ist auch Pilz- und Tomatenreis. Und warum machen Sie nicht einmal den Versuch und kochen Ihren Reis mit etwas Anis, mit einer Zwiebel, einer Nelke und dem dazugehörenden Lorbeerblatt, warum nicht mit würzigen Kräutern gemischt?

Das ist obendrein eine einfache Möglichkeit, sich mit den geschmacklichen Eigenheiten der verschiedenartigsten Gewürze und Kräuter bekannt zu machen.

Bunter Kartoffelsalat
(Foto s. S. 145)
Ideal für die Picknickeinladung

800 g Salatkartoffeln
1 Zwiebel
gut 1/8 l Brühe
2 EL Essig
4 EL Öl
Salz, weißer, frischgemahlener Pfeffer
1/2 Gurke
4 Tomaten
4 Eier
2 EL feingehackte Petersilie
100 g geräucherter durchwachsener Speck

Die Kartoffeln als Pellkartoffeln garen, schälen und noch warm in Scheiben schneiden.
Die Zwiebel schälen, feinwürfelig schneiden und mit Brühe, Essig, Öl, Salz und Pfeffer aufkochen. Heiß über die Kartoffeln gießen. Die Gurke waschen, ungeschält in Scheiben schneiden. Tomaten waschen, achteln. Eier hart kochen, abschrecken, schälen, achteln. Alles mit der Petersilie unter den Salat heben. Kurz vor dem Servieren den Speck kleinwürfeln, in der Pfanne auslassen. Ohne das herausgetretene Fett unter den Salat geben.

Kartoffelauflauf (Foto s. S. 145)
Praktisches Sparrezept

ca. 1 kg Kartoffeln
Salz
ca. 1/2 l Milch
weißer, frischgemahlener Pfeffer
etwas feingeriebene Muskatnuß
20 g Margarine oder Butter
100 g durchwachsener geräucherter Speck
250 g Fleischwurst
4 EL geriebener Emmentaler Käse
40 g Butter

Geschälte Kartoffeln in Salzwasser garen, das Wasser abschütten. Die Kartoffeln zerstampfen und mit Milch, Salz, Pfeffer, Muskat und der Hälfte der Margarine oder Butter zu einem festen Kartoffelbrei verarbeiten.
Eine flache, feuerfeste Form mit der übrigen Margarine oder Butter ausfetten und den Kartoffelbrei hineingeben. Den Speck würfelig schneiden, in der Pfanne auslassen, die enthäutete, in Scheiben geschnittene Fleischwurst darin anbraten. Im Kartoffelbrei mit einem Eßlöffel Vertiefungen machen, die Speckwurstmischung hineingeben. Das Ganze mit Käse bestreuen, Butterflöckchen daraufgeben.
Auf dem Rost auf der mittleren Schiene im vorgeheizten Backofen (200°C/3) 25 Minuten hellbraun überkrusten.
Dazu gibt es grünen Salat.

Kümmelkartoffeln vom Blech
Auch für einen großen Gästekreis oder eine Grilleinladung

Butter oder Margarine
evtl. Alufolie
Möglichst Neue, sonst gute, fleckfreie Kartoffeln gleicher Größe
Salz, Kümmel

Zunächst das Backblech großzügig mit Butter oder Margarine einpinseln. Wenn Sie sich spätere Putzarbeiten ersparen wollen, belegen Sie zuvor das Blech mit einem Stück Alufolie passender Größe.
Die Kartoffeln sehr gründlich waschen, evtl. bürsten. Abtropfen lassen, der Länge nach halbieren und mit der Schnittfläche nach unten auf das Backblech legen. Jeweils etwas Butter oder Margarine, Salz und Kümmel obenauf geben.
Wenn Sie einen besonders intensiven Kümmelgeschmack haben möchten, können Sie auch das gefettete Backblech mit Kümmel bestreuen, ehe Sie die Kartoffeln darauflegen.
Im gut vorgeheizten Backofen (200°C/3) auf der obersten Schiene je nach Kartoffelgröße 45–55 Minuten backen. Die Kartoffeln werden mit der Schale zu Tisch gebracht. Die Schale ist so knusprig und lecker, daß sie mitgegessen wird.

Schinkenkräuterpfanne
Vorzügliches Schnellgericht

1 Zwiebel
2–3 EL Öl
200 g gekochter Schinken
200 g Nudeln, in Salzwasser gegart
je 1 EL Petersilie und Schnittlauch, etwas Dill, Kerbel, Zitronenmelisse, Liebstöckel, Pimpernelle und Sauerampfer, alles feingehackt und frisch
1 Beutel (50 g) geriebener Parmesankäse
2 Tomaten
evtl. 3–4 Eier und 8 EL Milch

Die Zwiebel schälen, feinwürfelig schneiden und in einer kunststoffbeschichteten Pfanne in heißem Öl goldbraun anbraten. Inzwischen den Schinken von Schwarten und Fett befreien, würfeln, zugeben. Die Nudeln ebenfalls in der Pfanne heiß werden lassen. Alles gut umrühren. Kurz vor dem Anrichten die frischen, feingehackten Kräuter unter die Mischung geben. Wie eine Torte auf eine Platte geben und mit einem Rand von Reibkäse und Tomatenachteln garnieren.

Wer will, kann kurz vor Ende der Bratzeit 3–4 mit etwas Milch verschlagene Eier über die Nudelpfanne gießen.

Kartoffel-Zwiebelpuffer
Schnell, preiswert und sehr apart im Geschmack

6–10 große Kartoffeln
4 große Zwiebeln
2–3 Eier
Salz
1/4 TL geriebener Majoran oder
1 Bund feingeschnittener Schnittlauch
Öl oder Pflanzenfett zum Braten

Kartoffeln schälen, waschen. Zwiebeln schälen, alles mit der mittelfeinen Reibe reiben. Eier, Salz und Majoran oder Schnittlauch zufügen und unterrühren.

Am besten in einer kunststoffbeschichteten Bratpfanne in heißem Öl nach und nach goldgelbe duftende Zwiebelpuffer backen. Durch die große Zwiebelzugabe bekommt dieses Kartoffelgericht einen besonders aparten Geschmack, der etwas an die beliebte Pariser Zwiebelsuppe erinnert.

Als Beigabe empfehle ich Ihnen Kopf- oder Feldsalat oder Apfelmus.

Fränkische Schnittlauchpuffer
Schnell, unkompliziert, preiswert

8–12 mittelgroße bis große Kartoffeln
1 Zwiebel
Salz
2–3 Eier
2 Bund Schnittlauch
Öl zum Braten

Zunächst die Kartoffeln waschen, schälen, dabei eine alte Zeitung unterlegen. Die Zwiebel ebenfalls schälen. Beides wahlweise mit der Rohkostreibe oder einer Küchenmaschine mehr oder minder fein reiben. Gröber geriebene Kartoffelpuffer sind meistens etwas knuspriger.

Salz und Eier hinzugeben. Den Schnittlauch waschen, dann klein schneiden, ebenfalls unter den Teig geben. Alles rasch verrühren und den Teig bald verarbeiten, damit er sich nicht dunkel verfärbt.

Zum Braten je 2–3 EL Öl am besten in einer kunststoffbeschichteten Bratpfanne erhitzen, dann ca. 3 Kartoffelpuffer aus jeweils 2–3 EL Teig von beiden Seiten schön mittelbraun braten.

Vor dem Servieren gut abtropfen lassen.

Mit Salat, Rübenkraut, Apfelmus oder Früchtequark ein beliebtes Essen.

Diese Kartoffelpuffer sind sehr gut gefriergeeignet.

Grüner Nudeltopf

Schnellgericht für Vegetarier

3–4 l Wasser
3–4 TL Salz
1 TL Öl
400–500 g krause Nudeln
1 Packung Tiefkühlerbsen (300 g)
2 Beutel (100 g) geriebener Parmesankäse
3–4 Bund feingehackte Petersilie
1 TL getrocknetes oder 2 EL frisches feingehacktes Basilikum
60 g Margarine oder Butter

Um dieses Gericht zuzubereiten, benötigen Sie nur eine Kochstelle. Dennoch wird niemand das Gefühl haben, einen Eintopf serviert zu bekommen.

Wasser mit Salz und Öl zum Kochen bringen, dann die Nudeln zugeben. Sowie sie kochen, einmal umrühren, damit sie nicht aneinanderkleben, Temperatur reduzieren. Je nach Nudelart nach 3–5 Minuten die Erbsen zugeben; sie brauchen 6–8 Minuten zum Garen. Dann alles abgießen, wieder in den heißen Topf geben. Petersilie, Basilikum, Käse und Margarine oder Butter unterrühren. Nochmals mit Salz abschmecken.

Gut mit Paprika-Tomatensalat und Natur-Schnitzeln für Nichtvegetarier.

Debrecziner Nudeltopf

Kurze Vorbereitung, gart dann ohne Ihre Anwesenheit

125 g durchwachsener, geräucherter Speck
250–400 g krause Nudeln
6 Debrecziner Würstchen
500 g große Zwiebeln
2 EL Tomatenmark
6 Tomaten
1 TL Edelsüßpaprika
1/2 TL Salz, 3/4–1 l Wasser
feingehackte Petersilie

Dies ist eines der bewährtesten Rezepte meiner Sammlung.

Zunächst den Speck würfeln und in einen Topf geben. Dann die ungegarten Nudeln daraufgeben. Die Nudelmenge können Sie bei diesem Rezept je nach Appetit variieren, je mehr Nudeln, umso mehr Wasser. Die Würstchen in etwa 2–3 cm lange Stücke schneiden, die Zwiebeln schälen und in Ringe oder Achtel schneiden. Würstchen, Zwiebeln und Tomatenmark ebenfalls in den Topf geben. Die Tomaten nach Belieben nach kurzem Eintauchen in kochendes Wasser schälen, dann achteln. Mit Paprika und Salz auf die Zwiebeln schichten. Dann das Wasser darübergießen. Den Deckel auflegen, den Eintopf auf den Herd stellen. Sowie er kocht, klein schalten. 25 Minuten garen, dabei nicht umrühren. Erst zum Schluß alles vermischen, abschmecken und mit Petersilie bestreuen.

Bunter Gemüsereis

Hübsch anzusehen, schmeckt auch gut

1 große Zwiebel
3 EL Öl
2 Tassen Langkornreis
2 Päckchen Tiefkühl-Suppengrün (je 45 g)
1 Msp Safran
4 Tassen heißes Wasser
Brühwürfel für 1/2 l
2 EL feingehackter frischer Kerbel
1 Beutel (50 g) feingeriebener Parmesankäse

Die Zwiebel schälen, feinwürfelig schneiden und in einem Topf in Öl glasig braten. Den Reis und das zerkleinerte Suppengrün zufügen, 2 Minuten mitdünsten, dabei aber rühren. Safran, heißes Wasser und zerkrümelten Brühwürfel in den Topf geben, alles zum Kochen bringen. Einmal umrühren, dann bei ganz milder Hitze, beim Gasherd unbedingt eine Asbestplatte unterlegen, 25 Minuten garen. Den gehackten Kerbel unter den bunten Reis rühren. Mit Parmesankäse bestreut zu Schnitzel oder Koteletts reichen.

Pikanter Sizilianischer Reisauflauf

Schmackhaftes, preiswertes Essen

2 EL Öl
2 Tassen Langkornreis
4 Tassen heißes Wasser
Hühnerbrühwürfel für 3/4 l
250 g Hühnerleber
1 EL Mehl, 2 EL Öl
1 Msp feingeriebene Zitronenschale
weißer, frisch gemahlener Pfeffer
Salz
1/2 TL feinzerriebener Salbei
4 EL Sherry oder Marsala
4 Eier
Fett für die Form
3 EL geriebener Käse (Parmesan und Emmentaler)

Zunächst das Öl im Topf erwärmen, den Reis darin wenden und mit heißem Wasser löschen und zum Kochen bringen. Den Hühnerbrühwürfel hineinkrümeln und den Reis bei mäßiger Hitze in knapp 20 Minuten garen.
In der Zwischenzeit die Hühnerlebern waschen, die grünlichen Stellen entfernen. In Mehl wenden. In einer Pfanne in heißem Öl in 3 Minuten anbraten. Herausnehmen abkühlen lassen. Die Leber kleinschneiden, dann mit Zitronenschale, Salz, Pfeffer und Salbei würzen. Mit Sherry oder Marsala und Eigelb unter den warmen Reis rühren. Alles abschmecken. Die Masse darf nicht zu trocken aussehen, evtl. noch etwas Wasser oder Brühe zugeben.
Eiweiß steif schlagen, unterheben. Alles in eine gefettete Auflaufform geben, die Oberfläche glattstreichen und mit Reibkäse bestreuen. Im gut vorgeheizten Backofen (200°/3) auf dem Rost auf der untersten Schiene in 30 Minuten schön goldbraun backen.
Dazu gibt es Salat und Roséwein.

Safranreis

Sehr empfehlenswert

2 EL Öl
2 Tassen Langkornreis
4 Tassen kochendes Wasser
Hühnerbrühwürfel für 1/2 l
1 Msp Safran

Das Öl im Topf erwärmen und den trockenen, ungewaschenen Reis kurz darin wenden. Dann mit kochendem Wasser abschlöschen. Den Brühwürfel hineinkrümeln, alles mit Safran hübsch gelb färben und zum Kochen bringen. Dann einmal umrühren. Den Deckel wieder auflegen und den Reis bei geringster Hitze in 25 Minuten ausquellen lassen. Vor dem Servieren einmal umrühren.
Dieser leuchtend gelbe Reis bringt eine schöne Abwechslung in den Speisezettel und sieht mit Steaks, Grilltomaten und grünen Bohnen besonders attraktiv aus.

Curryreis

Apart im Geschmack, allgemein beliebt

1 kleine Zwiebel
2 EL Öl
2 Tassen Langkornreis
4 Tassen kochendes Wasser
1–2 TL Curry
1 TL Zitronensaft
Brühwürfel für 1/2 l

Die Zwiebel schälen, kleinwürfelig schneiden und in heißem Öl goldbraun dünsten. Dann den trockenen, ungewaschenen Reis zugeben, einmal wenden und mit kochendem Wasser ablöschen. Curry, Zitronensaft und den zerkrümelten Brühwürfel zugeben und alles zum Kochen bringen. Einmal umrühren, den Deckel auflegen. Den Curryreis bei geringstmöglicher Hitze (beim Gasherd eine Asbestplatte zwischen Topf und Flamme schieben) in 25 Minuten ausquellen lassen. Vor dem Servieren einmal umrühren.
Sehr gut mit gefüllten Tomaten und Kopfsalat, aber auch zu Geschnetzeltem, Steaks, Schnitzeln, Koteletts oder zu Fischfrikassee.

Champignonreis
Unkompliziert und sehr gut

125–200 g kleine Champignons
1 EL Zitronensaft
3 EL Öl
2 Tassen Langkornreis
4 Tassen kochendes Wasser
Hühnerbrühwürfel für 1/2 l
1 Msp Safran
1 Msp weißer, gemahlener Pfeffer
1 EL feingehackte Zitronenmelisse

Die Champignons von Wurzelansätzen und braunen Stellen befreien, gründlich waschen, abtropfen lassen und in dünne Scheibchen oder in Viertel schneiden. Mit Zitronensaft beträufeln und in einem Topf in heißem Öl 3 Minuten andünsten. Dann den ungewaschenen Reis zugeben, einige Male wenden. Mit kochendem Wasser auffüllen. Den Brühwürfel hineinkrümeln, Safran und Pfeffer unterrühren. Alles zum Kochen bringen, einmal aufrühren. Dann bei ganz schwacher Hitze in 25 Minuten ausquellen lassen.
Beim Gasherd unbedingt eine Asbestplatte zwischen Flamme und Topf legen. Vor dem Servieren einmal umrühren und mit feingehackter Zitronenmelisse bestreut zu Tisch bringen.
Gut zu Geflügelgerichten oder Kalbfleisch.

Orientalischer Reis
Auch bei Kindern sehr beliebt

2–3 EL Öl
2 Tassen Langkornreis
4 Tassen kochendes Wasser
Hühnerbrühwürfel für 1/2 l
1 zerdrückte Knoblauchzehe
1 Msp Selleriesalz
1/2 TL Selleriesamen
1 EL feingehackte Petersilie
50 g gesalzene, geröstete, grobgehackte Erdnüsse

Das Öl im Topf erhitzen, den ungewaschenen Reis darin wenden, dann mit kochendem Wasser auffüllen. Den Brühwürfel in den Topf krümeln und alles mit Knoblauch, Selleriesalz und zerdrückten Selleriesamen würzen. Zum Kochen bringen, einmal umrühren, dann bei ganz kleiner Hitze in 25 Minuten den Reis ausquellen lassen. Bei Gas Asbestplatte unterlegen.
Kurz vor dem Servieren einmal lokker umrühren, dabei die Petersilie und die Erdnüsse unter den Reis mischen.
Gut mit gebratener Leber, Ananasringen und Kopfsalat.

Leberrisotto
Tessiner Schnellgericht

125 g durchwachsener, geräucherter Speck
1 große Zwiebel, 2 EL Öl
2 Tassen Langkornreis
4 Tassen kochendes Wasser
Brühwürfel für 1 1/2 l
1 EL Edelsüßpaprika
1 EL Tomatenmark
400 g Kalbs- oder junge Rinderleber
2 EL Mehl, 2 EL Öl, Salz
schwarzer, frischgemahlener Pfeffer
1 TL Zitronensaft
2 Beutel (100 g) feingeriebener Parmesankäse

Den Speck in Würfel schneiden. Die Zwiebel schälen, ebenfalls klein schneiden. Erst den Speck, dann die Zwiebel in heißem Öl anrösten. Den ungewaschenen Reis zufügen, einige Male in der Speck-Zwiebelmischung wenden. Kochendes Wasser, zerkrümelten Brühwürfel, Paprika und Tomatenmark zugeben. Alles zum Kochen bringen, einmal umrühren und bei ganz mässiger Hitze in 25 Minuten ausquellen lassen. Beim Gasherd unbedingt eine Asbestplatte zwischen Topf und Flamme schieben. Die Leber häuten, rasch waschen, mit Küchenkrepp-Papier trockentupfen. Mit Mehl bestäuben und rasch in einer Pfanne in heißem Öl braten. Mit Salz, Pfeffer und Zitronensaft würzen. Auf dem Reis anrichten, mit Reibkäse bestreuen.

Frankfurter grüne Soße Rezept S. 161
Malteser Soße Rezept S. 163
Senfschaumsoße Rezept S. 162

Kalte und warme Soßen

Unterschiedliche Geschmacksnuancen machen kalte Soßen so liebenswert. Und wie vielseitig lassen sie sich verwenden! Ein einfaches Stück Leberkäse, mit einer guten Soße kombiniert – schon schmeckt es doppelt so gut. Ähnlich steht es mit kaltem Braten, mit Roastbeef, Schinken, Kasseler, Zunge. Oder denken wir an hartgekochte, kalte Eier. Sie sind ja immer noch sehr preiswert. Halbiert, vielleicht auf einem Rest Salat angerichtet und mit einer guten kalten Soße überzogen, werden sie mit Vergnügen gegessen. Ähnlich steht es mit Fisch: Ein Rest Kochfisch vom letzten Mittagessen, dazu eine schmackhafte Senfsoße oder eine Mayonnaise, die mit Curry, Mandelstiften oder Mandarinen gewürzt wurde.
Ob die Basis aus Mayonnaise, Sahne, Joghurt oder Quark besteht, die Möglichkeiten, solche Soßen zu würzen, erscheinen mir grenzenlos. Abgesehen von den Soßen aus geschlagener Sahne sollten Sie Würzsoßen immer Zeit gönnen, ihr Aroma bei Zimmertemperatur zu entwickeln.
Warme Soßen, die nur noch in seltenen Fällen abgeschlagen werden, denn diese Variationen sind sehr kalorienreich, bereiten wir im allgemeinen auf der Basis einer Mehlschwitze oder neuerdings auch aus dem Beutel. Diese Industriesoßen können auch von Anfängern mit Sicherheit gekocht werden. Außerdem benötigen wir kein Fett dafür. So sparen wir Zeit und Kalorien. Wir können sie natürlich nach Belieben verfeinern und durch Würzzugaben auf den eigenen Geschmack abändern.
Ähnlich wie bei Suppen bietet die helle Soße uns eine hervorragende Möglichkeit, das Gewürzrepertoire zu erproben. Denken Sie aber daran, daß Gewürze, wie z.B. Curry, Muskat, Paprika, Tomaten, Selleriesalz oder Safran, und die getrockneten Kräuter in der Soße längere Zeit ziehen dürfen. Frische Kräuter, und dies gilt ganz besonders für Petersilie, Schnittlauch oder Dill, dürfen auf keinen Fall länger in der heißen Soße ziehen. Sie sollten immer in Verbindung mit etwas Zitronensaft benutzt und erst im allerletzten Moment in die fertige heiße Soße gegeben werden. Sonst verlieren sie ihr frischgrünes Aussehen und den aromatischen Geschmack.

Cumberlandsoße

Erprobtes Rezept, das viel Anklang findet

1 ungespritzte Orange
1/8 l Rotwein
1/2 Glas Johannisbeergelee
1 TL Senfpulver
Salz, weißer gemahlener Pfeffer

Cumberlandsoße ist als Beigabe zu kaltem Wild oder Roastbeef außerordentlich beliebt und fehlt beinahe auf keinem Kalten Buffet. Trotzdem haben die meisten Hausfrauen bei der Zubereitung Schwierigkeiten, denn die Soße wird leicht zu dünn. Nach diesem Rezept gelingt sie aber immer: Die Hälfte der gewaschenen Orange mit dem Kartoffelschäler papierdünn abschälen und die Schale in schmale Streifchen schneiden. Orangensaft auspressen. Orangenschale, -saft und Rotwein bei schwacher Hitze, also langsam, knapp 10 Minuten einkochen lassen, so daß die Flüssigkeit auf ein Minimum reduziert ist. Dann das Gelee und Senfpulver – keinen normalen Senf – zufügen. Fertig! Diese Soße wird kalt serviert und kann im Kühlschrank ohne weiteres bis zu 4 Wochen aufbewahrt werden.

Aïoli

Eine köstliche Ergänzung zu gekochten oder gegrillten Fischen, auch gut zu Fisch- oder Fleischfondue.

5–8 Knoblauchzehen
5–6 EL Paniermehl
2 Eigelb
gut 1/4 l Olivenöl
Saft von 1–2 Zitronen
Salz, weißer Pfeffer

Wer je in seinem Leben einige Ferienwochen in der Provence verlebt hat, wird für den Rest seines Lebens von dieser würzigen Soße schwärmen. Zugegeben, der Duft hat es in sich, aber. . .
Seit der Erfindung des Elektroquirls ist die Herstellung auch ohne Mörser kein Problem mehr: Knoblauchzehen schälen, feinhacken und in ein kleines Rührgefäß geben. Paniermehl durchsieben, mit heißem Wasser anfeuchten, zufügen. Eigelb unterrühren. Nun nach und nach, ähnlich wie bei Mayonnaise, in einem feinen Strahl das Olivenöl dazu laufen lassen, dabei heftig rühren. Die Soße mit reichlich Zitronensaft, Salz und frisch gemahlenem Pfeffer abschmecken. Sie soll die Konsistenz einer geschmeidigen Paste haben. Kühl, aber dennoch nicht im Kühlschrank, aufheben.

Pikante Fonduesoße

Schmeckt zum Fleischfondue, aber auch zu kaltem Braten oder zum Grillfisch

2 Eier
3 Gewürzgurken
2 EL Mayonnaise
1 EL Tomatenketchup
1 EL feingehackte Petersilie
1 TL Curry
1 TL Senf
1 TL Worcestersoße
1 Schuß Tabascosoße
Salz, weißer oder schwarzer feingemahlener Pfeffer

Zunächst die Eier wie üblich 6–8 Minuten hart kochen, abschrecken, schälen und erkalten lassen. In kleine Würfelchen schneiden. Die abgetropften Gewürzgurken ebenfalls sehr fein würfeln. Eier und Gurken mit einer Soße aus Mayonnaise, Tomatenketchup, Petersilie, Curry, Senf, Worcestersoße und Tabasco mischen und mit Salz und Pfeffer abschmecken.
Reste der Soße halten sich im Kühlschrank 3–4 Tage.

Teufelssoße
Beliebte Grillsoße

1 Zwiebel
3 EL Öl
4 EL Tomatenketchup
5 EL Tomaten-Paprika (aus dem Glas)
2 Sardellen
1 EL Zitronensaft
1 TL Worcestersoße
1 Bund Schnittlauch
1 Bund Petersilie
1 Msp Cayenne
1 Msp Piment
1 Msp schwarzer, frisch gemahlener Pfeffer

Die Zwiebel schälen, grob zerkleinern. Dann mit allen übrigen Zutaten am besten in einen Mixer geben. Natürlich müssen die Kräuter gewaschen und die Petersilie von Stielen befreit werden, sie brauchen aber nicht kleingeschnitten zu werden. Dann 2 Minuten mit dem Mixer zerkleinern und gut würzig abschmecken. Eine Blitzsoße, die es in sich hat.
Im Kühlschrank gut 8 Tage haltbar.

Käsesoße mit Schinken
(Fotos. S. 71)
Vorzüglich zu gekochten Gemüsen oder für Béchamelkartoffeln

40 g Margarine
4 EL (40 g) Mehl
je 1/4 l Milch und Wasser
Brühwürfel für 1/2 l
125 g geriebener Emmentaler oder Sahneschmelzkäse
65 g gekochter Schinken
Salz, weißer, frischgemahlener Pfeffer
1 Msp geriebener Muskat
1 Msp Glutamat

Die Margarine im Topf zergehen lassen und das Mehl darin hell anschwitzen. Mit Milch und Wasser ablöschen, 3 Minuten unter Rühren kochen lassen. Dann den Käse, kleingeschnittenen Schinken, Salz, Pfeffer, Muskat und Glutamat zugeben und die Soße bald zu Tisch bringen.
Sie können aber auch gekochte, geschälte Salatkartoffeln in Scheiben schneiden und in der Soße erhitzen, das sind dann die berühmten Béchamelkartoffeln.

Käsesoße »De Luxe«
(Foto s. S. 71)
Einfach, schnell und gut

knapp 1/4 l Milch
250 g Sahneschmelzkäse
weißer, frischgemahlener Pfeffer

Die Milch im kleinen Topf erhitzen, den Käse hinzugeben und so lange mit einem Schneebesen verschlagen, bis er geschmolzen ist. Dann die Soße mit Pfeffer würzig abschmecken.

Dillsoße
Hervorragend zu Kalbs- und Lammbraten

4 EL frischer, feingehackter Dill
1 TL Dillsamen
1 EL Weißweinessig
40 g Margarine
4 gestr. EL (40 g) Mehl
1/4 l Milch oder Sahne
1/4 l Wasser
Brühwürfel für 1/2 l

Zunächst den Dill mit Dillsamen und Essig in einem kleinen Gefäß verrühren und durchziehen lassen. In einem Topf Mehl in zerlassener Margarine anschwitzen, mit Milch oder Sahne und Wasser auffüllen, dabei heftig rühren. 2–3 Minuten kochen lassen. Den zerkrümelten Brühwürfel und die Dillmischung zufügen, dann aber keinesfalls mehr kochen lassen, weil sonst die Dillspitzen ihre frisch-grüne Farbe verlieren. Abschmecken.

Sauce Béarnaise
Klassische Soße der französischen Küche

4 EL Wasser
4 EL Weißweinessig
1 kleingehackte Schalotte
1 EL frischer, feingehackter Estragon
5 zerdrückte weiße Pfefferkörner
3 Eigelb
125 g Butter

Wasser, Essig, Schalotte, Estragon und Pfeffer in einem kleinen Topf langsam auf ein Viertel der Menge einkochen lassen. Durchsieben. Mit Eigelb verrühren und im Wasserbad schlagen. Das sich im unteren Topf befindende Wasser darf nicht zu stark kochen, sonst gerinnt die Soße. Nach und nach, jeweils also etwa ein Teelöffel voll, die Butter zufügen, dabei die Eigelbmasse immer kräftig mit dem Schneebesen schlagen. Die Soße darf, wie gesagt, nicht zu heiß werden. Sowie alle Butter untergeschlagen ist und die Soße cremig-dick ist, den Topf von der Kochstelle nehmen.
Die köstliche Soße wird lauwarm zu feinem Fisch oder Fleischgerichten, Artischocken oder Spargeln serviert.

Grüne Pfeffersahnesoße
Zu gegrilltem Rindfleisch

1 EL Margarine
1 EL Mehl
1/4 l Sahne
1 TL Zitronensaft
1 Pr Safran
Salz
1 EL eingelegte, grüne Pfefferkörner

Die Margarine im Topf zergehen lassen, das Mehl darin kurz anschwitzen.
Alles mit Sahne ablöschen, kurz aufkochen. Dann mit Zitronensaft, Safran und Salz abschmecken. Die Pfefferkörner unterrühren und die Soße möglichst bald heiß zu Tisch bringen.

Blitz-Hollandaise
Ein Rezept aus den USA

125 g Butter
3 Eigelb
Saft von 1 Zitrone
1 Msp weißer, frisch gemahlener Pfeffer, Salz.

Im Gegensatz zur abgeschlagenen Soße, deren Zubereitung auch für den geübten Koch immer ein gewisses Risiko bedeutet, weil sie sehr leicht gerinnt, kann bei dieser Soße kaum etwas schief gehen.
Die Butter im Topf erhitzen. Sie soll sehr heiß werden, darf aber keinesfalls bräunen. Alle übrigen Zutaten in einen Mixer geben, der am besten zuvor mit heißem Wasser ausgespült und wieder getrocknet wurde. Höchste Laufgeschwindigkeit einschalten und dann in feinem Strahl die heiße Butter auf das laufende Messer geben. Sowie alle Butter zugefügt ist, die Maschine ausschalten, die Soße abschmekken. Zu Spargeln, Artischocken, Hummern, Krebsen, Fisch oder feinem Fleisch.

Abgerührte Senfsoße
Schmeckt gut zu Fisch oder gekochtem Rindfleisch

40 g Butter oder Margarine
1 TL Mehl
1 TL Zitronensaft
1/8 l trockener Weißwein
1/8 l Wasser
Brühwürfel für 1/4 l
2 EL mittelscharfer Senf
2 Eigelb
Salz, Zucker

Zunächst die Butter oder Margarine im Topf zerlassen, das Mehl kurz darin anschwitzen. Mit einer Mischung aus Zitronensaft, Weißwein und Wasser ablöschen. Den Brühwürfel hineinkrümeln, Senf zufügen und alles unter Rühren 5 Minuten kochen lassen.
Dann den Topf von der Kochstelle nehmen und die Soße mit Eigelb legieren. Mit Salz und Zucker abschmecken.
Diese Soße kann nicht mehr aufgewärmt werden, weil sonst das Eigelb gerinnt.

Gelbe Kapernsoße
Hervorragend zu Kochfisch

1/4 l Wasser
3 Zitronenscheiben
1 Stückchen Muskatblüte
1 TL Mehl
2 EL Weißwein
Brühwürfel für 1/4 l
125 g Butter
3 Eigelb
1 Röhrchen Kapern
Salz

Das Wasser mit Zitronenscheiben und Muskatblüte zum Kochen bringen, bei mäßiger Hitze 10 Minuten ziehen lassen, dann die Gewürze wieder herausfischen. Die Flüssigkeit mit Mehl, das mit Wein verrührt wurde binden, den Brühwürfel hineinkrümeln.
Dann die Butter nach und nach in Flöckchen zugeben, dabei die Soße kräftig, – am besten mit dem Elektroquirl – schlagen. Den Topf von der Kochstelle nehmen und die Soße mit Eigelb legieren.
Die Kapern mit der Kapernflüssigkeit zugeben, alles nochmals abschmecken.

Mandelsoße mit Wein
Böhmische Spezialität

2 EL Margarine
1 EL Zucker
100 g geschälte, feingeriebene Mandeln
1 EL feines, durchgesiebtes Paniermehl
1/8 l trockener Weißwein
1/8 l Wasser
Hühnerbrühwürfel für 1/4 l
etwas feingeriebene Zitronenschale
1 TL Zitronensaft
Salz

Die Margarine im Topf zergehen lassen, den Zucker darin schwach gelb karamelisieren lassen. Dann schnell die Mandeln zufügen, noch kurz mitrösten. Vorsicht, der Zukker darf dabei nicht zu dunkel werden. Das Paniermehl, Weißwein und Wasser rasch zufügen, alles einmal aufkochen. Die Soße mit zerkrümeltem Brühwürfel, Zitronenschale und -saft und mit Salz herzhaft abschmecken.
Warm am besten zu Suppenfleisch servieren.

Frankfurter grüne Soße
(Foto s. S. 155)
Goethes Lieblingssoße

evtl. 1–2 Eier
8 EL Öl
2 EL Essig
2 EL Zitronensaft
1 TL Senf
evtl. 1 zerdrückte Knoblauchzehe
1 EL Kapern
1 Gewürzgurke
reichlich frische, feingehackte Kräuter (Petersilie, Basilikum, Dill, Fenchelgrün, Estragon, Pimpernelle, Zitronenmelisse und Schnittlauch)
evtl. 5–6 gehackte grüne Oliven
evtl. 1–2 gehackte Sardellen

Eier, sie sind aber nicht obligatorisch für diese weltberühmte Frankfurter Spezialität, 6–8 Minuten hart kochen, abschrecken, schälen und fein hacken. Mit Öl, Essig, Zitronensaft, Senf, evtl. Knoblauch, feingehackten Kapern, allen Kräutern, der Gurke, evtl. Oliven und Sardellen gut vermischen. Mit Salz abschmecken.
Die Soße gewinnt an Geschmack, wenn sie im verschlossenen Gefäß 24 Stunden im Kühlschrank durchzieht.
Beliebt zu Suppenfleisch, Kochfisch, hartgekochten Eiern, kaltem Braten oder zum Fischfondue.

Pesto
Spezialität aus Genua

100 g Mozzarella
40 g Parmesan, 4 EL Öl
3–4 Knoblauchzehen
3 EL Petersilie
6 EL frisches, feingehacktes Basilikum
Salz, Pfeffer, Zitronensaft
evtl. 100 g Pinienkerne

Es scheint, als dufte ganz Genua nach dieser köstlichen Soße. Noch heute ist es für eine Genueserin Ehrensache, diese Soße mit dem Mörser zu bereiten. Aber da in unseren Haushalten dieses uralte Küchengerät meist nicht mehr vorhanden ist, versuchen wir, mit Hilfe des Mixers zum gleichen Ergebnis zu kommen. Mozzarella, das ist ein italienischer Büffelquark, mit Parmesan, geschälten Knoblauchzehen, frischer Petersilie und – in diesem Fall muß es sein – mit sehr viel frischem Basilikum in ein Mixgerät geben und fein pürieren. Dann mit Gewürzen abschmecken. Ganz besonders schmackhaft wird die Soße durch Zufügen von Pinienkernen, die auch zerkleinert werden sollten.
In Italien nimmt man manchmal noch etwas grünen Spinatsaft zu Hilfe, um der Soße ein leuchtend grünes Aussehen zu geben. Die Soße soll ziemlich dicklich sein und ist eine der besten Soßen der Welt. Zu Fleisch, Fisch, Eiern, Spaghetti.

Avocadosoße
Im letzten Moment zuzubereiten

2 Avocados
3 EL Zitronensaft
1/10 l Weißwein
Salz, weißer, frischgemahlener Pfeffer
1 TL Worcestersoße
1/8 l Sahne

Die Avocados sollten gut reif, also das Fruchtfleisch wirklich weich sein. Die Früchte schälen, vom Kern befreien, mit dem Zitronensaft und Weißwein im Mixer pürieren oder mit der Gabel fein zerdrücken. Abschmecken. Zum Schluß die steif geschlagene Sahne unterheben. Diese Soße ist sehr fein im Geschmack, hat aber leider die Eigenart, sich trotz des Zitronensaftes nach einiger Zeit zu verfärben.
Avacadosoße ist eine beliebte Beigabe zu gegrillten Fisch- und Fleischgerichten, zum Dippen oder für Rohkostsalate.

Kalte Pfeffersoße (Foto s. S. 89)
Gut zu kaltem Fleisch oder Fisch

1/8 l Sahne
2 kleine Essiggurken
1 EL Oliven
1 EL Kapern
3 EL Mayonnaise
weißer, frischgemahlener Pfeffer, Salz

Die Sahne steifschlagen. Gurken, Kapern und Oliven sehr fein hacken und mit der Mayonnaise unter die Sahne heben. Alles mit reichlich Pfeffer und etwas Salz scharf würzen.

Senfschaumsoße (Foto s. S. 155)
Leicht und bekömmlich

1/8 l Sahne
4 EL (80 g) Mayonnaise
2 TL scharfer Senf
2 TL milder Senf
1 kleine Zwiebel
1 Msp Meerrettich
einige Tropfen Zitronensaft, Salz

Sahne steif schlagen. Die Mayonnaise, den Senf, die geschälte, sehr fein gehackte Zwiebel, Meerrettich und Zitronensaft hinzugeben und alles mit etwas Salz abschmecken. Gut zu Fisch in der Folie, zu gegrillten Schweineschnitzeln oder zum Fondue Chinoise.

Orangen-Senfsoße
Zu kaltem Kasseler oder fürs Fleischfondue

8 EL bittere Orangenmarmelade
3 EL scharfer Senf
3 EL Kräutersenf
3 EL Rotwein oder trockener Sherry
1 große Zwiebel

Orangenmarmelade mit Senf, Rotwein oder Sherry gut verrühren. Die Zwiebel schälen, sorgfältig in sehr kleine Würfelchen schneiden und an die Soße geben. Vor dem Verzehr möglichst etwas durchziehen lassen.
Die Soße kann durch Zufügen von etwas Curry oder feingeschnittenem Schnittlauch noch abgewandelt werden.

Süßsaure rote Soße
Sehr gut zu kaltem Braten oder gegrillten Hähnchen

1 Orange
1 kleines Glas Preiselbeeren
1 EL mittelscharfer Senf
2 EL Rotwein
1 EL Zitronensaft

Die Orange waschen, etwa die Hälfte der Schale dünn abreiben, dann die Frucht schälen, in Würfel schneiden. Nun Orangenschalen, Orangenfruchtfleisch, Preiselbeeren, Senf, Rotwein und Zitronensaft miteinander verrühren, dann abschmecken.

Bananen-Currysoße
Delikate Grillsoße

2 Bananen
2 EL Zitronensaft
1 Msp feingeriebene Zitronenschale
1 Msp Zucker
6 EL (125 g) Mayonnaise
1 EL Curry
1/2 saurer Apfel oder 2 EL Apfelmus
Salz

Die Bananen schälen und mit Zitronensaft wahlweise im Mixer pürieren oder mit einer Gabel zerdrükken. Zucker, Mayonnaise, Curry und geschälten, geriebenen Apfel oder Apfelmus sowie Salz zufügen. Alles würzig frisch abschmecken.

Thymian-Zitronensoße
Sehr fein zu Thunfisch, Fisch- oder gemischtem Gemüsesalat

Feingeriebene Schale von 1 Zitrone
1 TL feinzerkrümelter, getrockneter Thymian
1/2 TL Zucker
1 TL grobzerstoßene weiße Pfefferkörner
1 TL Salz
1/2 TL Curry
Saft von 2 Zitronen
1/8 l Olivenöl

Alle Zutaten mischen und in einem verschließbaren Gefäß mindestens 24 Stunden durchziehen lassen. Diese würzige Soße hält sich im Kühlschrank ca. 1 Monat.

Malteser Soße (Foto s. S. 155)
Beliebte Beigabe zu Stangenspargel

200 g Butter
Saft von 2 Orangen
Schale von 2 Orangen
2 Eigelb
1 Msp Salz
1 Msp Muskat

Zunächst die Butter zergehen, aber nicht bräunen lassen, wieder kalt stellen. Den ausgepressten Orangensaft im kleinen offenen Topf auf etwa ein Drittel einkochen lassen. Abkühlen lassen. Die Orangen sehr dünn mit einem Kartoffelschäler schälen, dann die Schale in schmale Streifen schneiden.
Nun zu der Butter den eingedickten Orangensaft, die kleingeschnittenen Schalen, Eigelb und Gewürze geben und alles bei schwacher Hitze unter fortwährendem Schlagen langsam erhitzen. Die Soße soll dickflüssig werden, darf aber nicht kochen.

Preiselbeersoße
Gute Ergänzung zum kalten Wild

Schale von 1 Orange
Schale von 1 Zitrone
1/8 l Rotwein
1 kleine Dose Preiselbeeren
1 Orange
1 EL Zitronensaft
1 Msp feingeriebener Ingwer

Die Orange und Zitrone waschen, ganz dünn mit dem Kartoffelschäler abschälen, damit nicht zu viel Weißes an der aromatischen Schale bleibt. Diese mit scharfem Messer in streichholzdünne Streifen schneiden. Mit kochendem Wasser überbrühen, abgießen. Dann mit dem Rotwein in einem Topf in 10 Minuten bei schwacher Hitze weichdünsten. Die Preiselbeeren durchsieben, zufügen. Die Orange schälen, in kleine Würfel schneiden, die Kerne beiseite tun und das Fruchtfleisch mit Zitronensaft und Ingwer an die Soße geben.

Kalte Gurkensoße
Vorzüglich zu gekochtem Ochsenfleisch

1/4 l Sahne
2–3 EL Zitronensaft
Salz
2 EL frischer, feingehackter Dill
1 TL feingehackter Estragon
1/4 Salatgurke

Die Sahne steifschlagen, mit Zitronensaft und Salz abschmecken und die Kräuter unterrühren. Die Gurke schälen, entweder in kleine Würfelchen schneiden oder auf der groben Rohkostreibe reiben. Dann unter die Sahne heben. Die Soße darf nicht lange stehen, sonst wird sie zu dünn.
Zur Abwechslung anstelle von Dill die Soße mit Basilikum, Majoran und Thymian würzen und zusätzlich 3–4 EL Tomatenketchup unterrühren.

Orangenmeerrettich
Ungewöhnliche Komposition, aber gut

4 Orangen
1 EL Zucker
1/8 l Weißwein
200 g Meerrettich
Salz

Orangen waschen und sehr dünn abreiben. Den Saft auspressen. Schale, Saft, Zucker und Weißwein bei schwacher Hitze bis kurz vors Kochen bringen, nach Möglichkeit jedoch nicht kochen lassen. Abkühlen lassen und dann durch ein feines Sieb geben. Mit geriebenem Meerrettich, denn frischer ist am besten, vermischen und abschmecken.
Diese Soße paßt zu kalten Brathähnchen, zu Putenbraten, Täubchen und auch zu Fisch.

Mandarinensoße
Eine meiner Lieblingssoßen

6 EL (125 g) Mayonnaise
1 EL geschälte, gehackte Mandeln
1/2 TL Curry
1 EL Zitronensaft
1/2 Dose Mandarin-Orangen
Salz

Mayonnaise mit Mandeln, Curry, Zitronensaft und den abgetropften Mandarin-Orangen verrühren. Mit Salz abschmecken.
Eine sehr aparte frische Soße, die zum Fleischfondue ebenso beliebt ist, wie zum kalten Braten, Geflügel oder zu gegrilltem Fleisch oder Fisch.

Zitronenhalbgefrorenes Rezept S. 171

Köstliche Süßspeisen

Das Repertoire der Gewürze, die für Süßspeisen in Betracht kommen, ist relativ gering.
Uns allen ist Vanille bekannt, leider heute fast ausschließlich in chemischer Form als Vanillin. Es ist ein Unterschied, ob wir den teuren Vanillezucker, der unter Verwendung von natürlichen Vanilleschoten bereitet wurde, oder den Vanillinzukker mit künstlich aufgebautem Vanillin verwenden. Und gerade deshalb sollten wir unsere Gaumen wieder einmal verwöhnen und herausfinden, wie gut ein Vanillepudding, der mit echten Vanilleschoten bereitet wurde, eigentlich schmeckt.
Am besten drücken wir das Mark, also die Samenkörner, aus der aufgeschlitzten Vanilleschote. Wenn wir nämlich versuchen, das Innere mit einem Messer herauszukratzen, gelangen meistens auch gleichzeitig unschöne Schotenteile in die Süßspeisen.
Neben Vanille hat vor allen Dingen Ingwer, ein etwas altmodisches Gewürz, die Süßspeisenküche erobert. Wir bekommen auch bei uns neuerdings frischen Ingwer. Braun und knorplig werden die Wurzeln in Spezialabteilungen von Kaufhäusern und bei gut sortierten Gemüsehändlern angeboten. Natürlich müssen die Wurzeln, ähnlich wie Möhren, zunächst saubergekratzt werden, ehe sie für Nachspeisen oder Getränke gerieben werden können.
Praktisch, weil fast unbegrenzt haltbar, ist der in Zuckersirup eingelegte Ingwer, Stem Ingwer genannt. Auch der Sirup hat ein vorzügliches Aroma. In Zucker kandierter Ingwer hingegen trocknet aus, er lässt sich dann nur schlecht klein schneiden. Getrocknete Ingwerknollen können überhaupt nicht mehr geschnitten, sondern müssen gerieben werden. Sie sind meistens ziemlich hart. Darum wird der Ingwer auch bereits industriell gerieben, doch verliert er dann schneller das feine Aroma. Bei Ingwer gilt: nicht zu häufig und in Maßen, sonst bekommen wir das Gewürz leicht über.
Zimt wird für würzig süße Zimtcreme gebraucht, wesentlich häufiger aber (als Stangenzimt) für die Parfümierung von Kompotten und Obstsuppen, vor allen Dingen bei Äpfeln, Birnen, Zwetschgen und Holunderbeeren.
Eine ähnliche Bedeutung hat der Anis, allerdings ist er lange nicht mehr so gebräuchlich wie zur Jahrhundertwende. Kakao und Schokolade gehören auch zu den Geschmacksstoffen, die unsere Süßspeisenküche bereichern.
Nicht zu vergessen sind Orangen und Zitronen als Würzmittel. Und zwar wird der Saft wie auch die Schale verwendet. Natürlich dürfen nur die Schalen von ungespritzten Früchten gerieben werden. Das wird in der Regel extra vermerkt. Trotzdem rate ich Ihnen, die Zitro-

nen oder Orangen grundsätzlich vor dem Reiben gut, am besten mit heißem Wasser, zu waschen. Während des Wachstums werden nämlich alle Zitrusbäume des öfteren mit Chemikalien gespritzt, um Insekten fernzuhalten. Für Kompott und warme Süßspeisen werden die Schalen meistens mit Hilfe des Kartoffelschälers dünn abgeschält, sie ziehen dann in der Flüssigkeit.

Französische Schokoladencreme
Schokoladenpudding, der besonders apart ist

1 Päckchen
Schokoladen-Puddingpulver
2 EL Kakao
1/2 l Milch
3–4 EL Zucker
2 Orangen
1/8 l Sahne
1/4 Vanilleschote
1/2 Dose Mandarin-Orangen

Schokoladen-Puddingpulver und den Kakao mit einem Teil der Milch anrühren. Die übrige Milch zum Kochen bringen. Dann das Puddingpulver einrühren und 2 bis 3 Minuten garen. Zucker zufügen. Orangen waschen, feingeriebene Schale sowie den ausgepreßten Saft von einer Orange und das würfelig geschnittene Fruchtfleisch der zweiten Orange unter den heißen Pudding geben. Die Sahne steif schlagen und mit den ausgedrückten Samenkörnern der Vanillestange unter die *abgekühlte* Schokoladencreme heben. In eine Schüssel füllen und mit abgetropften Mandarin-Orangen hübsch garnieren.
Dies ist fürwahr ein festlicher Nachtisch!

Koreanische Ingwerbirnen
Kalorienarme, erfrischende Nachspeise

4–8 Birnen
1 EL Zitronensaft
2–3 EL Zucker
2 kandierte Ingwerknollen
2 EL Mandelsplitter oder Pistazien
Evtl. Sahne und Vanillezucker

Eine außerordentlich aparte, leichte Süßspeise, die, wenn sie aus Dosenfrüchten zubereitet wird, natürlich im Nu hergestellt ist.
Frische Birnen schälen, halbieren, entkernen und mit etwas Wasser, Zitronensaft und Zucker garen. Dosenbirnen können gleich so mit dem Sirup in eine Glasschale gegeben werden. Ingwer in hauchdünne Scheibchen schneiden und über die Früchte geben. Im Kühlschrank durchziehen lassen. Die Mandelsplitter oder Pinienkerne am besten im Backofen goldgelb rösten. Sie werden auf diese Weise viel gleichmäßiger, als wenn Sie versuchen, sie im Topf zu rösten. Kurz vor dem Servieren über die Birnen streuen. Dazu halbsteif geschlagene Sahne, die mit echtem Vanillezucker abgeschmeckt wurde.

Quarkspeise Lukull
Gehaltvoll aber gut

250 g Magerquark
2 Eigelb
etwas feingeriebene Orangenschale
Saft von 1 Orange
2 EL Orangenlikör, z.B. Grand Marnier
3 EL (45 g) Zucker
1 Beutel (50 g) feingehackte Mandeln
1/8–1/4 l Sahne
1/4 Vanilleschote
etwas Zitronat
noch etwas Orangenschale

Für die Zubereitung dieser köstlichen Quarkvariation brauchen Sie kaum fünf Minuten. Den Quark mit Eigelb, feingeriebener Orangenschale, Orangensaft und Orangenlikör verrühren. Dann den Zucker und die Mandeln zufügen. Die Sahne mit dem Mark der Vanilleschote steif schlagen, vorsichtig mit dem Quark vermischen. Alles in Gläser füllen. Mit Zitronat und feingeschälter Orangenschale, beides in feine Streifchen geschnitten, bunt garnieren.

Zabaione
Schnell bereitete Festtags-Süßspeise

4 Eigelb
60–80 g Zucker, 1 Pr Zimt
1 Msp Vanillemark
gut 1/8 l Marsala
etwas Muskat

Marsala ist ein ziemlich süßer, sizilianischer Wein der ca. 24% Alkohol enthält. Unsere daraus zubereitete Nachspeise, die Zabaione, ist in ganz Italien berühmt. Natürlich, wer die Creme lieber etwas weniger süß haben möchte, kann außerdem nocht etwas Zitronensaft zufügen oder aber statt des Südweins einen herberen deutschen Weißwein verwenden.
Alle Zutaten zusammen in einen nicht zu kleinen Topf aus Emaille oder rostfreiem Stahl, nie aus Aluminium, geben. Entweder im Wasserbad oder bei ganz schwacher Hitze erwärmen und dabei fortwährend schlagen. Wenn man mit dem Schneebesen kräftig schlägt, behält die Creme später besser ihren Stand. Wer aber lieber mit dem Elektroquirl arbeitet, sollte nur einen Schneebesen einsetzen und die geringste Schaltstufe wählen. Zwischendurch den Bodensatz mit einem Teigschaber oder Kochlöffel lösen. Vorsicht, die Zabaione darf nicht kochen, sondern nur einmal »aufstoßen«. Gleich in Süßspeisengläser oder, was ganz typisch ist, in große Keramiktassen füllen.

Creme Caramel
Am besten tags zuvor zubereiten

6–7 EL Zucker
1 TL Butter
3 EL Wasser
1/2 l Milch
5–6 Eier
1/4 Vanilleschote

Eine der klassischen Süßspeisen der französischen Küche, die kaum Arbeit macht. 4 EL vom Zucker mit Butter und 3 EL Wasser in einem Topf unter Rühren karamelisieren lassen, dann schnell am besten in eine Jenaer Glasform geben.
Milch mit Eiern, dem restlichen Zucker und den Samenkörnern der Vanilleschote gut verschlagen. Die Masse sollte aber nicht schaumig werden. Durch ein mittelfeines Sieb über die Karamelmasse schütten.
Die Jenaer Glasform wahlweise im Wasserbad im heißen Backofen (200°C / 3) oder im Wasserbad auf dem Herd etwa 30 bis 40 Minuten, je erwärmen. Das Wasser im Wasserbad soll heiß sein, darf aber nicht kochen, sonst bekommt die Creme Blasen.
Wenn sie schnittfest ist, herausnehmen, kalt stellen. Am folgenden Tag die Form ganz kurz in heißes Wasser halten, damit sich die Caramelmasse vom Boden der Form löst, dann auf eine Platte stürzen, so daß die leicht flüssige Caramelmasse über die Creme läuft.

Zitronencreme

Eine feine Nachspeise

Knapp 1/4 l Weißwein
1 Päckchen weiße, gemahlene Gelatine
feingeriebene Schale von 1 Zitrone
Saft von 3–4 Zitronen
3 Eigelb
4–5 EL Zucker
1/4 l Sahne, 3 Eiweiß
einige Waffelröllchen

Die Hälfte des Weißweins in einen Topf geben, die Gelatine darin verrühren und 10 Minuten quellen lassen. Inzwischen die Zitrone abreiben, mit Zitronensaft, Eigelb, Zukker und dem übrigen Wein verrühren. Außerdem Sahne und Eiweiß getrennt steif schlagen.
Die eingeweichte Gelatine bei mäßiger Hitze unter stetigem Rühren auflösen, jedoch keinesfalls kochen. Durch ein Sieb zur Zitronenmasse geben, diese dabei fortwährend schlagen. Diese Masse ins Frosterfach des Kühlschrankes stellen. Nach ca. 10 Minuten beginnt die Creme fest zu werden. Wenn man mit dem Löffel hindurchfährt, muß eine Straße sichtbar sein. Dann schnell Sahne und Eiweiß darunterheben, etwas von der Sahne zum Garnieren zurückbehalten. Die Creme in eine Schüssel oder in Gläser füllen, die Oberfläche glatt streichen, kalt stellen. Kurz vor dem Verzehr mit Sahnetupfen und Waffelröllchen hübsch garnieren.

Bayrische Vanillecreme

Nach Großmutters Rezept

1/4 l Milch
1/2 Vanilleschote
1 Beutel weiße, gemahlene Gelatine
2 Eigelb
3 EL Zucker
1/4 l Sahne
2 Eiweiß
rote Kirschen zum Garnieren

Die Hälfte der Milch mit der der Länge nach aufgeschlitzten Vanilleschote zum Kochen bringen. Dabei die Samenkörner etwas herauskratzen. Nun abkühlen lassen, durchsieben. Die Gelatine in der zweiten Hälfte der Milch quellen lassen, dann bei mäßiger Hitze auflösen, dabei rühren. An die Vanillemilch geben. Eigelb mit Zucker schaumig rühren und die Vanillemilch zufügen. Ins Frosterfach stellen.
Inzwischen jeweils in einer Schüssel Sahne und Eiweiß getrennt steif schlagen. Wenn die Vanillecreme beginnt festzuwerden, Sahne und Eiweiß unterziehen, jedoch etwas von der Sahne zum Garnieren zurückbehalten. Alles gut mischen, in eine Schüssel füllen und bis zum Verzehr kühl stellen. Dann mit Sahnetupfern und roten Kirschen garnieren.

Aufgrund des großen Angebots an Päckchenvanillepudding haben wir fast vergessen, wie gut eine echte Vanillecreme ist. Die Mühe lohnt sich!

Rotweingelee

Nach sättigender Mahlzeit sehr erfrischend

1/2 l guter Rotwein
1 Stückchen Stangenzimt
1 Nelke, evtl. etwas Sternanis
2–4 EL Zucker
1 Stückchen Zitronenschale
1 Päckchen gemahlene Gelatine
1/8 l Sahne
4 Pfirsichhälften aus der Dose

Die Hälfte des Rotweins mit den Gewürzen und Zucker bis kurz vors Kochen bringen. 10 Minuten ziehen lassen.
Gelatine mit 6 EL kaltem Rotwein erst quellen lassen, dann erwärmen, bis sie schmilzt. Nun den durchgesiebten warmen Rotwein mit Gelatine und dem übrigen kalten Rotwein vermischen, alles abschmecken und in eine Form geben. Über Nacht im Kühlschrank erstarren lassen.
Am folgenden Tag kurz mit der Unterseite in warmes Wasser halten, auf eine mit Wasser benetzte Platte stürzen und mit dem Spritzbeutel mit Schlagsahne garnieren. Pfirsichachtel zum Verzieren.
Eine leicht bekömmliche Nachspeise.

Mandarineneis

Sehr fein im Geschmack

Knapp 1/4 l frischgepresster Mandarinensaft
2 EL Zitronensaft
1 TL feingeriebene Orangenschale
100 g Puderzucker
1/4 l Sahne

Den Mandarinensaft mit Zitronensaft, Orangenschale und Puderzukker vermischen. Die Sahne steif schlagen, die Saftmischung darunterziehen. Wahlweise in Eiswürfelbehälter, verschließbare Plastikgefäße oder in leere Mandarinenschalen einfüllen. Für letztere Methode von den Mandarinen jeweils am Stielende ein Käppchen abschneiden, dann das Innere vorsichtig mit einem kleinen Löffel herauslösen.
Die Sahnemischung 12 Stunden im Frosterfach gefrieren lassen. Das Eis vor dem Verzehr 20 Minuten im Kühlschrank antauen lassen.

Ingwereis

Leckerei für Männer

1/4 l Sahne
2 EL Zitronensaft
3 EL Zucker
1 EL Ingwersirup
2 Ingwerknollen

Die Sahne steifschlagen. Zitronensaft, Zucker und Ingwersirup darunterschlagen. Die Ingwerknollen, sie können frisch oder kandiert sein, sehr fein hacken und unter die Sahne geben. In den Eiswürfelbehälter oder in ein verschließbares Plastikgefäß geben und 12 Stunden im Frosterfach gefrieren lassen.
Vor dem Verzehr 20 Minuten im Kühlschrank antauen lassen.
Schmeckt gut mit warmer Schokoladensoße.

Zitronenhalbgefrorenes

(Foto s. S. 165)
Sehr erfrischend und beliebt

4 Eigelb
120 g Zucker
Saft von 3 Zitronen
1/2 TL feingeriebene Zitronenschale
3/8 l Sahne
1–2 EL Zucker
100 g Brombeeren
etwas Zitronenschale

Eigelb und Zucker in einen Emailleoder Edelstahltopf geben und unter stetigem Schlagen im Wasserbad erwärmen, bis die Masse dickcremig wird. Von der Kochstelle nehmen und weiter schlagen, bis die Masse abgekühlt ist. Zitronensaft und – schale unterschlagen. Die Sahne steif schlagen, die größere Hälfte davon vorsichtig unter die Creme geben. Abschmecken, in Gläser füllen und ins Frosterfach oder ins Gefriergerät stellen.
Nach 2–12 Stunden herausnehmen. Die restliche Sahne mit Zukker aufschlagen, in einen Spritzbeutel füllen, die Süßspeise damit großzügig garnieren. Einige Beeren und Zitronenschale im letzten Augenblick als Garnitur obenauf geben.

Melonenüberraschung

Empfehlenswerte Mitternachtsbewirtung

2 kleine Cantaloup-Melonen
2 EL Grand Marnier
1 Packung Vanilleeis (250 g)
2 kandierte Ingwerknollen
2 EL Ingwersirup
3 Eiweiß
1 EL Zitronensaft
6 EL Zucker
3 EL Mandelblättchen

Zuerst den Backofen vorheizen (250 °C / 7). Die kleinen Melonen halbieren, die Kerne mit einem Löffel herausnehmen. Den Grand Marnier auf die Melonen verteilen und die Früchte mit Folie abgedeckt ins Frosterfach geben.

Das Vanilleeis mit kleingeschnittenen Ingwerknollen und Ingwersirup vermengen, ebenfalls wieder ins Frosterfach stellen.

Eiweiß steif schlagen und mit Zitronensaft und Zucker vermischen.

Nun die Melonen mit dem Ingwer-Vanilleeis füllen und jeweils mit einer Baiserhaube überziehen. Die Mandelblättchen daraufstreuen. Auf dem Rost so hoch wie möglich im Backofen 3–5 Minuten backen, so daß die Oberfläche sich blaßbraun färbt. Sogleich zu Tisch bringen. Baisermasse, Eis und Melonenfleisch aus den Fruchtschalen löffeln.

Rhabarber-Streuselauflauf

Schnell und schmackhaft

1 kg Rhabarber
150 g Zucker
1/2 TL feingeriebene Zitronenschale
200 g Mehl
100 g Zucker
100 g Butter
1/2 TL Zimt

Den Rhabarber putzen, jedoch nicht schälen. In gut daumenbreite Stücke schneiden. Mit Zucker und Zitronenschale mischen und in eine flache Auflaufform geben.

Für die Streusel Mehl, Zucker, Butter und Zimt in einer Schüssel zu Streusel verkneten. Über das Obst geben.

Im gut vorgeheizten Backofen (200°C / 3) auf dem Rost so hoch wie möglich 30 Minuten backen. Gut mit Vanilleschaumsoße (s. Seite 174).

Baked apples

Als Ergänzung dazu Vanilleschaumsoße (s. Seite 174).

1/8 l Wasser
1/8 l Sherry
1 Stück Orangenschale
1 kleines Stückchen Zitronenschale
1 Nelke
1 Stückchen Stangenzimt
1 Msp geriebener Ingwer
2 EL Zucker
1 Pr Salz
75 g Rosinen
1 TL Speisestärke
4 Boskop-Äpfel
100 g Mehl
50 g Zucker
55 g Butter
1 Msp Zimt oder etwas Vanillemark

Dies ist ein Rezept aus England, besonders gut an einem kalten Winterabend, wenn das Feuer im Kamin knistert.

Vom Wasser 2 EL zurückbehalten, um später die Stärke anzurühren. Den Rest mit Sherry, Orangenschale, Zitronenschale, Nelke, Zimt und Ingwerpulver 10 Minuten bei schwacher Hitze zugedeckt kochen lassen. Durchsieben, mit Zukker, Salz, Rosinen und der angerührten Stärke vermischt nochmals kurz aufkochen lassen.

Äpfel schälen, halbieren, entkernen und mit der Schnittfläche nach unten in eine flache Auflaufform geben. Die würzige Soße darübergeben.

Aus Mehl, Zucker, Butter und Zimt oder Vanillemark mit zwei Gabeln Streusel kneten und diese über die Äpfel geben. Das Gericht 30 Minuten auf der mittleren Schiene auf dem Rost im Backofen (200°C/3) backen und am besten warm mit Vanille- oder Weinschaumsoße servieren. Reste schmecken aber auch kalt sehr gut.

Überbackene Bananen
Schnelle Nachspeise, die gut vorbereitet werden kann

4 große Bananen
3 EL brauner Zucker
1/2 TL Zimt
40 g Butter
1 EL Zitronensaft
2 EL Rum

Die Bananen schälen, der Länge nach halbieren, in eine feuerfeste, flache gefettete Form legen. Mit einem Gemisch von Zimt-Zucker bestreuen. Die restliche Butter in Flöckchen darüber verteilen. Dann Zitronensaft und Rum darüberträufeln. Im vorgeheizten Backofen (250°C/5) 12 Minuten auf dem Rost auf der mittleren Schiene backen.
Warm oder kalt mit Vanilleschaumsoße reichen (s. Seite 174).

Zwetschgenauflauf
Preiswerte sättigende Nachspeise

750 g Zwetschgen
2 EL Zitronensaft
4 Brötchen
3 EL Butter
1/4 l Milch
4 EL Zucker
4 Eigelb
75 g geriebene Haselnüsse oder Mandeln
1 TL Zimt
2 EL Rum
4 Eiweiß
10 g Butter
1 EL Puderzucker

Zunächst die Zwetschgen halbieren, entsteinen, mit Zitronensaft beträufelt ziehen lassen. Die Brötchen in Scheiben schneiden.
Die Butter im Topf zerlassen, dann die Milch zugeben, etwas anwärmen. Über die Brötchen gießen. Zucker, Eigelb, Nüsse oder Mandeln, Zimt und Rum an die eingeweichten Brötchen geben, alles gut verrühren.
Eiweiß steif schlagen, unterheben. Entweder das Obst unter diese Mischung geben oder aber zunächst die Zwetschgen in die ausgebutterte Auflaufform geben und dann die Teigmasse darüberfüllen. Im vorgeheizten Backofen (200°C/3) 45 Minuten auf dem Rost auf der untersten Schiene schön braun backen.

Schneller Aprikosenauflauf
Für eilige Mütter

1 große Dose Aprikosen oder 1 kg frische Aprikosen
250 g Zwieback
50 g Butter
1/2 l Milch
4 EL Zucker
3 Eier
1 TL fein geriebene Zitronenschale
1–2 Msp fein geriebener Ingwer
noch 10 g Butter

Dosenaprikosen abtropfen lassen, frische Aprikosen waschen, halbieren und entsteinen. Die Zwiebäcke grob zerbröckeln. Die Butter im Topf zergehen lassen. Mit etwas von der flüssigen Butter eine Auflaufform ausfetten. Lagenweise bunt durcheinander mal Aprikosen, mal Zwiebäcke hineingeben. Milch, Zucker, Eier, Zitronenschale und Ingwer in den Topf in die restliche Butter geben, verschlagen, aber nicht erwärmen. Diese Mischung auf den Auflauf gießen. Aus der restlichen Butter Flöckchen obenauf geben. Im vorgeheizten Backofen (200 °C/3) auf dem Rost auf der untersten Schiene 45 Minuten goldgelb backen.
Gut mit Vanillesoße oder flüssiger Sahne. Dieses Rezept kann auch mit Heidelbeeren, Pfirsichen oder Sauerkirschen abgewandelt werden.

Vanillesoße mit Kognak

Zwar kalorienreich, aber besonders lecker

80 g Butter
150 g Puderzucker
2 Eigelb
3–4 EL Kognak
1/4 Vanillestange
2 Eiweiß
1/8 l Sahne

Die Butter mit dem Puderzucker schaumig rühren, dann die Eigelb, den Kognak und das Mark der Vanilleschote zufügen. Selbstverständlich können Sie diese Zutaten auch im Mixer schaumig rühren. Eischnee steif schlagen, unterheben. Kurz vor dem Servieren die steifgeschlagene Sahne unter die Mischung rühren.
Mit Aprikosenkompott oder kleinen Buchweizenpfannkuchen eine vorzügliche Nachspeise.

Vanilleschaumsoße

Vorzüglich zu Bratäpfeln

1/4 l Milch
1 Päckchen Vanillesoßenpulver
2–3 EL Zucker
1/8 l Sahne
1/4 Vanillestange

Dieses ist die Festtagsvariation der seit Kindertagen beliebten guten deutschen Vanillesoße. Sie können sie natürlich auch leicht aus einem Rest Vanillepuddingpulver bereiten.
Etwas Milch mit Vanillesoßenpulver anrühren, die übrige Milch zum Kochen bringen. Mit dem angerührten Pulver binden. Mit einem Teil des Zuckers süßen. Einen weiteren Löffel Zucker auf die Soße streuen, damit sie beim Erkalten keine Haut bekommt. Die Sahne steif schlagen. Die Samenkörner aus der Vanilleschote drücken und mit der Sahne und der erkalteten, evtl. durchgesiebten Vanillesoße vermischen.
Zugegeben, diese Soße ist kalorienreicher als das übliche Rezept, sie schmeckt aber auch noch einmal so gut.

Süße Ingwersoße

Eine schnelle und einfache süße Soße

1 Tasse Sirup
1 EL Butter
1 TL frischer, geriebener Ingwer oder 2 feingehackte kandierte Ingwerknollen

Sehr gut zu Vanillepudding oder Pfannkuchen. Alle Zutaten in einem Topf zusammen erwärmen, dabei ab und zu umrühren.

Gewürzherzen Rezept S. 185
Vanillebrezeln Rezept S. 188
Springerle Rezept S. 185
Schokoladenkipferl Rezept S. 186
Spitzbuben Rezept S. 184
Perlschnitten Rezept S. 185
Schokoladensterne Rezept S. 184
Nußtaler Rezept S. 184
Schwarz-Weiß-Gebäck Rezept S. 183

Von Kuchen, Plätzchen und Brot

Wer einmal versucht hat, aus dunklem Mehl, Salz, Wasser und Sauerteig selber ein Brot zu backen, der weiß, wie wichtig die Gewürzzugaben sind. Denn ohne diese wäre unser tägliches Brot recht fade.

Gewürzmühlen mischen für die Bäcker verschiedene Brotgewürze, bei denen wahlweise Anis, Fenchel, Koriander oder Kümmel dominieren. Im allgemeinen werden die Gewürze dann fein zermahlen, so daß sie später im Brotteig kaum zu erkennen sind. Für die, die sich selbst im Brotbacken versuchen wollen, habe ich drei besondere Brotrezepte aufgeschrieben. Dazu gesellen sich einige bewährte Rezepte für schnell zuzubereitende salzige Plätzchen. Sie werden eine willkommene Abwechslung nach den allzu bekannten Chips, Salzstangen und Fischli sein.

Bei der Auswahl der Kuchenrezepte habe ich mich vor allem auf die traditionellen Rezepte aus früheren Zeiten besonnen, dabei jedoch die Erkenntnisse der neuzeitlichen Ernährungslehre nicht ausser acht gelassen. Stollen soll heute nicht mehr so kalorienreich und schwerverdaulich sein wie in früheren Jahren. Probieren Sie auch den würzigen Kirschkuchen, den Sie übrigens auch mit Aprikosen abwandeln können. Das ist eines der besten Kuchenrezepte meiner Sammlung. Und dann die vielen Plätzchen. Selbst wer das ganze Jahr über nie bäckt, im Advent muß es doch wenigstens einmal nach frischgebakkenen Plätzchen duften. Lebkuchen und Honigkuchen, Ingwerplätzchen, Vanillebrezeln und Zimtsterne, wer wollte auf diese seit Kindertagen bekannten Köstlichkeiten verzichten? Nur erwarten wir heute alle, daß auch das Backen schneller geht. Dafür hat uns die Industrie praktische Gewürzmischungen kombiniert, die wohlabgewogen für Spekulatius, Pfefferkuchen oder Honigkuchen abgestimmt sind. Für den, der sich Zeit nimmt und lieber selbst seine Mischung findet, sind extra Rezepte angegeben.

Und noch etwas: Wenn in alten Weihnachtsplätzchen - Rezepten als Triebmittel jeweils Pottasche oder Hirschhornsalz aufgeführt wird, so können wir diese heute getrost durch Backpulver ersetzen. Gut bewährt sich allerdings immer noch die Methode, die Gewürze für diese Teigarten erst kurz vor der Teigbereitung zu zerkleinern, sei es im Mixer, sei es mit der Reibe oder im altmodischen Mörser. Dann allerdings sollten wir dem Zimt, dem Kardamom, dem Koriander, den Gewürznelken, der geriebenen Muskatnuß, der Vanille, dem Ingwer, der Zitronen- und Orangenschale, und was sonst auch immer zugefügt wird, Zeit lassen, ihr Aroma gleichmäßig dem Kuchenteig mitzuteilen. Unsere Urgroßmütter legten schon im Sommer einen Honigkuchenteigklumpen in einen kühlen Steintopf und stellten diesen dann bis zum Dezember in den Keller. Wenn schon nicht sechs Monate, so wenigstens einige Tage oder Stunden Ruhezeit sollten wir also unseren Weinachtsplätzchenteigen auch gönnen.

Geben Sie die fertig gebackenen, abgekühlten Plätzchen nach Möglichkeit gleich in eine gut verschließbare Blechdose, die knusprigen und die weichen für sich. Legen Sie zu den weichen Plätzchen eine große frische Orange, sie gibt Aroma und Feuchtigkeit an die Umgebung ab, ein einfacher bewährter Trick, um das Hartwerden zu vermeiden.

Quarkstollen

Weniger kalorienreich als der traditionelle Stollen

500 g Rosinen
250 g Korinthen
4 EL Rum
1 kg Mehl
2 Päckchen Backpulver
300 g Zucker
2 Päckchen Vanillinzucker
3 Eier
250 g kalte Butter oder Margarine
100 g Plattenfett (Palmin, Biskin oder ähnliches)
500 g Magerquark
250 g geschälte, grobgehackte Mandeln
100 g Zitronat
1 EL feingeriebene Orangenschale
4 feingehackte bittere Mandeln
1 Msp feingemahlene Muskatblüte
1–2 Msp feingemahlener Kardamom
1 Msp Zimt, 1/4 TL Salz
Mehl zum Ausformen
Fett oder Oblaten für das Blech
125 g Butter
100 g Puderzucker

Rosinen und Korinthen in eine Schüssel geben und mit Rum beträufeln. Das Mehl mit dem Backpulver auf die Tischplatte sieben. In die Mitte eine Vertiefung machen, dahinein Zucker, Vanillinzucker und Eier geben. Mit etwas vom Mehl zu einem dicken Brei verrühren. Dann die Butter oder Margarine in Flöckchen auf den Teig geben. Plattenfett schmelzen und wieder abkühlen lassen, mit Quark, Mandeln, Zitronat, Orangenschale, bitteren Mandeln, Muskatblüte, Kardamom, Zimt und Salz auf den Mehlberg geben. Nun alles zu einem gleichmäßigen Teig verkneten. Sollte der Teig kleben , noch ein wenig Mehl zufügen.

Nach Belieben zu 2 oder 3 Stollen ausformen. Auf ein gefettetes Blech legen. Wenn Sie das Blech mit großen Oblaten belegen, läuft der Stollen nicht so breit auseinander. Zunächst ca. 5 Minuten im sehr gut vorgeheizten Backofen (250°C / 6), dann 50 bis 60 Minuten bei mäßiger Hitze (160°C / 2 1/2) auf der mittleren Schiene backen. Garprobe machen! Noch heiß mit zerlassener Butter bepinseln. Nach dem Abkühlen mit Puderzucker bestäuben.

Ingwer-Quarkrolle
Schmeckt vorzüglich

1 Packung Tiefkühlblätterteig (300 g)
2 EL Mehl
500 g Magerquark, 3 Eier
knapp 1/8 l Sahne
125 g Zucker
feingeriebene Schale von 1 Zitrone
4 EL Ingwersirup
4 kandierte Ingwerknollen
1 Eigelb
2 EL Milch oder Wasser
2 EL grober Hagelzucker

Den Tiefkühl-Blätterteig ohne Umhüllung auf bemehlter Unterlage in ca. 20 Minuten auftauen lassen und zu einem Rechteck von ca. 40 × 60 cm ausrollen.
Für die Füllung den Quark mit Eiern, Sahne, Zucker, Zitronenschale und Ingwersirup in eine Schüssel geben, mit dem Elektroquirl verrühren. Zum Schluß den feingeschnittenen Ingwer unterrühren. Die Masse auf das mittlere Teigdrittel streichen. Die kurzen Enden zunächst einschlagen, dann die langen Seiten auf das mittlere Teigdrittel klappen. Mit Eigelb, das mit Milch oder Wasser verschlagen wurde, die Kanten bestreichen, etwas andrücken. Die Oberfläche mit Eimilch bepinseln, mit grobem Hagelzucker bestreuen. Auf einem mit Wasser benetzten Backblech auf der zweituntersten Schiene im vorgeheizten Backofen (220°C / 5) gut 40 Minuten goldbraun backen.

Schneller Käsekuchen
Ist durch den Zimt-Zwiebackteig leicht und apart
Für den Teig:

150 g Zwiebäcke
3 EL Zucker
1/2 TL Zimt
50 g Margarine
1 EL Margarine
Für den Belag:
1 kg Magerquark
5 Eier
4 EL Sahne oder Milch
3 gestr. EL Mehl
200 g Zucker
feingeriebene Schale von 1 Zitrone

Zunächst für den Teig die Zwiebäkke entweder im Mixbecher zerschlagen oder mit Hilfe des Kuchen-Rollholzes oder einer Flasche zerbröseln. Mit Zucker und Zimt mischen. Die 50 g Margarine im Topf schmelzen, über die Mischung geben. Mit der übrigen Margarine eine Springform von ca. 26 cm Durchmesser ausfetten. Dann die Bröselmasse hineingeben, mit der geschlossenen Faust fest andrücken.
Für den Belag Quark mit Sahne oder Milch, Eiern, Mehl, Zucker und feingeriebener Zitronenschale in eine Schüssel geben. Alles am besten mit dem Elektroquirl zu einer gleichmäßigen Masse verrühren. Auf den Bröselteig geben, die Oberfläche glatt streichen. Den Backofen auf 225°C / 4–5 vorheizen. Den Kuchen auf einem Rost auf der untersten Schiene einschieben. Nach 10 Minuten die Hitze auf 125°C / 1 1/2 reduzieren und den Kuchen noch weitere 75 Minuten backen.
Die Käsetorte soll fest, aber nicht braun werden und muß, ehe sie aus der Form genommen wird, unbedingt 3 Stunden darin auskühlen.

Brauner Kirschkuchen
Würzig und gut

150 g Margarine
150 g Zucker, 4 Eier
100 g geriebene, bittere Schokolade
50 g Paniermehl
150 g ungeschälte, geriebene Mandeln
1 TL Zimt
je 1 Msp geriebener Muskat, Piment, Orangen- und Zitronenschale
1 EL Mehl
1 TL Backpulver
Fett für die Form
250 g entkernte Sauerkirschen
2 EL Puderzucker

Dies ist ein ausgesprochen würziger Kirschkuchen, der ohne weiteres 3–4 Wochen im Gefriergerät aufgehoben werden kann.
Margarine mit Zucker und Eiern schaumig rühren. Schokolade, Paniermehl, Mandeln, Gewürze und das mit Backpulver vermischte Mehl nacheinander an den Teig geben. Eine Springform von ca. 26 cm Durchmesser ausfetten, den Teig hineingeben. Die Oberfläche mit einem Spachtel glatt streichen. Dann die abgetropften Kirschen – sie können frisch oder aus dem Glas oder der Dose sein – darauf verteilen.
Auf der zweituntersten Schiene auf dem Rost 40 Minuten im Backofen (200°C / 3) backen. Nach Erkalten mit Puderzucker bestäuben.

Schwedischer Safranzopf
Bilderbuchrezept

500 g Mehl
15 g Hefe
gut 1/8 l Milch
4 EL (60 g) Zucker
5 EL Öl
2 Msp Safran
2 EL Rum
1 Msp feingemahlener Kardamom
1/4 Vanilleschote
100 g geschälte, feingehackte Mandeln
1 Eigelb
2 EL Milch
Fett für das Blech

Daß Safran den Kuchen gelb macht, wird uns schon in Kindertagen vorgesungen. Ob es stimmt, können Sie an diesem Rezept am besten prüfen.
Das Mehl in eine Schüssel geben, in die Mitte eine Vertiefung drücken. Die Hefe hineinkrümeln und mit etwas angewärmter Milch und einem Teelöffel Zucker verrühren. Nach 15 Minuten die restliche Milch, den Zucker, das Öl, Safran, Rum, Kardamom, das Mark der Vanilleschote und die Mandeln in die Schüssel geben und alles mit den Knethaken des Handrührgerätes zu einem geschmeidigen, weichen Hefeteig verarbeiten. In drei Teile teilen und zu einem Zopf verflechten.
Mit Eigelb, das mit Milch verschlagen wurde, bepinseln. Auf ein gefettetes Backblech legen, ca. eine Stunde gehen lassen.
Im vorgeheizten Backofen (200°C) 25 bis 30 Minuten auf der zweituntersten Schiene backen. Mit Butter bestrichen ganz vorzüglich für das Sonntagsfrühstück.

Ingwertorte
Spezialität für Kenner

200 g Butter oder Margarine
200 g möglichst brauner Zucker
4 Eigelb
200 g Mehl
200 g kandierte Ingwerknollen ohne Sirup
4 Eiweiß
Fett für die Form
125 g Puderzucker
2 EL Arrak

Butter mit Zucker und Eigelb am besten mit dem Elektroqirl schaumig rühren. Dann das Mehl und den in Scheibchen geschnittenen, abgetropften Ingwer unterrühren. Eiweiß zu steifem Schnee schlagen und unter den Teig heben. Die Masse wahlweise in eine Kastenform von 28 cm Länge oder in eine gefettete Springform von ca. 24 cm füllen.
Auf der untersten Schiene auf dem Rost im Backofen bei mäßiger Hitze (180°C / 2 1/2) ca. 80–90 Minuten langsam backen.
Für den Guß den Puderzucker mit Arrak verrühren und den Kuchen damit bepinseln. Den Kuchen aus der Form lösen.

Honigkuchen
Aus Großmutters Kochbuch

450 g Bienenhonig
200 g Zucker
200 g Margarine oder Butter
5 Eier
5 EL Rum
5 EL Kakao
feingeriebene Schale von 1 Zitrone
500 g Mehl
1 Päckchen Backpulver
1 gestr. EL gemischtes Honigkuchengewürz
je 100 g feingewürfeltes Orangeat und Zitronat
100 g grobgehackte, geschälte Mandeln
1 Pr Salz
1 EL Margarine oder Butter
1 Tafel (100 g) bittere Schokolade

Unsere Großmütter haben diesen würzigen Honigkuchen gewiß mit Butter gebacken. Wer sparen will, nimmt heute Margarine. Zuerst den Honig mit Zucker und Margarine oder Butter in einem Topf zergehen lassen.
Inzwischen die Eier mit Rum, Kakao und Zitronenschale vermengen. Dann die Honigmasse und das mit Backpulver gemischte Mehl abwechselnd zugeben. Honigkuchengewürz, Orangeat, Zitronat und Mandeln zugeben, alles kurz verrühren.
Eine Kastenform von ca. 28 cm Länge sorgfältig einfetten, den Teig hineingeben, die Oberfläche glattstreichen. Bei nicht zu starker Hitze (180°C / gut 2 1/2) 60 bis 70 Minuten auf dem Rost auf der untersten Schiene backen. Noch warm aus der Form nehmen.
Für den Guß die Schokolade in einem kleinen Topf im Wasserbad mit 2 EL Wasser zum Schmelzen bringen. Heiß auf den Kuchen pinseln.
Der Kuchen gewinnt an Geschmack, wenn er in Alufolie verpackt einige Tage an kühler Stelle steht, so daß das Aroma der Gewürze den Kuchen ganz durchzieht.

Früchtekuchen
Sollte nach Möglichkeit eine Woche vor dem Verzehr gebacken werden

250 g Sultaninen
2 EL Rum
125 g Feigen
125 g Haselnüsse
60 g Mandeln
125 g Zitronat
3 Eier
125 g Zucker
125 g Mehl
1 TL Backpulver
1/2 TL Zimt
1 Msp geriebener Ingwer
1 Msp feingemahlener Piment
je 1 TL feingeriebene Zitronen- und Orangenschale
1 EL Margarine
3 EL grobgemahlene Hasel- oder Walnüsse, einige geschälte, halbierte Mandeln

Früchtekuchen gehört zu den wenig süßen und recht gesunden Kuchen und ist so beliebt, daß er überall als Geschenk willkommen ist. Darum am besten gleich eine doppelte oder dreifache Portion bakken, der Arbeitsaufwand ist dabei kaum größer.
Sultaninen, das sind kernlose Rosinen, mit Rum übergießen. Die Feigen grob zerschneiden, ebenso die Haselnüsse. Mandeln können, müssen aber nicht unbedingt geschält werden, ehe sie grob zerhackt werden. Zitronat würfeln, aber in den meisten Fällen geschieht das heute industriell.
Für den Teig die Eier mit dem Zukker am besten mit dem Elektroquirl schaumig schlagen. Dann Mehl, Backpulver, Zimt, Ingwer, Piment, Zitronen- und Orangenschale zufügen. Die Zitrusfrüchte sollten gewaschen werden. Nun die Sultaninen und die vorbereiteten Trockenfrüchte unter den Teig geben. Eine Kastenform von ca. 28 cm Länge mit Margarine fetten und mit grobgemahlenen Haselnüssen ausstreuen. Den Teig hineingeben, die Oberfläche glattstreichen. Mit etwas Wasser benetzen. Dann mit Mandelhälften garnieren und den Früchtekuchen im gut vorgeheizten Backofen (200°C / 3) auf dem Rost auf der untersten Schiene gut 60 Minuten backen.
Zum Auskühlen aus der Form nehmen. Erkaltet am besten in Klarsichtfolie verpacken, damit er nicht austrocknet.

Zimtwaffeln

Eines meiner beliebtesten Waffelrezepte

3 Eier
100 g Zucker
125 g Margarine oder Butter
1 Beutel Vanillinzucker
250 g Mehl
2 gestr. TL Backpulver
1–1 1/2 TL Zimt
1/8 l Mineralwasser oder Bier
Butter oder Speckschwarten zum Fetten des Waffeleisens
Zimt-Zucker zum Bestreuen

Die Eier mit Zucker, Margarine oder Butter und Vanillinzucker in einer Schüssel am besten mit dem Elektroquirl verschlagen. Abwechselnd das mit Backpulver und Zimt gemischte Mehl und Mineralwasser oder Bier zufügen. Es soll ein dickflüssiger Teig entstehen.

Das Waffeleisen gut heiß werden lassen, dann einfetten. Jeweils eine Schöpfkelle voll Teig hineingeben und nacheinander goldgelbe, duftende Waffeln backen. Unmittelbar aus dem Eisen entnommen und mit Zimt- Zucker bestreut schmecken sie am allerbesten.

Durch die Beigabe von Mineralwasser oder Bier wird der Teig besonders knusprig , aber zur Not können wir auch einfaches Wasser nehmen.

Gewürzwaffeln

Schmecken nicht nur im Dezember gut

125 g Margarine
4 EL (60 g) Zucker
2 Eier, 125 g Mehl
1 gestr. TL Backpulver
4 EL Wasser
2 EL Rum
2 EL sehr fein gehacktes Orangeat oder Zitronat
je 1 Msp Zimt, Kardamom, Muskatblüte, Ingwer
Butter oder Speckschwarten zum Fetten des Waffeleisens
Puderzucker und 1 Päckchen Vanillinzucker zum Bestreuen

Margarine mit Zucker, Eiern, Mehl, Backpulver, Wasser und Rum in eine Schüssel geben, dann alles mit dem Elektroquirl kurz vermischen. Das Orangeat oder Zitronat, zur Not kann es auch durch etwas feingeriebene Orangen- oder Zitronenschale ausgetauscht werden, und die gemahlenen übrigen Gewürze zufügen. Wer die Waffeln ganz besonders würzig haben möchte, kann die Zimtmenge ohne weiteres noch etwas erhöhen.

Das Waffeleisen wahlweise mit Butter oder einer Speckschwarte fetten, gut heiß werden lassen. Jeweils eine Kelle Teig hineingeben und goldbraune Waffeln backen. Heiß mit einem Gemisch von Puder- und Vanillinzucker bestreuen. Auch gut mit Preiselbeerkompott und Schlagsahne.

Mandelbrot

ca. 1 kg. Gebäck
Gut für eilige Bäckerinnen

3 Eier
250 g Zucker
1 EL Zimt
1 Msp feingemahlener Piment
250 g ungeschälte ganze Mandeln
350 g Mehl
1 TL Backpulver
1 Eigelb

Eier mit Zucker schaumig rühren. Zimt, Piment, die gewaschenen, getrockneten Mandeln, Mehl und Backpulver nacheinander an den Teig geben. Zwei lange, etwa 5 cm breite Brote formen. Auf ein mit Pergamentpapier oder Alufolie belegtes Blech geben. Mit Eigelb bepinseln. 60 Minuten im Backofen auf der zweitobersten Schiene bei 180 °C / 3 backen. Noch warm mit einem scharfen Messer diagonal in fingerdicke Scheiben schneiden.

Dieses Rezept ist sehr schnell zubereitet. Sollte das Mandelbrot einmal zu hart geworden sein, so geben Sie je eine frische Orange und Zitrone einige Tage mit in die gut schließbare Plätzchendose. Das Aroma der Schale teilt sich angenehm dem Gebäck mit und die Feuchtigkeit der Früchte macht das Gebäck weich.

Spekulatius
ca. 500 g Gebäck
Sollten auf keinem Weihnachtsteller fehlen

300 g Mehl
150 g Butter oder Margarine
65 g Zucker
1 Ei
1 TL Zimt
je 1 Msp Salz, gemahlener Piment und Kardamom
Kartoffelmehl für die Holzform, Fett für das Blech, evtl. Mandelblättchen.

Spekulatius gehören zu den typischen Weihnachtsplätzchen holländischen Ursprungs. Leider bekommt man bei uns heute kaum mehr die Holzmodeln mit Männchen, Elefanten, Windmühlen und ähnlichen Motiven. Aber zur Not kann man die würzigen Plätzchen ja auch mit anderen Förmchen ausstechen.
Das Mehl auf die Arbeitsplatte geben. Das Fett in Flöckchen darauf verteilen und mit einem großen Pfannenmesser etwas verhacken. Dann Zucker, Ei und die gemahlenen Gewürze an die Mischung geben, alles vermengen und später rasch verkneten.
Die Spekulatiusform sollte gut gesäubert sein, ehe sie mit Kartoffelmehl ausgepudert wird. Dann den Teigkloß fest auf die Form drücken, mit einem großen Messer bündig abschneiden und die Plätzchen auf der Tischkante aus der Form schlagen. Auf einem gefetteten Blech 8–10 Minuten bei guter Mittelhitze (200°C / 3) goldgelb backen. Wer ganz besonders gute Spekulatius haben möchte, bestreut das gefettete Backblech mit Mandelblättchen; die Plätzchen müssen dann ganz leicht angedrückt werden.

Pomeranzenbrötchen
Ca. 500 g Gebäck
Schmecken auch zum Wein

2 Eier, 150 g Zucker
50 g Margarine oder Butter
1 Pr Salz
200 g Mehl
100 g feingehacktes Orangeat
Fett für das Blech

Eier mit Zucker und Margarine oder Butter schaumig rühren. Salz, Mehl und die Hälfte des Orangeates, unter die Eischaummasse geben. 10 Minuten im Frosterfach kühlen. Dann mit bemehlten Händen zu einer gut talerdicken Rolle formen. Etwas flachdrücken. Nochmals kurz kühlen.
Dann mit einem scharfen Messer in ca. 5 mm dicke Scheiben schneiden. Dabei werden die Plätzchen etwas oval. Diagonal mit dem Messer dreimal einkerben. In jede Kerbe einen schmalen Streifen Orangeat drücken oder das übrige Orangeat fein hacken und auf die Plätzchen streuen.
Auf der obersten Schiene im Backofen (200 °C / 3) ca. 8 bis 10 Minuten goldgelb backen.

Schwarz-Weiß-Gebäck
(Foto s. S. 175)
Ergibt ca. 800 g Gebäck
Sieht besonders hübsch aus

400 g Mehl
1 Msp Salz
300 g Butter oder Margarine
150 g Puderzucker
2 EL Kakao
1 Eiweiß
Fett für die Backbleche

Das Mehl mit dem Salz mischen und auf die Arbeitsplatte sieben. Kaltes Fett in Flöckchen darauf verteilen. Den Zucker darüberstreuen. Das Ei daraufgeben. Dann alles mit einem langen Messer gründlich verhacken. Mit kühlen Händen rasch zu einem Teig verkneten. Unter die knappe Hälfte des Teiges den Kakao kneten. Nach Belieben ausformen: Beispielsweise zwei Teigplatten ausrollen, die weiße mit Eiweiß bepinseln, die dunkle darauf legen, dann zur Schnecke aufrollen. Kalt stellen, später in Scheiben schneiden. Oder Teigstreifen nebeneinander legen, mit Eiweiß bepinseln und nebeneinanderlegen, mit einer dünnen Teigschicht umhüllen. Kalt stellen und in Scheiben schneiden. Oder eine dikke braune Teigrolle mit einer dünnen, hellen Teigschicht umhüllen.
Die Plätzchen auf einem gefetteten Backblech auf der zweitobersten Schiene im vorgeheizten Backofen (180°C / 3) in 8 bis 10 Minuten nicht zu dunkel backen.

Schokoladensterne
(Foto s. S. 175)
Ergibt ca. 800 g Gebäck
Empfehlenswert für den Bunten Teller

250 g Mehl
1 Msp Salz
1/2 Vanilleschote
1 Msp geriebener Ingwer
100 g Zucker
1 Ei
150 g Butter oder Margarine
50 g Himbeermarmelade
100 g Schokoladen-Fettglasur
50 g Walnußkerne und Pistazien

Das Mehl auf den Arbeitstisch sieben. Salz, die Samenkörner der Vanilleschote, Ingwer und Zucker daruntermischen. Dann in die Mitte eine Vertiefung machen, das Ei hineinschlagen. Das kalte Fett in Flöckchen auf dem Mehlrand verteilen. Mit einem großen Messer schnell verhacken, dann zu einem glatten Teig kneten. Auf bemehlter Unterlage 1/2 cm dick ausrollen, dicht aneinander Sterne ausstechen. Auf einem ungefetteten Backblech auf der zweitobersten Schiene 12 Minuten goldgelb bakken (180 C / 3). Die Hälfte der Sterne auf der Unterseite dünn mit Marmelade bestreichen, mit den übrigen Sternen zusammensetzen. Den Schokoladenüberzug bei mäßiger Hitze schmelzen lassen, die Plätzchen damit überziehen und mit Walnußhälften oder geschälten, gehackten Pistazien garnieren.

Spitzbuben (Foto s. S. 175)
Ergibt ca. 600 g Gebäck
Traditionelles Weihnachtsgebäck

150 g Butter oder Margarine
125 g Puderzucker
1 Eigelb
1/2 Vanilleschote
250 g Mehl
125 g geschälte, geriebene Mandeln
1 Eigelb
80 g Hagelzucker
Fett für die Backbleche
125 g Johannisbeergelee

Das Fett mit dem Puderzucker in einer Schüssel schaumig rühren, dann das Eigelb und die Samenkörner aus der Vanilleschote zugeben. Das gesiebte Mehl und die Mandeln zum Schluß rasch unterrühren und alles verkneten. Den Teig für 30 Minuten in den Kühlschrank stellen. Auf bemehltem Backbrett 1/2 cm dick ausrollen, runde Plätzchen von ca. 3–4 cm Durchmesser ausstechen. Auf einem gefetteten Backblech auf der zweitobersten Schiene mit Eigelb bepinseln, mit Hagelzucker bestreuen. Im vorgeheizten Backofen (180°C / 3) 8–10 Minuten hell abbacken. Nach dem Erkalten die Hälfte der Plätzchen auf der Unterseite mit Gelee bestreichen, jeweils zwei aufeinandersetzen.

Nußtaler (Foto s. S. 175)
Ergibt ca. 800 g Gebäck
Sehr haltbar

150 g Butter oder Margarine
150 g brauner Zucker (Farinzucker)
1 Ei
1 Msp Salz
1/2 Vanilleschote
1/2 TL Backpulver
100 g fein gehackte Haselnußkerne
100 g geriebene Blockschokolade
300 g Mehl
Fett für die Backbleche

Das Fett mit dem Zucker am besten mit dem Elektroquirl schaumig rühren. Dann Ei, Salz, die Samenkörner aus der Vanilleschote, Backpulver, Nüsse und Schokolade nach und nach darunter geben. Das Mehl zum Schluß darunter rühren. Mit einem Teelöffel kleine Häufchen auf ein gefettetes Backblech geben und ca. 10 Minuten im vorgeheizten Backofen (180° / 3) auf der zweitobersten Schiene backen.

Perlschnitten

Ergibt ca. 600 g Gebäck
Schnell gebacken und hübsch anzusehen

300 g Mehl
300 g Zucker
1 gestr. TL Backpulver
1 Msp Salz
100 g kleingeschnittene Datteln oder Orangeat
100 g mittelfein gehackte Walnußkerne
3 Eier
Mehl zum Ausrollen
Fett für das Blech
1 Eiweiß
50 g bunten Zucker zum Bestreuen (Nonpareille)

Das Mehl mit Zucker, Backpulver und Salz gut mischen, in eine Schüssel geben. Datteln oder Orangeat, Nüsse und zerquirlte Eier zugeben, alles zum Teig verarbeiten. Auf bemehlter Atbeitsplatte gut 1 cm dick ausrollen, auf ein gefettetes Backblech legen. Gleichmäßig mit Eiweiß bepinseln und mit Nonpareille bestreuen. Auf der obersten Schiene im vorgeheizten Backofen (200°C / 4) 15–20 Minuten backen. Noch warm in Rechtecke schneiden. Sie können die Schnitten auch erst nach dem Backen mit Eiweiß bepinseln und mit buntem Zucker garnieren.

Springerle (Foto s. S. 175)

Ergibt ca. 500 g Gebäck
Typisches süddeutsches Weihnachtsgebäck

2 Eiweiß
1 Pr Salz
250 g Zucker
2 Eigelb
feingeriebene Schale von 1/2 Zitrone
250 g Mehl, evtl. etwas mehr
1 EL Anis

Das Eiweiß mit Salz zu sehr steifem Schnee schlagen. Nun den Zucker einrieseln lassen. Eigelb und Zitronenschale unterschlagen. Das Mehl über die Schaummasse sieben, zunächst unterrühren, dann unterkneten. Falls der Teig sehr weich sein sollte, noch 1 EL Mehl zugeben. Eine Stunde ruhen lasssen und auf bemehlter Unterlage recht dick, also 1 cm, ausrollen. Die mit Mehl bestäubten Springerleformen daraufdrücken, dann die Plätzchen ausrädern. Auf ein leicht gefettetes, mit Anis bestreutes Backblech legen und mindestens 24 Stunden in der Küche trocknen lassen.
Bei mässiger Hitze (150°C / 2) auf der obersten Schiene mehr trocknen als backen. Springerle müssen Füßchen bekommen und sollen unten leicht goldgelb, oben aber weiß sein.
Wer das Gebäck nicht knusprig und hart liebt, legt die Plätzchen 3–5 Tage mit Orangen oder Äpfeln in eine fest verschließbare Blechdose.

Gewürzherzen

Ergibt ca. 750 g Gebäck
Sollten vor dem Verzehr etwas durchziehen

125 g Butter oder Margarine
125 g Zucker
1 Päckchen Vanillinzucker
1 Eigelb
je 1 Msp Muskat und Piment
1/2 TL Zimt
feingeriebene Schale von 1 Zitrone
125 g ungeschälte, geriebene Mandeln
125 g Mehl
125 g Paniermehl
Mehl zum Ausrollen
Fett für die Backbleche
1 Eigelb
125 g geschälte, halbierte Mandeln

Das Fett mit Zucker, Vanillinzucker und Eigelb schaumig rühren. Dann die Gewürze, Mandeln, das Mehl und Paniermehl unterrühren. Zum Schluß die Masse kneten. Für 30 Minuten in den Kühlschrank stellen. Auf bemehlter Unterlage nicht zu dünn ausrollen, Herzen ausstechen. Mit Eigelb bepinseln, mit Mandelhälften garnieren und auf gefettetem Blech im vorgeheizten Backofen (180 °C / 3) ca. 10 Minuten auf der obersten Schiene backen.

Schokoladenkipferln
(Foto s. S. 175)
Ergibt ca. 800 g Gebäck
Empfehlenswertes Weihnachtsgebäck

350 g Mehl
70 g dunkler Kakao
150 g feiner Zucker
1 Vanillestange
1 Eigelb
200 g Butter oder Margarine
etwas Mehl zum Ausformen
100 g Schokoladen-Fettglasur
40 g geschälte, gehackte Pistazien

Das Mehl mit Kakao und feinem Zucker mischen und auf ein Backbrett geben. Die Vanilleschote der Länge nach aufschlitzen, die Samenkörner herausdrücken. Zum Mehlgemisch geben. In die Mitte eine Vertiefung drücken, das Eigelb hineingeben. Das kalte Fett in Flöckchen auf dem Mehlrand verteilen. Alles mit einem Messer verhacken, dann rasch zum glatten Teig verkneten und zu langen Rollen formen. Nach 30-minütiger Kühlzeit die Rollen in Stücke schneiden, jeweils Kipfel daraus formen. Auf ein sauberes Blech legen und im vorgeheizten Backofen (200°C/4) 10 Minuten backen. Noch heiß in zerlassene Glasur tauchen und mit Pistazien bestreuen.

Nürnberger Lebkuchen mit Honig
ca. 1,3 kg Gebäck
Würzig und schnell bereitet

1 Glas (450 g) Honig
125 g Zucker
50 g Margarine
500 g Mehl
125 g ungeschälte, grobgehackte Mandeln
50 g gewürfeltes Zitronat
1 Päckchen Backpulver
2 TL Zimt
1/2 TL feingeriebener Ingwer
je 1 Messerspitze feingemahlener Piment, Nelken und Kardamom
1/8 l Rum, Fett für das Blech
50 g Zitronat zum Garnieren

Zunächst den Honig mit Zucker und Margarine im Topf erhitzen, dann wieder abkühlen lassen. In der Zwischenzeit das Mehl mit Mandeln, Zitronat, Backpulver, Zimt, Ingwer, Piment, Nelken und Kardamom vermischen. Die Honigmasse und den Rum zufügen, alles verrühren bzw. verkneten. Den Teig auf ein gefettetes Backblech geben. Die Oberfläche mit einem feuchten Teigspachtel glattstreichen. Die Zitronatwürfel darüberstreuen. Im vorgeheizten Backofen (200°C/4) gut 60 Minuten auf der obersten Schiene backen. Auf dem Blech in Rechtecke oder Quadrate schneiden.

Ingwerplätzchen
Ca. 800 g Gebäck
Sehr aromatisch

200 g Margarine oder Butter
200 g Zucker, 1 Ei
250 g Mehl
1 Prise Salz
50 g geschälte, gehackte Mandeln
50 g kleingehackter kandierter Ingwer
Mehl zum Ausrollen
Fett für das Blech
1 Eigelb, 1 EL Wasser
50 g geschälte, halbierte Mandeln

Margarine oder Butter mit Zucker und Ei in eine Schüssel geben und mit dem Elektroquirl verrühren. Das Mehl, Salz, Mandeln und Ingwer zufügen. Anfangs rühren, dann mit den Händen schnell einen gleichmäßigen Teig kneten. Sollte er kleben, für 30 Minuten in den Kühlschrank stellen.
Auf bemehlte Arbeitsplatte 1/2 cm dick ausrollen. Die Teigplatte mit Hilfe eines großen Messers oder des Rollholzes auf das gefettete Backblech legen. Oder gleich auf dem Backblech ausrollen. Vor dem Backen mit dem Teigrädchen in Rauten oder Quadrate von ca. 5 cm Kantenlänge schneiden. Eigelb mit Wasser verschlagen, die Teigplatte damit bepinseln. Auf die Mitte jedes Plätzchens eine Mandelhälfte legen. Auf der obersten Schiene im vorgeheizten Backofen (180°C/2 1/2) in gut 10 Minuten goldgelb backen.

Orangenstangen

Ca. 1 kg Gebäck

Die von innen leicht feuchten Plätzchen werden das ganze Jahr über gerne gegessen

Für den Teig:

250 g Mehl
2 TL Backpulver
75 g Zucker
1 Päckchen Vanillinzucker
125 g Butter oder Margarine
1 Pr Salz
1 Ei
Mehl zum Ausrollen

Für die Füllung:
200 g geschälte, feingeriebene Mandeln
feingeriebene Schale von 1 Orange
Saft von 1 1/2–2 Orangen
150 g feiner Zucker

Für den Guß:
75 g Puderzucker
2 EL Orangensaft oder Grand Marnier

Für den Mürbeteig das Mehl mit dem Backpulver auf die Tischplatte sieben. Zucker, Vanillinzucker und Salz daraufgeben. In die Mitte in eine Vertiefung das Ei schlagen. Butter oder Margarine in Flöckchen auf den Rand verteilen. Dann alles kurz mit einem großen Messer verhacken und schnell mit kühlen Händen zu einem gleichmäßigen Teig verkneten. Sollte der Teig zu weich sein, kurz in den Kühlschrank stellen. Auf bemehlter Unterlage zu einem Rechteck von ca. 35×50 cm ausrollen.

Für die Füllung die Mandeln mit Orangenschale, -saft und Zucker verrühren. Die Füllung auf die Hälfte des Teiges streichen, die andere Hälfte darüberklappen. Leicht mit dem Rollholz andrücken. Einige Male mit der Gabel einstechen und auf das Backblech legen.

Gut 20 Minuten auf der obersten Schiene im Backofen (180°C/2 1/2) backen.

Inzwischen Puderzucker mit Orangensaft oder -likör verrühren. Die heiße Teigplatte sofort damit bepinseln und mit einem scharfen Messer in fingerbreite, ca. 5–6 cm lange Stangen schneiden.

Zimthörnchen

Ca. 600 g Gebäck

Feines Weihnachtskleingebäck

200 g Butter
1 Pr Salz
100 g feiner Zucker
1 TL gemahlener Zimt
100 g ungeschälte, gemahlene Mandeln oder Haselnüsse
1/2 TL Backpulver
200 g Mehl, Mehl zum Ausrollen
Fett für das Backblech, Zimtzucker zum Bestreuen

Butter mit Salz und Zucker schaumig rühren, dann den Zimt, die Mandeln oder Nüsse, Backpulver und das Mehl unterrühren. Alles zu einem geschmeidigen Teig verkneten und diesen vor der weiteren Verarbeitung noch 10 Minuten ins Frosterfach stellen.

Auf bemehlter Unterlage etwa kleinfingerdick ausrollen. Mit Hilfe eines Glases Halbmonde ausstechen und diese auf ein gefettetes Backblech legen.

Im gut vorgeheizten Backofen (180 °C/2 1/2) nicht zu schnell schwach gelb backen. Das dauert ca. 15 bis 20 Minuten. Zum Schluß im Zimtzucker wälzen.

Vanillebrezeln (Foto s. S. 175)
Ca. 500 g Gebäck
Sehen hübsch aus und schmecken gut

250 g Mehl
125 g Butter oder Margarine
100 g Zucker
1 Ei
1 Pr Salz
1/2 Vanilleschote
Mehl zum Formen, Fett für das Blech
2 EL Puderzucker
1 Beutel Vanillinzucker

Wichtig ist, daß der Teig schnell bereitet und dann ohne Verzug ausgeformt wird, sonst wird er zu weich.
Das Mehl auf die Arbeitsplatte geben, die Butter oder Margarine in Flöckchen darauf verteilen, schnell mit einem langen Messer verhakken. Dann in die Mitte eine Vertiefung drücken. Zucker, Ei, Salz und die aus der Vanilleschote ausgedrückten Samenkörner hineingeben. Abermals alles verhacken und zum Schluß rasch mit den Händen zum glatten Teig verkneten.
Auf bemehlter Unterlage portionsweise bleistiftdicke, etwa 15 bis 20 cm lange Röllchen formen und diese zu Brezeln verschlingen. Auf einem gefetteten Backblech auf der obersten Schiene im vorgeheizten Backofen (180°C/2 1/2) bei mäßiger Hitze in ca. 15 bis 20 Minuten leicht gelb backen. In einer Mischung aus Puderzucker und Vanillinzucker wenden.

Lebkuchenherzen
Ca. 2 kg Gebäck
Hübscher Schmuck für den Weihnachtsbaum

200 g Zucker 500 g Rübensirup
200 g Margarine
2 Eier, 1 kg Mehl
2 TL Backpulver
2 TL geriebener Ingwer, 2 TL Zimt
2 TL feingemahlener Piment
1 Msp feingeriebener Muskat
2 TL grobzerdrückter Anis
1 Msp zerdrückter Kardamom
1 Msp Salz
Fett für das Blech, geschälte Mandeln, Nüsse und Liebesperlen zum Garnieren

Den Zucker mit Sirup aufkochen, die Masse abkühlen lassen. Inzwischen Margarine und Eier verrühren, das mit Backpulver vermischte Mehl, die abgekühlte Sirupmasse und die Gewürze zufügen. Zu einem Teig verarbeiten. Sollte er zu krümelig sein, noch etwas Wasser unterkneten. In einem Plastikbeutel an kühler Stelle über Nacht ruhen lassen, damit sich das Aroma der Gewürze gut im Teig verteilt.
Jeweils nicht mehr als ca. 1/8 der Masse auf bemehlter Unterlage nicht allzu dünn ausrollen. Herzen ausstechen, mit Wasser bepinseln, bunt mit Mandeln, Nüssen oder Liebesperlen verzieren. Auf gefettetem Blech auf der obersten Schiene im vorgeheizten Backofen (200°C/3) ca. 10 Minuten abbacken.

Zimtsterne
Ca. 200 g Gebäck
Beliebtes Weihnachtsgebäck

3 Eiweiß
250 g Puderzucker
1 Päckchen Vanillinzucker
1 TL Zimt
275–350 g geriebene Haselnüsse oder Mandeln
Fett für das Blech

Zunächst das Eiweiß steif schlagen. Nach und nach den Zucker zufügen. Von der glänzenden Eischaummasse ca. 2 Esslöffel beiseite tun. An die restliche Masse den Vanillinzucker, Zimt und Nüsse oder Mandeln geben. Die Menge hängt von der Größe der Eier ab.
Der Teig darf kaum mehr kleben und wird knapp kleinfingerdick auf geriebenen Nüssen oder Mandeln ausgerollt. Mit der Eiweißmasse bepinseln. Erst dann möglichst dicht nebeneinander, so daß wenig Abfall entsteht, Sterne ausstechen. Diese Methode ist schneller, als die Sterne erst später zu bepinseln.
Plätzchen auf ein gefettetes Backblech legen und bei mässiger Hitze (140°C/2 1/2) in ca. 25 Minuten mehr trocknen als backen. Die Sterne sollen sich beim Herausnehmen noch etwas weich anfühlen und müssen weiß aussehen. Nach erkalten in ein festverschließbares Gefäß geben. Wenn gleichzeitig eine frische Orange oder Zitrone oder ein Apfel in den Behälter gegeben wird, bleiben die Plätzchen weich.

Däumelinchen

Ca. 600 g Gebäck

Schnell bereitete Weihnachtsplätzchen

250 g Mehl
125 g brauner Zucker
125 Margarine oder Butter
2 Eier, 1 TL Zimt
1 TL feingemahlener Ingwer
1 TL feingemahlener Anis
1 Pr Salz, Fett für das Blech

Wenn Sie keinen gemahlenen Anis bekommen, können Sie die Samen auch mit Hilfe eines Rollholzes oder einer Flasche auf einer glatten Unterlage fein zerquetschen.

Das Mehl auf den Arbeitstisch geben, Zucker, in Flöckchen verteilte Margarine oder Butter und Eier nacheinander daraufgeben. Dann Zimt, Ingwer, Anis und Salz breitflächig darüber streuen. Alles mit einem großen Messer verhacken, anschließend mit kühlen Händen rasch zu einem Teig verkneten.

Auf bemehlter Unterlage etwa kleinfingerdick ausrollen und mit dem Teigrädchen in Rechtecke von ca. 3×5 cm schneiden. Auf ein gefettetes Backblech legen und am besten für eine Stunde in die Winterkälte stellen. Dann auf der obersten Schiene in den kalten Backofen schieben und diesen erst dann einschalten (180 °C/2 1/2). Nach 35 bis 40 Minuten sind die Plätzchen gut. Sofort, also noch auf dem Backblech, mit dem Daumen jeweils eine Vertiefung eindrücken.

Mandelkrokant

Ca. 750 g Konfekt

Leckerei, die das ganze Jahr schmeckt

500 g Zucker
1 TL Zimt
1/2 TL gemahlene Nelken
1 EL Honig
1/8 l Wasser
250 g geschälte Mandeln
2 EL Öl

Zucker mit Zimt, Nelken, Honig und Wasser in einem Topf zum Schmelzen bringen. Die ganzen oder grob zerkleinerten Mandeln zufügen und bei nicht zu starker Hitze etwa 10 Minuten hell bräunen. Dabei stetig rühren.

Auf ein mit Öl bepinseltes Kunststoffbrett oder Pergamentpapier geben, schnell mit einem mit Öl benetzten Teigspachtel oder dem Bratenwender etwa 1 cm dick flach drücken. Entweder sofort, also noch warm, mit dem Messer einritzen und dann kalt in Quadrate brechen oder erkalten lassen und dann im kalten Zustand in ungleichmäßig große Stücke brechen.

Pikante Kümmelwaffeln

Hervorragend zu Wein oder Bier

50 g durchwachsener, geräucherter Speck
100 g Margarine
3 Eier
250 g Mehl
2 TL Backpulver
1/4 l Milch
1 EL Kümmel
1/2 TL Salz
Speckschwarten oder Fett für das Waffeleisen

Wenn Sie diese herzhaften Waffeln backen, werden Sie sicherlich gelobt werden.

Den Speck feinwürfelig schneiden und in einer Pfanne gut glasig auslassen.

Margarine mit den Eiern schaumig rühren, die Speckwürfel, das mit Backpulver gesiebte Mehl, Milch, Kümmel und Salz am besten mit dem Elektroquirl nach und nach unterrühren. Den Teig vor dem Backen 10 Minuten stehen lassen.

Ein Waffeleisen gut mit Speckschwarten oder anderem Fett ausfetten, dann jeweils eine Schöpfkelle voll Teig hineingeben. Nach und nach knusprige Waffeln backen. Sie schmecken am besten direkt aus dem Waffeleisen serviert, da sie beim längeren Stehen wieder weich werden.

Kümmelbrot
Würzige Beigabe zur Käseplatte

1/2 Würfel
15 g Hefe
1/2 TL Zucker
2 EL Mehl
knapp 1/8 l Milch
125 g Weizenschrotmehl
125 g Mehl
3 EL Öl, 1 Ei
1/2 TL Salz
2 EL Kümmel
1 EL Margarine
Milch zum Bepinseln

Weizenschrotmehl, auch Weizenvollkornmehl genannt, das Sie für dieses Rezept benötigen, gibt es in Reformhäusern zu kaufen.
Zunächst für den Vorteig die Hefe mit Zucker, etwas Mehl und einem Teil der leicht erwärmten Milch in einer Schüssel an warmer Stelle rund 10 Minuten gehen lassen.
Das restliche Mehl, Öl, Ei, Salz und Kümmel zugeben und alles zu einem geschmeidigen Hefeteig verarbeiten. In eine gefettete Kastenform von ca. 28 cm Länge geben.
An warmer Stelle gehen lassen, bis sich das Volumen verdoppelt hat. Dann mit Milch bepinseln.
Im gut vorgeheizten Backofen (240°C / 6) auf dem Rost auf der untersten Schiene 15 bis 20 Minuten goldbraun backen. Unmittelbar nach dem Herausnehmen nochmals mit Milch bepinseln. Auf dem Rost auskühlen lassen.

Kräuterbrot

375 g Mehl
125 g Roggenmehl oder Weizenschrotmehl
15 g Hefe
knapp 1/4 l Milch
4 EL Öl
1/2 TL Selleriesalz
1/2 TL Knoblauchsalz
2 EL feingehackte Petersilie
2 EL feingehackter Dill
1 EL feingeschnittener Schnittlauch
etwas feingehackter Kerbel
Liebstöckel, Borretsch
Zitronenmelisse, Bohnenkraut
Pimpernelle, Basilikum
je 1 Msp Thymian, Oregano und Rosmarin
2 EL Wasser
2 EL Sesamsamen
Fett für das Backblech

Weizenschrot- oder Roggenmehl bekommen wir in Reformhäusern oder den Spezialabteilungen von Kaufhäusern. Ohne dies würde das Brot trotz der Kräuterzugabe nicht würzig schmecken.
Das Mehl in eine Schüssel geben, in die Mitte eine Vertiefung drücken, die Hefe hineinkrümeln. Mit etwas angewärmter Milch glattrühren. Warm stellen. Nach 15 Minuten die restliche Milch, Öl, Salz und die zerkleinerten Kräuter in die Teigschüssel geben und alles zu einem geschmeidigen Hefeteig verkneten. Weich wie Watte soll ein guter Hefeteig sich anfühlen.
Zu einem Laib formen, in der Mitte einkerben oder die Oberfläche unregelmäßig mit einer Schere einschneiden. Dann mit Wasser bepinseln und mit Sesamsamen bestreuen. Dadurch bekommt das Brot einen aparten, nußartigen Geschmack.
Auf einem gefetteten Backblech 45 Minuten gehen lassen, dann im vorgeheizten Backofen (200°C / 3) auf der untersten Schiene in ca. 45 Minuten mittelbraun backen.

Kümmel-Käsegebäck
Ca. 400 g Gebäck
Zu Wein oder Bier

150 g Mehl
125 g sehr fein geriebener Emmentaler Käse oder halb Emmentaler, halb Parmesankäse
125 g Butter oder Margarine
1 Eigelb
1/2 TL Edelsüßpaprika
1 Msp Salz
1 Eigelb
2 EL Milch oder Wasser
2 EL Kümmel
Fett für das Blech

Für die Bereitung dieser leckeren pikanten Plätzchen ist wenig Zeit erforderlich.
Zunächst das Mehl auf ein Backbrett geben, den feingeriebenen Käse untermischen, das Fett in Flöckchen obenauf verteilen. Eigelb in die Mitte geben, Paprika und Salz daraufstreuen und alles kurz mit einem großen Messer verhak-

ken. Dann schnell zum Teig verkneten.
Auf bemehlter Unterlage nicht zu dünn ausrollen. Mit Eigelb, das wahlweise mit Milch oder Wasser verschlagen wurde, bepinseln, dann mit Kümmel bestreuen. Den Kümmel leicht mit dem Rollholz andrücken. Nun den Teig mit einem Messer oder dem Teigrädchen in Rauten oder kleine, rechteckige Plätzchen schneiden. Ziemlich dicht nebeneinander auf ein gefettetes Blech legen.
Statt dessen können Sie auch die ganze Teigplatte zunächst auf das Backblech lavieren und sie erst dann zerteilen. Das ist ein wenig schwieriger, aber bei dieser Methode passt natürlich mehr auf das Backblech.
Im gut vorgeheizten Backofen (200°C/3), auf der obersten Schiene in knapp 10 Minuten nicht zu dunkel backen, weil sonst der Käse bitter schmeckt.
Nach dem Auskühlen in fest verschließbaren Behälter verpacken.

Kümmelstangen
Ca. 300 g Gebäck
-zig mal besser als alles gekaufte Knabbergebäck

1 Packung Tiefkühl-Blätterteig (300 g)
Mehl zum Ausrollen
1 Eigelb
6 EL Kümmel
etwas Salz

Dank der Tiefkühl-Industrie sind diese herzhaften Stangen heute blitzschnell zubereitet. Sie finden zu Wein, Bier oder als Beilage zur Suppe gewiss viele Liebhaber.
Tiefkühlblätterteig nach Vorschrift auftauen lassen. Auf bemehlter Unterlage zu einem Rechteck von ca. 30×40 cm ausrollen. Falls Sie eine Packung mit einzelnen Stücken erwischt haben, legen Sie diese einfach aufeinander, als sei es eine Teigportion.
Oberfläche mit Eigelb bepinseln, großzügig mit Kümmel bestreuen, leicht salzen. Gewürz sanft mit dem Rollholz andrücken. Dann mit einem scharfen Messer in fingerbreite, 10 oder 20 cm lange Stangen schneiden. Auf ein mit Wasser benetztes Backblech legen. Besonders hübsch ist es, wenn Sie die Stangen zuvor etwas drehen. Im vorgeheizten Backofen (220°C/6), auf der obersten Schiene ca. 15 Minuten schön goldbraun backen.

Würziges Heu
Ca. 300 g Gebäck
Zum Aperitif sehr geschätzt

1 Packung Tiefkühlblätterteig (300 g)
Mehl zum Ausrollen, 1 Eigelb
2 EL Milch oder Wasser
1/2 TL Salz
1 EL getrocknetes, fein zerriebenes Bohnenkraut
1 Msp getrockneter, geriebener Rosmarin
1 Msp getrockneter, geriebener Thymian
1/2 TL getrockneter, geriebener Oregano
1 Beutel (40 g) feingeriebener Parmesan

Den Blätterteig nach Vorschrift auftauen lassen und zu einem Rechteck von ca. 30×50 cm ausrollen. Mit einem Teil vom Eigelb, das mit Milch oder Wasser verrührt wurde, bepinseln. Das Salz-Kräutergemisch daraufstreuen. Den Teig vierfach zusammenlegen, dann nochmals ausrollen. Mit dem restlichen Eigelb bepinseln, mit Reibkäse bestreuen. Diesen mit dem Rollholz leicht andrücken.
Dann mit dem Messer fingerbreite, etwa 15 cm lange Streifen Schneiden. Spiralförmig drehen und auf ein mit Wasser benetztes Backblech legen.
Auf der obersten Schiene im vorgeheizten Backofen (220°C/5) in ca. 10 bis 12 Minuten nicht zu dunkel backen.

Getränketips für Sommer und Winter

Dem Kräutereinmaleins jetzt ein wenig beim Zubereiten schmackhafter Mahlzeiten vertraut, sollten Sie nun auch das Bereiten von Getränken 'mit Kräutern und Gewürzen' kultivieren.
Je nach Jahreszeit lassen sich mit nur wenig würzigen Zutaten und Mühe viele Getränke verfeinern.
Zitronen, Orangen, Ingwer und vor allen Dingen die Minzen geben den kühlen Sommergetränken das nötige Aroma.
Im Winter dominieren Gewürze aus tropischen Ländern bei der Bereitung von Heißgetränken. Und wenn der Admiral Grog über sein weltberühmtes Getränk gesagt hat »Rum muß, Zucker darf, Wasser braucht nicht sein«, dann hatte er damals sicherlich schon einige Grogs getrunken und war seiner Sinne nicht mehr ganz mächtig. Denn es hätte ihm doch bestimmt einfallen müssen, daß der Grog erst durch die zugefügte Gewürznelke und das Stückchen Zimt zu dem wird, was er ist:
ein Heilmittel gegen alle Achs und Wehs dieser Welt! Auch zu den verschiedenen Punschen benötigen wir Gewürznelken und Stangenzimt, außerdem zumeist noch Zitronensaft oder -schale, manchmal Pomeranzen oder Orangen, Sternanis, Koriander oder Ingwer. Im heißen Sud entfalten diese Beigaben ihr würziges Aroma, so daß ein lieblicher Duft aus dem Punschtopf aufsteigt. Nur vor einem Zuviel sei ernsthaft gewarnt. Wie auch in der übrigen Küche sollte nie ein Gewürz die Grundzutat übertönen. Ein Weißweinpunsch soll ein Weißweinpunsch bleiben und beileibe nicht wie ein zu stark gewürzter Glühwein schmecken.
Für die, die etwas ganz Besonderes in diesem Buch suchen, habe ich einige Rezepte für Liköre ausprobiert. Nun, ganz so gut wie die alten Mönche werden wir sie nicht hinkriegen. Die Mönche hatten ja schließlich auch mehr Zeit und pflegten während der Sommermonate einen Teil der kostbaren Zutaten selbst zu suchen. Die hier genannten Rezepte sind aber so wohlschmeckend, daß die Bereitung sich unbedingt lohnt.

Zitronen-Milchmixgetränk
Erfrischende Zwischenmahlzeit

4 Eigelb
4 EL Zucker
Saft von 4 Zitronen
etwas feingeriebene Zitronenschale
1/2 l Milch
1/2 Packung Vanillespeiseeis (150 g)
4 Zitronenscheiben

Eigelb, Zucker und Zitronensaft am besten im Mixer gut schaumig schlagen. Dann die Zitronenschale, Milch und das Eis auf das laufende Messer geben. Sowie alles vermischt ist, in hohe Gläser füllen. Jeweils eine eingekerbte Zitronenscheibe auf den Glasrand stecken und sofort servieren, weil sonst die Zutaten sich scheiden.

Ingwer-Milchmix
Erfrischendes Getränk für heiße Sommertage

2 Ingwerknollen in Sirup
4–8 EL Ingwersirup
gut 1/2 l eisgekühlte Milch
1/2 Packung Vanilleeis (150 g)
1/8 l Sahne
1 Päckchen Vanillinzucker
4 Waffeln

Die Ingwerknollen in dünne Scheibchen schneiden und auf vier Gläser verteilen. Einige schöne Stückchen zum späteren Garnieren zurückbehalten. Den Ingwersirup mit der Milch verrührt, zufügen. Dann das Eis auf die Gläser verteilen.
Die Sahne steif schlagen, mit Vanillinzucker abschmecken und das würzige Getränk damit krönen. Zum Verzieren Ingwerscheiben und Waffeln.

Zitroneneistee
Geheimrezept aus Kanada

20 Blätter Zitronenmelisse
1 TL Zucker
Saft von 1/2 Zitrone
1 Nelke
4 TL grüner Tee
1 l Wasser
1 Zitrone
Honig

16 Blätter von der Zitronenmelisse waschen, fein zerhacken, mit dem Zucker, Zitronensaft und der Nelke in einer großen Teekanne gut vermischen. Dann den grünen Tee zufügen und mit kochendem Wasser aufgießen. 5 Minuten ziehen lassen, zwischendurch ab und zu durchrühren. Dann durchsieben und gut kühlen. Die Zitrone in Scheiben schneiden und in den abgekühlten Tee geben. Die restlichen Blättchen Zitronenmelisse grobgehackt ebenfalls dazugeben. Jeder Gast süßt sich sein Getränk nach eigenem Geschmack mit Honig.

Minzlimonade
Altenglisches Rezept

Eine große Portion frische grüne Minze
1/8 l Wasser
feingeriebene Schale von 1 Zitrone
Saft von 6 Zitronen
Saft von 3 Orangen
250 g feiner Zucker
Eis- oder Sodawasser

Die Minze, die Sie für diese Limonade benötigen, wird nur selten auf Märkten angeboten. Sie finden Sie in Bauerngärten oder Sie sollten sie in Ihrem eigenen Garten an feuchter Stelle wuchern lassen.
Um diese erfrischende Limonade zu bereiten, brauchen Sie ca. 1/4 l gewaschene, feingehackte frische Minzblätter. Mit kochendem Wasser übergießen. Zitronenschale, Zitronensaft, Orangensaft und Zucker zufügen. Einige Male umrühren, dann in eine gut verschließbare weithalsige Glasflasche geben. Vor dem Verbrauch 2–3 Tage durchziehen lassen.
Auf 1 Teil Limonade jeweils 3 Teile Eis- oder Sodawasser geben.
Schmeckt sehr erfrischend.

Spanischer Feuertrunk
Gehaltvoll und gut

75 g bittere Schokolade
4 TL Instant-Kaffee
4 TL Zucker
1/2 TL Zimt
1 Msp geriebener Muskat
1 l Milch
knapp 1/8 l Sahne
1 TL Puderzucker
1/4 Vanillestange
4 Zimtstangen

Die Schokolade mit Kaffee, Zucker, Zimt, Muskat und Milch im Topf erwärmen. Auf vier hohe Gläser verteilen. Die Sahne steif schlagen, mit Puderzucker und den ausgedrückten Samenkörnern der Vanillestange abschmecken, auf das heiße Getränk geben. Zum Umrühren jeweils einen Zimtstengel mit servieren.
Schmeckt auch eisgekühlt sehr gut.

Silvesterpunsch
... der auch schon im November mundet

1 Orange
4–8 Nelken
1 EL Zucker
1/10 l Jamaika Rum
1 l starker, heißer schwarzer Tee
4 EL Zitronensaft
evtl. noch etwas Zucker

Die gewaschene, abgetrocknete Orange vierteln, die Schale jeweils mit ein oder zwei Nelken spicken. Mit der Schalenseite nach unten in eine Pfanne legen, erwärmen, dabei ab und zu schütteln. Dann den Zucker über die Früchte streuen, etwas karamelisieren lassen. Die Orangen in vier Punschgläser geben. Den Rum daraufgießen, mit heißem Tee aufgießen, mit Zitronensaft und Zucker abschmecken. Hübsch anzusehen während der Zubereitung und später vorzüglich im Geschmack.

Weißer Glühwein
Macht weniger schnell müde als der rote Glühwein

Schale und Saft von 1/2 Zitrone
4–6 EL Zucker
4 Nelken
1 Stückchen Stangenzimt
1 l Weißwein

Natürlich ist die Qualität des Glühweins in erster Linie von der Qualität des Weins abhängig. Aus mäßigem Wein entsteht später auch nur ein mäßiges Getränk.
Zitronen waschen, dünn abschälen, den Saft auspressen und durchsieben. Mit der Schale, Zucker, Gewürznelken, Stangenzimt und der Hälfte des Weines erwärmen. Dann die zweite Hälfte des Weines zufügen und so lange über dem Rechaud erhitzen, bis sich weißer Schaum bildet. Sogleich auf Punschgläser verteilen.
Gut mit Zimtsternen.

Vanillepunsch
Für 1 Person
Etwas für kalte Winterabende

1/8 Vanilleschote
1/4 l Milch
1 Eigelb
1–1 1/2 EL Zucker
2 EL Rum

Zunächst die Vanilleschote der Länge nach einschlitzen und mit den Samenkörnern und der Hälfte der Milch zum Kochen bringen, damit das Vanillearoma die Milch durchzieht.
Die Schote herausfischen. Dann die restliche kalte Milch, das Eigelb, Zucker und Rum hinzugeben, dabei heftig schlagen, damit das Eigelb nicht gerinnt. Unter fortwährendem Schlagen heiß werden lassen, der Punsch darf aber keinesfalls kochen.
Das leicht schaumige Getränk in einer großen Keramiktasse oder einem Glas servieren.

Orangenlikör
Beinahe so gut wie Grand Marnier

1 große Orange
1/2 l weißer Rum
150 g Zucker
1/8 l Wasser
1 Orange

Diesen Likör können Sie nur bereiten, wenn die Orangen ungespritzt sind.
Orange gut waschen. Die eine Hälfte dünn abschälen, die andere Hälfte in Scheiben schneiden. In ein Glasgefäß mit großer Öffnung geben, mit Rum begießen und drei Wochen zugedeckt stehen lassen, so daß das Aroma sich dem Rum mitteilt. Dann Zucker mit Wasser 6 bis 8 Minuten aufkochen lassen, zum Liköransatz geben und alles in eine schöne Flasche sieben.
Die letzte Orange mit einem Kartoffelschäler so abschälen, daß eine lange Locke entsteht, die in den fertigen Likör gegeben wird. Nach 8 bis 10 Tagen zum ersten Mal probieren. Übrigens ein bei älteren Damen sehr beliebtes Weihnachtsgeschenk.

Café Brûlot
Einfach köstlich

1/10 l Kognak
8 Stück Würfelzucker
4 Nelken
1/2 l starker, heißer Kaffee

Den Kognak mit Würfelzucker und Nelken am besten in einem kleinen, kupfernen Stieltopf erwärmen. Das ist natürlich über der lebenden Flamme eines Rechauds besonders stimmungsvoll. Dann den Kognak mit Hilfe eines langen Streichholzes anzünden. Mit dem glühendheißen Kaffee ablöschen und schnell auf vier bereitstehende kleine Kaffeetassen verteilen.
Die Nelken sollten übrigens vor dem Genuß herausgefischt werden oder besser noch im Kupfertopf zurückbleiben.

Normannischer Estragonlikör
Aus Großmutters Kochbuch

1 große Portion frische Estragonblätter
1 Flasche Weinbrand (0,08 l)
375 g Zucker
1/8 l Wasser
Schale von 2 Orangen

Den Estragon sehr gründlich waschen, abtrocknen und von den Stielen zupfen. Sie benötigen etwa 2 Tassen voll Estragonblätter. Den Weinbrand darübergeben und in einem dunklen Schrank 5–6 Tage verschlossen aufheben. Den Zukker mit Wasser und den dünn abgeschälten, gewaschenen Orangenschalen bei ganz schwacher Hitze langsam zum Kochen bringen, dann genau 1 Minute kochen lassen. Etwas abkühlen lassen und mit dem Weinbrand mischen. Nach 1 Stunde durch ein Geschirrtuch filtrieren und auf Flaschen füllen.
Dieser Likör, der etwas an Benediktiner erinnert, muß vor dem Verzehr noch 1 weitere Woche reifen.

Eierlikör
Ebenfalls von Damen sehr geschätzt

6 Eier
200 g Zucker
1/2 Flasche Weinbrand
1/2 Vanilleschote

Vielleicht überraschen Sie die Großmutter oder Tante beim nächsten Besuch mit einer Flasche selbstgemachtem Eierlikör. Mit dem Elektroquirl ist er im Nu gemacht.
Die Eier mit Zucker und Weinbrand in einen Emaille- oder rostfreien Topf geben. Die Samenkörner aus der Vanilleschote quetschen und zufügen.
Alles bei ganz milder Hitze (beim Electroherd unterste Schaltstufe, beim Gasherd kleinste Flamme und Asbestplatte) langsam erwärmen. Dabei fortwährend mit dem Elektroquirl schlagen, jedoch nur die langsamste Geschwindigkeit wählen. Zwischendurch ab und zu den Bodensatz mit dem Teigschaber losrühren. Sowie die Masse dicklich wird, den Topf von der Kochstelle nehmen. Etwas abkühlen lassen und in eine Flasche füllen.
Schmeckt auch gut über Eisspeisen und mit Zitronensaft und Milch als Mixgetränk.

Geschenketips und Wintervorräte

Ab und zu möchten wir alle etwas ganz Besonderes, Selbstgemachtes bereiten: Eine Marmelade in einer ungewohnten Zusammenstellung von Früchten und Gewürzen, eingelegte Früchte oder würzige Gurken. Wir füllen sie in Gläser, schichten sorgfältig die verschiedenen Gewürze dazwischen, übergießen sie mit duftendem Sud und können es kaum erwarten, bis das Aroma unsere Vorräte durchzogen hat. Dann tragen wir einen Teil unseres Reichtums aus dem Haus. Selbst Eingemachtes ist ein ganz persönliches Geschenk.

Oder: Bestecken Sie zum nächsten Weihnachtsfest für Ihre Freundinnen duftende, leuchtende Apfelsinen rundherum mit Gewürznelken! An ein Goldbändchen gehängt verbreiten sie würzigen Duft im Kleiderschrank. Seltsamerweise fault das Fruchtfleisch nicht, die Orange wird nur immer kleiner und hart wie ein Pingpongball, duftet köstlich und hält außerdem alle Motten fern.

In England bereitet man Potpourris: duftende Blütenblätter, besonders von Lavendel, Rosen, Veilchen und Jasmin, werden während des Sommers gesammelt und später in hübsch gemusterten Baumwollbeutelchen oder Spezial-Keramikbehältern als Duftspender für den Wäscheschrank verschenkt. Wir können das Blütensortiment durch duftendes Grün, gesammelt auf einer Mittelmeerreise ergänzen: Rosmarin und Thymian wachsen üppig wild an den Hängen, Lorbeerblätter und Wacholderzweiglein sind nicht schwer zu finden. Lieblich oder herb im Charakter, erfreut eine solche Gabe den Beschenkten jeden Tag wieder.

Wer frische Früchte aus dem eigenen Garten ernten kann und dazu noch über einen kühlen Keller verfügt, wird vielleicht schon im Sommer an das Weihnachtsfest denken und einen entsprechend großen Rumtopf ansetzen. Auf jedes Kilo erstklassiger, reifer und geputzter Früchte rechnet man ein halbes Kilo feinen Zucker und einen Liter mindestens 54%igen Rum. In diesem Fall wirkt der Rum als Würz- und Konservierungsmittel. Der Rumtopf kann von Zeit zu Zeit je nach Ernte mit Früchten, Zucker und Rum aufgefüllt werden, muß aber immer zugedeckt an dunkler, kühler Stelle stehen, damit die Früchte nicht gären. Kurz vor Weihnachten können Sie dann den Inhalt portionsweise in kleinere Steintöpfe umfüllen und zugebunden verschenken.

Zitronen-Ingwermarmelade
Eines meiner besten Marmeladerezepte

500 g Zitronen
1/2 l Wasser
125 g Zucker
1/2 kleine Flasche Geliermittel
nochmals 875 g Zucker
50 g frischer geschälter und geriebener Ingwer

Es gibt viele Leute, die kaum Marmelade essen, weil sie behaupten, sie sei zu süß. Diese Zitronenmarmelade ist ein ausgesprochenes Erfolgsrezept, von dem Kenner behaupten, es könne nur in der doppelten Menge gelingen. Die Zitronen müssen natürlich frisch und dürfen keinesfalls gespritzt sein.
Zitronen waschen und rundherum – am besten mit dem Kartoffelschäler – abschälen. Diese gelben Schalen, ähnlich wie für Orangenmarmelade, in feine Streifen schneiden. Eilige Köche zerkleinern sie auch im Mixer. Das Weiße von den Zitronen abschälen. Das Fruchtfleisch im Mixer zerkleinern oder durch einen Fleischwolf drehen. Eventuell die Früchte zuvor entkernen. Diese Mischung mit Wasser und 125 g Zucker 15 Minuten kochen. Dann das Geliermittel, den übrigen Zucker und Ingwer zufügen. Kurz aufkochen lassen, Gelierprobe machen, in dem Sie etwas Marmelade auf einen Porzellanteller geben. Wird die Masse fest, ist die Marmelade gut, sonst noch kurz einkochen lassen. In Gläser füllen, zubinden und kühlstellen.

Tomaten-Marmelade
Sind Sie skeptisch? Ich war es auch.

1,5 kg reife Tomaten
1900 g Zucker
25 g kristallisierte Zitronensäure
1 kleine Normalflasche Geliermittel
2 Msp fein geriebener Ingwer
fein geriebene Schale von 2 Zitronen

Die Tomaten mit kochendem Wasser überbrühen, schälen und wahlweise im Mixer pürieren oder durch den Fleischwolf drehen. In einem sehr großen Kochtopf mit dem Zucker und der Zitronensäure unter ständigem Rühren zum Kochen bringen. Dann 10 Sekunden bei größter Hitze gründlich durchkochen lassen. Das Geliermittel, Ingwer und Zitronenschale zufügen, noch weitere 5 Sekunden kochen und heiß in Gläser geben. Diese sofort mit Einmachcellophan verschließen.

Apfelgelee
Ideale Verwertung von Fallobst

1 1/2 l Saft von sauren Äpfeln
2 kg Zucker
1 Flasche Geliermittel
etwas geschälte Zitronenschale
einige Nelken
evtl. 5 g kristallisierte Zitronensäure

Um den Apfelsaft zu gewinnen, eine große Portion Äpfel waschen, Stiele, Blüten und faule Stellen entfernen. Bitte nicht schälen oder das Kernhaus herausschneiden. Grob zerschneiden. Auf 5 Pfund Früchte 1 1/2 l Wasser geben. Im geschlossenen Topf bei mäßiger Hitze gar, aber nicht musig kochen. Das Fruchtmus in ein aufgespanntes Mulltuch geben und den Saft in eine darunterstehende Schüssel laufen lassen.
Den abgemessenen Saft in einem sehr großen Topf unter ständigem Rühren zum Kochen bringen. Vom Beginn des brausenden Kochens an, 10 Sekunden bei größter Hitze kochen lassen. Das Geliermittel und die Zitronenschale zufügen, noch 4–5 Sekunden aufwallen lassen. Jeweils 1 Nelke in ein sauberes, heißes Marmeladenglas geben, das Gelee darauffüllen und sogleich verschließen. Wenn der Apfelsaft nicht genug sauer sein sollte, müssen Sie mit dem Zucker Zitronensäure zufügen.

Zitronen- und Orangenzucker

Praktisch für eilige Köchinnen

8–10 Zitronen oder Orangen
250 g grober Zucker

Die Zitronen, natürlich ungespritzte Früchte, gut waschen, abtrocknen und mit der feinen Reibe abreiben. Dabei darauf achten, daß möglichst nicht die weiße Schicht abgerieben wird. Mit Zucker vermischt in ein fest verschließbares Marmeladenglas füllen.

Auf die gleiche Weise wird Orangenzucker bereitet. Beide Arten können zum Würzen von Süßspeisen, Soßen und Gebäck verbraucht werden.

Die Herstellung dieser Vorratswürzen lohnt sich besonders, wenn Sie von der Urlaubsreise ans Mittelmeer garantiert nicht gespritzte Früchte mit nach Hause gebracht haben. Obendrein ist ein Gläschen Zitronen- oder Orangenzucker immer ein willkommenes, dennoch preiswertes Mitbringsel.

Selbstgemachtes Orangeat

Für Hobbybäckerinnen zu empfehlen

500 g dünnfleischige Orangenschalen
500 g Zucker
etwas grober Zucker

Orangenschalen von ungespritzten Früchten, am besten sind sie natürlich von den leicht bitteren Pomeranzen, sehr gründlich waschen, vierteln und knapp mit Wasser bedeckt bei mäßiger Hitze weichkochen. Die Schalen herausnehmen, abtropfen lassen.

Zucker zum Kochwasser geben, erhitzen, bis sich Fäden ziehen lassen. Dann die Schalen wieder hinzugeben und 15–30 Minuten kochen, bis die Lösung eingedickt ist und der Zucker am Topfrand kristalisiert.

Schalen und Zuckerlösung in Gläser füllen, mit etwas grobem Zukker bestreuen, zubinden und kühl und dunkel bis zum Verbrauch aufbewahren.

Zitronat kann leider nicht auf gleiche Art aus Zitronen gemacht werden. Die dafür notwendigen Zedratzitronen, Früchte einer Zedernart, sind bei uns nicht im Handel erhältlich.

Frischkandierter Ingwer

Für Hobbyköche

250 g Zucker
1/8 l Wasser
350 g frische Ingwerwurzeln

Frischen Ingwer, der aus dem Osten importiert wird, bekommen wir in gut sortierten Gemüsegeschäften und in Lebensmittelabteilungen der Kaufhäuser.

Den Zucker mit Wasser bei schwacher Hitze zu einem leichten Sirup einkochen. Nebenbei den Ingwer dünn schälen oder abschrappen, waschen und in daumenbreite Stücke schneiden. In den Sirup geben und 40 Minuten bei ganz schwacher Hitze vor sich hin köcheln lassen. Dabei ab und zu umrühren. Der Ingwer verfärbt sich dabei goldgelb und duftet köstlich. In ein Glas- oder Steingutgefäß geben und zugedeckt an kühler Stelle aufheben. Der so vorbereitete Ingwer hält sich rund 1 Jahr und kann entweder als Zutat für Süßspeisen, Soßen und Backwerk verbraucht oder auch gleich so vernascht werden.

Dänische Bauernmädchen

Eine Leckerei für Herbst und Winter

500 g gut reife, aromatische Aprikosen
1/4 l Wasser
350 g Zucker
1 Stückchen geschälte Zitronenschale
1 Gewürznelke
1 l Weinbrand

Früchte gründlich waschen, abtrocknen. Aus Wasser, Zucker und Zitronenschale und Gewürznelke einen Sirup kochen, die Früchte hineingeben und genau 2 Minuten darin kochen lassen. Von der Kochstelle nehmen und die Aprikosen über Nacht in der Zuckerlösung stehen lassen. Dann die Früchte fest in gut gereinigte Gläser mit Deckel füllen. Den Zuckersirup noch einmal aufkochen und heiß über die Aprikosen geben. Erst wenn alles völlig kalt ist, den Weinbrand daraufgießen.

Gut verschließen und vor dem Verzehr 3 Monate kühl und dunkel aufheben.

Schmeckt zum Tee oder als Nachspeise, ganz besonders gut natürlich mit frisch geschlagener Sahne.

Essigpflaumen

Rezept aus einem handgeschriebenen alten Kochbuch

2 kg blaue Pflaumen
1/2 l Weinessig
gut 1/4 l Wasser
1250 g Zucker
1 Stückchen Zimt
3–4 Gewürznelken
1 Stückchen geschälte Zitronenschale
1/2 Päckchen Einmachilfe

Die Pflaumen trocken mit einem Tuch abreiben und einige Male mit einer Nadel einstechen, damit der Würzsud das Fruchtfleisch ganz durchdringt. Essig mit Wasser, Zucker, Zimt, Nelken und Zitronenschale in einem großen Topf zum Kochen bringen und die Pflaumen in drei bis vier Portionen bei nicht zu starker Hitze darin garen. Sie dürfen aber nicht musig werden.

Fest aufeinander in Gläser schichten. Zum Schluß den Saft noch etwas einkochen, dann mit Einmachhilfe vermischt über die Früchte geben.

Nach Erkalten die Gläser mit Cellophan verschließen und kühl und dunkel aufheben. Essigpflaumen schmecken gut zu Rinder-, Sauer- oder Wildbraten und sind ein gerngesehenes Mitbringsel.

Kürbis süß-sauer

Preiswert und beliebt

3 kg Kürbis
1 l Wasser
1/2 l einfacher Essig
1 kg Zucker
1/4 l Weißweinessig
Schale und Saft einer Zitrone
1 kleines Stück frischer oder getrockneter Ingwer

Den Kürbis zunächst waschen und schälen und dann mit einem silbernen Löffel das schwammige Mark herauskratzen. Das Kürbismark wiegen. Es müssen 2 kg sein. In gulaschgroße Würfel schneiden, in eine Porzellanschüssel geben und mit einem Gemisch von Wasser und Essig begießen. Zugedeckt bis zum nächsten Tag stehen lassen.

Zucker mit Weinessig, der dünn abgeschälten Zitronenschale, Zitronensaft und grob zerkleinertem Ingwer in einem großen Topf zum Kochen bringen. Kürbis zufügen und glasig kochen. Mit einem Schaumlöffel herausnehmen und fest in Gläser füllen.

Den würzigen Saft unter stetigem Rühren einkochen lassen und dann über die Kürbiswürfel gießen. Die Gläser nach Erkalten schließen und kühl und dunkel aufbewahren. Gut als Beigabe zu Wurstbroten oder kaltem Braten oder als Zutat für pikante Salate.

Mixed Pickles
Eine nette Geschenkidee

1 kg kleine Gewürzgurken
Salz
1 kleiner, fester Blumenkohl
250 g grüne Bohnen
500 g Möhren
125 g Perlzwiebeln
1/2 Stange Meerrettich
3 Lorbeerblätter
je 15 schwarze und weiße Pfefferkörner
je 6–8 Piment- und Senfkörner
3/4 l Weißweinessig
1 l Wasser
125 g Zucker
60 g Salz
1 Päckchen Einmachhilfe

Gewürzgurken gründlich waschen und bürsten, über Nacht mit Salzwasser bedeckt stehen lassen. Auf 3 Liter Wasser rechnet man ca. 200 g Salz. Salzwasser abgießen, die Gurken abermals waschen und bürsten, dann abtrocknen.
Blumenkohl in Röschen zerteilen, Bohnen putzen und brechen, Möhren schaben und in fingerlange Stücke schneiden, alles gut waschen. Nacheinander Blumenkohl, Bohnen und Möhren in Salzwasser *knapp* gar kochen. Gurken, das abgekühlte Gemüse, gereinigte Perlzwiebeln, geschälten, in Scheiben geschnittenen Meerrettich und die Gewürze abwechselnd in Gläser oder einen Steintopf geben. Essig mit Wasser, Zucker und Salz aufkochen, von der Kochstelle nehmen und mit der Einmachhilfe verrühren. Die heiße Flüssigkeit über das fest eingepreßte Gemüse geben, so daß es ganz bedeckt ist.
Zugebunden an kühler Stelle aufbewahren. Gut zu heißem oder kaltem Braten oder zur Wurstplatte.

Essiggurken
Evtl. gleich die doppelte Menge bereiten

2 kg nicht zu große, feste grüne Gurken
2 l Wasser
150 g Salz
200 g kleine Perlzwiebeln
50 g Meerrettich
2 Lorbeerblätter
1 TL Senfkörner
je 1/2 TL Pfeffer-, Pimentkörner, Gewürznelken und Chillies
etwas Borretsch, Dill und Estragon
3/4 l Weißweinessig
3/4 l Wasser
200 g Zucker
1/2 Päckchen Einmachhilfe

Die Gurken mit Salzwasser bedeckt über Nacht stehenlassen, dann gründlich bürsten, abspülen und abtrocknen. Zwiebeln und Meerrettich putzen. Alles abwechselnd mit den Gewürzen in einen Steintopf oder Gläser schichten. Essig mit Wasser und Zucker bei starker Hitze aufkochen, von der Kochstelle nehmen, die Einmachhilfe darunterrühren. Die heiße Flüssigkeit über die Gurken gießen, bis sie gut bedeckt sind. Nach Erkalten den Steintopf oder die Gläser mit Pergamentpapier oder Cellophan zubinden.
Nach 4 Wochen können die Gurken verwendet werden.

Russische Gurken
Von Kennern sehr geschätzt

2 kg grüne, nicht zu große, feste Gurken
2 l Wasser
150 g Salz
200 g kleine Zwiebeln
4–6 Knoblauchzehen
50 g Meerrettich
1 Lorbeerblatt
1 TL Senfkörner
je 1/2 TL Pfeffer-, Pimentkörner, Dillsamen, Gewürznelken und Chillies, einige Liebstöckelblätter etwas Borretsch und Estragon reichlich Dillgrün
3/4 l Weißweinessig
3/4 l Wasser
180 g Zucker
1/2 Päckchen Einmachhilfe

Auch von diesem Rezept lohnt es sich, die doppelte Menge zuzubereiten. Sie werden sehen, ein solches Glas Gurken ist immer ein willkommenes Geschenk. Die Herstellung entspricht der von Essiggurken. Die Knoblauchzehen müssen geschält und einmal längs halbiert werden.

Eingelegte Senfgurken
Auch ein willkommenes Mitbringsel

2,5 kg große, geschälte, entkernte Gurken
100 g Salz
125 g kleine Zwiebeln
1 Stückchen frischer Meerrettich
5 Pimentkörner
3 Lorbeerblätter
10 schwarze oder weiße Pfefferkörner
50 g Senfkörner
3/4 l Weißweinessig
1/2 l Wasser
250 g Zucker
1/2 Päckchen Gurken-Einmachhilfe

Wichtig: Die Gurken sollten erst dann gewogen werden, wenn sie geschält und mit einem silbernen Löffel von Kernen befreit wurden. Der Abfallanteil ist unterschiedlich und kann vorher nicht genau einkalkuliert werden.
Dann die Gurken in grobe Würfel oder längliche Stifte schneiden und mit Salz bestreut zugedeckt im Steintopf ziehen lassen. Am folgenden Tag abgießen mit Küchenkrepp-Papier leicht trockentupfen, in Gläser schichten.
Die Zwiebelchen schälen, evtl. halbieren und dazwischen geben.
Den Meerrettich schälen, in Stücke schneiden. Mit dem Piment, Lorbeerblättern, Pfefferkörnern, Senfkörnern, Essig, Wasser und Zucker im Topf einmal aufkochen, dann die Einmachhilfe zufügen und den heißen Gewürzsud mit den Gewürzen über die Gurken gießen. Sie sollen alle mit Flüssigkeit bedeckt sein. Die Gläser nach Erkalten mit Einmachhaut zubinden und kühl und dunkel aufheben. Nach einem Monat sind die Gurken fertig.
Sie schmecken gut zu Siedfleisch, kaltem Braten, zum Wurstbrot und als Zutat zu Fleisch- und Wurstsalaten.

Polnische Gurken

Gute Beschäftigung für Hobbyköche

3 kg ausgewachsene aber feste Gurken
125 g Salz
2 Zwiebeln
3 Knoblauchzehen
4 Gewürzkörner
3 Lorbeerblätter
1 Stückchen geschälter grobgeriebener Meerrettich
4 Gewürznelken
2 Pepperonischoten
1 EL schwarze oder weiße Pfefferkörner
2 EL Senfkörner
etwas frischer Estragon und Dill
1/2 l Weißweinessig
3/4 l Wasser
200 g Zucker
1/2 Päckchen Einmachhilfe

Die Gurken waschen, schälen, in fingerdicke Scheiben schneiden und mit dem Salz in einer Schüssel zugedeckt über Nacht stehen lassen. Am folgenden Tag auf einem Sieb abtropfen lassen, mit Küchenkrepp-Papier trockentupfen. Die Zwiebeln schälen, in dünne Scheiben schneiden und abwechselnd mit den Gewürzen und Gurken fest in Gläser schichten. Essig mit Wasser und Zucker aufkochen, heiß über die Gurken gießen. Zugedeckt beiseite stellen. Nach 8 Tagen das Essigwasser wieder abgießen, nochmals aufkochen und mit der Einmachhilfe vermischen. Heiß über die Gurken gießen, dann die Gläser in der üblichen Weise mit Einmachhaut zubinden.

Salzgurken

Herzhaft und würzig

2 kg kleine fest grüne Gurken
einige Weinblätter oder Sauerkirschblätter
6–8 Dillblüten
50 g Meerrettich
3 Lorbeerblätter
1 EL Senfkörner
150 g Salz
3 l Wasser

Die Gurken 24 Stunden in kaltes Wasser legen, dann gründlich bürsten, abtrocknen und mit den Blättern und Gewürzen fest in einen großen Steintopf oder ein Glas schichten. Wasser und Salz aufkochen und heiß über die Gurken gießen. Ein sauberes Geschirrtuch darauflegen, darauf ein rundes Brettchen und einen schweren Stein. Sonst würden die Gurken hochsteigen und in Fäulnis übergehen. Im kühlen Keller aufbewahren. Nach 3–4 Wochen sind die Gurken durchgezogen und können gegessen werden. Von Zeit zu Zeit das Geschirrtuch durch ein frisches ersetzen.
Als Geschenk portionsweise in Gläser füllen, dann bald verzehren.

Rezepte – Register

Aïoli 158
Apfelgelee 197
Aprikosenauflauf, Schneller 173
Avocadocremesuppe 96
Avocados, Gefüllte 81
Avocadosoße 162

Baked apples 172
Balkansuppe 98
Bambali 103
Bananen, Überbackene 173
Bananen-Currysoße 163
Bananen-Schinkenauflauf 84
Bauernsalat 77
Blätterteigrolle mit Käsequarkfüllung 104
Blitz-Hollandaise 160
Bohnentopf, Mexikanischer 148
Bratwurstallerlei, Pikantes 130
Brühe mit Fleischspätzle 91
Burgunderheringe 110

Café Brûlot 195
Čevapčiči 131
Champignons, Eingelegte 142
Champignonreis 154
Champignonsalat, Roher 75
Chinakohlsalat 142
Coq au vin 135
Creme Caramel 169
Cumberlandsoße 158
Curryreis 153
Curry-Reissalat mit Geflügel 79

Dänische Bauernmädchen 199
Däumelinchen 189
Dillburger 133
Dillfrikassee 129
Dillrahmsuppe, Griechische 95
Dillsoße 159

Eier in Dillsoße 100
Eier, Polnische 100
Eiercreme, Englische 80
Eierlikör 195
Eiersalat, Holländischer 80
Eiersalat, Italienischer 100
Erbsen, Chinesische 142
Essiggurken 200
Essigpflaumen 199
Estragonlikör, Normannischer 195

Feuertrunk, Spanischer 194
Filetgulasch in Curryrahmsoße 126
Fischfrikassee mit Curry 113
Fischsalat, Sylter 79
Fischsuppe, Bretonische 115
Fischtopf, Pikanter 115
Fonduesoße, Pikante 158
Forellen in Ingwer-Mandelsoße 112
Frankfurter grüne Soße 161
Früchtekuchen 181
Frühlingsrolle, Große 86

Gänseleber Lukull 84
Geflügellebersuppe 92
Geflügelsalat, Kalifornischer 78
Geflügelsalat Waldorf 78
Gemüsereis, Bunter 152
Gewürzherzen 185
Gewürzwaffeln 182
Glühwein, Weißer 194
Griechischer Salat 76
Gulasch, Szegediner 125
Gulaschsuppe 98
Gurken, Polnische 202
Gurken, Russische 201
Gurken-Gulasch 124
Gurkensoße, Kalte 164
Gurkensuppe, Russische 95

Hasenkeulen in grüner Pfeffersoße 138
Heringstopf, Bremer 110
Honigkuchen 181
Hühnergeschnetzeltes, Chinesisches 137
Hühnersuppe, Chinesische 93
Huhn, Florentiner 136

Ingwer, Frischkandierter 198
Ingwerbirnen, Koreanische 168
Ingwer-Milchmix 193
Ingwerplätzchen 186
Ingwer-Quarkrolle 179
Ingwereis 171
Ingwersoße, Süße 174
Ingwertorte 180
Irish Stew 148

Käsekräuterklößchen 92
Käsekräutersuppe 94
Käsekuchen, Schneller 179
Käsepastete, Genfer 105
Käsesalat für Männer 105
Käsescheiben, Gebackene 106
Käsesoße "De Luxe" 159
Käsesoße mit Schinken 159
Käsesuppe, Gepfefferte 94
Kalbfleisch-Currygulasch 125
Kalbsgeschnetzeltes in Orangensoße 123
Kalbshaxen in Zitronensoße 130
Kalbsleber Melba 134
Kalbsleberpastete 81
Kalbsmix in Currysoße 125
Kalbsschnitzel mit Kräutern 120
Kapernsoße, Gelbe 161
Karpfen, Ungarischer 114
Kartoffelauflauf 150
Kartoffelsalat, Bunter 150
Kartoffel-Zwiebelpuffer 151
Kerbelomelett 101
Kerbelrahmsuppe, Legierte 95
Kerbelreissuppe 92
Kesselgulasch 126
Kirschkuchen, Brauner 180
Königinpastetchen 85
Krabbensuppe, Bunte 96
Kräuterbrot 190

Kräuteromelett, Französisches 101
Kräuterquarkkeulchen 103
Kräuterquark-Pastete 103
Kräutersuppe, Ungarische 91
Kümmelbrot 190
Kümmel-Käsegebäck 190
Kümmelkartoffeln 150
Kümmelquark 102
Kümmelstangen 191
Kümmelwaffeln, Pikante 189
Kürbis süß-sauer 199

Lady Curzon Suppe 93
Lamm-Curry 129
Leberrisotto 154
Lebkuchenherzen 188
Liptauer Käse 102
Londonderry-Suppe 93

Makrelen in Senfsoße 113
Mandarineneis 171
Mandarinensoße 164
Mandelbrot 182
Mandelkrokant 189
Mandelsoße mit Wein 161
Matjesschmaus, Hamburger 111
Melonenüberraschung 172
Minzlimonade 193
Mischgemüse, Griechisches 143
Mixed Pickles 200
Muschelcremesuppe 116
Muscheln in Sherrysoße 82
Muscheln Olivia 83

Nudeltopf, Debrecziner 152
Nudeltopf, Grüner 152
Nürnberger Lebkuchen 186
Nußtaler 184

Ochsenmaulsalat 76
Ofenmakrelen, Spanische 111
Olivenvorspeise, Heiße 82
Orangeat, Selbstgemachtes 198
Orangen-Avocado-Vorspeise 82
Orangenlikör 195
Orangenmeerrettich 164
Orangen-Senfsoße 163
Orangenstangen 187
Orientpfanne 124

Paprikaauflauf, Mexikanischer 147
Paprikahuhn, Ungarisches 136
Paprikaleber 134
Paprika-Sahneschinken 132
Paprikaschnitzel 122
Paprikasuppe, Budapester 98
Perlschnitten 185
Pesto 162
Pfefferfisch, Portugiesischer 114
Pfefferfrikadellen, Mexikanische 131
Pfefferhuhn 135
Pfeffersahnesoße, Grüne 160
Pfeffersoße, Kalte 162
Pfeffersteaks 120
Pfeffertopf, Indischer 124
Pilzpfanne, Südfranzösische 143
Pomeranzenbrötchen 183
Preiselbeersoße 164
Pußtatomaten 81
Putencocktail 78
Putengeschnetzeltes in Estragonsoße 137

Quarkbällchen, Kalifornische 85
Quark-Schinkenauflauf 104
Quarkspeise, Lukull 169
Quarkstollen 178
Quarkzubereitungen, Würzige 102

Ratsherrensalat 76
Rehkeule in Sahnesoße 139
Rehschnitzel, Flambiertes 138
Reis, Orientalischer 154
Reisauflauf, Pikanter Sizilianischer 153
Rhabarber-Streuselauflauf 172
Rindfleischsalat 77
Rotbarsch in Tomatensoße 112
Rote Bete, Eingelegte 144
Rotweingelee 170

Safranreis 153
Safranzopf, Schwedischer 180
Salbeikäse 102
Saltimbocca alla Romana 122
Salzgurken 202
Sauce Béarnaise 160
Schinkenkräuterpfanne 151
Schinkenpastete 132
Schnecken mit Kräuterbutter 84
Schnecken nach Art der Klosterbrüder 83
Schnittlauchpuffer, Fränkische 151
Schnitzel, Serbische 121
Schokoladencreme, Französische 168
Schokoladenkipferln 186
Schokoladensterne 184
Schollenfilets in Senf-Sahnesoße 111
Schwarz-Weiß-Gebäck 183
Schweinegeschnetzeltes, Süß-pikantes 123
Schweineschnitzel, Husarenart 121
Schweinsfilet im Schlafrock 133
Schweinsfilets in Preiselbeersoße 122
Senfgurken, Eingelegte 201
Senfschaumsoße 162
Senfsoße, Abgerührte 160
Silberheringe 110
Silvesterpunsch 194
Soße, Malteser 163
Soße, Süßsaure rote 163
Soufflé Miramare 85
Spekulatius 183
Spinatsalat 143
Spitzbuben 184
Springerle 185
Sterntalersuppe 96
Stiphado 129

Tarator 91
Teufelseier 101
Teufelssoße 159
Thunfischsalat 79
Thymian- Zitronensoße 163
Tomaten, Überbackene 144
Tomaten-Marmelade 197
Tomatensalat, italienische Art 144
Tomatensülze 75
Tomatensuppe mit Käse 94

Vanillebrezeln 188
Vanillecreme, Bayrische 170
Vanillepunsch 194
Vanilleschaumsoße 174
Vanillesoße mit Kognak 174

Welsh rarebits 87
Wildsalat 77
Würziges Heu 191

Zabaione 169
Zimthörnchen 187
Zimtsterne 188
Zimtwaffeln 182
Zitronencreme 170
Zitroneneistee 193
Zitronenhalbgefrorenes 171
Zitronen-Ingwermarmelade 197
Zitronen-Milchmixgetränk 193
Zitronen- und Orangenzucker 198
Zucchini, Gefüllte 147
Zwetschgenauflauf 173
Zwiebelcremesuppe 97
Zwiebelfondue 106
Zwiebelpastete 86
Zwiebelsuppe, Französische 97